U0619947

上海大学价值与社会研究中心
中国辩证唯物主义研究会价值论研究专业委员会 编

孙伟平 陈新汉 —— 主编

价值论研究

2023年 第1辑

价值论研究

RESEARCH ON AXIOLOGY

2023年

第1辑

上海大学价值与社会研究中心
中国辩证唯物主义研究会价值论研究专业委员会　**编**

2023年 第1辑

价值论研究

RESEARCH ON AXIOLOGY

目 录 | CONTENTS

特 稿

名家访谈

我国价值论研究主要著作巡礼

社会主义核心价值观研究

价值论基础理论研究

评价论研究

文化与价值研究

价值实践问题研究

研究动态

CONTENTS

Research on Basic Theory of Value

Research on Evaluation Theory

Research on Culture and Value

Research on Value Practice

Research Trends

特　稿

Special Manuscript

把握守正创新的方法论*

邱仁富**

【摘　要】守正创新是中华民族的优良传统，党的二十大报告把守正创新作为大会主题的关键词，成为理解和把握习近平新时代中国特色社会主义思想的世界观和方法论，具有重大的理论价值和方法论意义。坚持守正创新是中国共产党人的重要思想方法，是回答好中国之问、世界之问、人民之问、时代之问的根本方法。要把握人民立场，着力在坚持以人民为中心，努力实现好维护好发展好人民根本利益和现实利益的基础上推动守正创新；要坚持正本清源，着力在用马克思主义基本立场观点方法澄清问题、厘清源头、明辨是非、防好源头、治好苗头的基础上推动守正创新；要坚持固本培元，着力在夯实基础、筑牢根基，在凝聚中国共产党人的精气神的基础上推动守正创新；要弘扬优良传统，着力在继承和坚守中华民族优秀的文明成果、汲取我国古代治国理政中好的制度机制和管用经验的基础上推动守正创新。坚持守正创新，对深化党的创新理论、中国式现代化道路和党的执政规律的理解具有方法论意义，为把握习近平新时代中国特色社会主义思想提供全新的视角和方法论指引。

【关键词】党的二十大报告；守正创新；方法论；以人民为中心；意义

党的二十大是在全党全国各族人民迈上全面建设社会主义现代化国家新征程、向第二个百年奋斗目标进军的关键时刻召开的一次十分重要的大会，这次大

* 国家社科基金重点项目“新时代用社会主义价值观凝心聚力研究”（20AKS015），上海市哲学社会科学规划一般项目“智能时代文明交流互鉴与人类共同价值研究”（2019BKS006）。

** 邱仁富，中央财经大学马克思主义学院教授，主要研究方向价值论、思想政治教育研究。

会在新的历史起点上就举什么旗子、走什么道路、以什么样的精神状态、朝着什么样的目标继续前进提供了思想引领、方向导航、价值立场、方法指引，成功擘画了强国蓝图、复兴航程和战略步骤。这次大会报告把“守正创新”作为大会主题的关键词，并成为理解和把握习近平新时代中国特色社会主义思想的世界观和方法论“六个必须坚持”（必须坚持人民至上、必须坚持自信自立、必须坚持守正创新、必须坚持问题导向、必须坚持系统观念、必须坚持胸怀天下）中的一个，彰显了“守正创新”在当代中国推动我国经济社会发展的重大价值和方法论意义。

党的二十大报告指出：“我们从事的是前无古人的伟大事业，守正才能不迷失方向、不犯颠覆性错误，创新才能把握时代、引领时代。”① 守正创新，就是要牢牢把握“百年变局”的发展方向，牢牢把握中国特色社会主义的发展方向，不断增强用马克思主义观察时代、把握时代、引领时代的能力。围绕世界怎么了，我们怎么办，紧扣实现中华民族伟大复兴的历史主题，提出守正创新的重要论断，为深入回答好中国之问、世界之问、人民之问、时代之问提供方法论指引。

一、把握人民立场，着力在坚持以人民为中心，努力实现好维护好发展好人民根本利益和现实利益的基础上推动守正创新

人民是历史的创造者，也是推动社会进步的根本力量。“人们自己创造自己的历史，但是他们并不是随心所欲地创造，并不是在他们自己选定的条件下创造，而是在直接碰到的、既定的、从过去承继下来的条件下创造。”② 从主体的角度看，人民群众创造历史与主体的目的、需要、思想观念联系密切相关，“全部人类历史的第一个前提无疑是有生命的个人的存在”③。人们为了生存就不得不从事生产劳动，人的生产不仅满足自身需要，还跟主体的思想观念、主观能动性联

① 习近平：《高举中国特色社会主义伟大旗帜　为全面建设社会主义现代化国家而团结奋斗——在中国共产党第二十次全国代表大会上的报告》，人民出版社 2022 年，第 20 页。

② 《马克思恩格斯文集》第二卷，人民出版社 2009 年，第 470—471 页。

③ 《马克思恩格斯文集》第一卷，人民出版社 2009 年，第 519 页。

系在一起，从而与动物区别开来，“人们生产自己的生活资料，同时间接地生产着自己的物质生活本身”[①]。由此可以看出，人民群众创造历史，始终与人民群众的需要相关，他们如何生活，就如何实践，进而创造以他们自身为主体的世界，即人们“按照自己的面貌为自己创造出一个世界”[②]。从地方性知识的角度看，人民群众创造历史与主体所处的人文地理、历史条件、文化传统、价值观念等方面因素联系在一起。俗话说，“一方山水养一方人”，“橘生淮南为橘，生于淮北为枳”。现实的个人，在不断创造满足自身生存和发展需要的物质生活资料、生产资料过程中总是与其所处的人文地理、历史条件、文化传统、价值观念联系在一起，即受地方性知识所制约。毫无疑问，一定的物质条件决定了人们的生存、生活、生产。反过来，在特定历史条件下生存的人们，他们的思想观念、价值观念、人生态度等直接影响到他们的生产、生活实践，彰显了主体的主动性、能动性、创造性。

人民立场是马克思主义的基本立场，是推动守正创新的根本立场。马克思主义是科学的理论、实践的理论、开放的理论，归根到底是人民的理论，是为了实现人民解放、人类自由全面发展的理论。习近平总书记指出：“马克思主义是人民的理论，第一次创立了人民实现自身解放的思想体系。马克思主义博大精深，归根到底就是一句话，为人类求解放。在马克思之前，社会上占统治地位的理论都是为统治阶级服务的。马克思主义第一次站在人民的立场探求人类自由解放的道路，以科学的理论为最终建立一个没有压迫、没有剥削、人人平等、人人自由的理想社会指明了方向。马克思主义之所以具有跨越国度、跨越时代的影响力，就是因为它植根人民之中，指明了依靠人民推动历史前进的人间正道。”[③]马克思的一生是为人类解放不懈奋斗的一生，致力于实现人民解放、人的自由全面发展。马克思主义为人民而生，也因人民的实践而兴，马克思主义深刻地改变了中国，中国也极大地丰富和发展了马克思主义，两者构成一种理论与实践相互作用、相互促进、相互成就的相互性。进入中国特色社会主义新时代，推动守正创

① 《马克思恩格斯文集》第一卷，人民出版社 2009 年，第 519 页。

② 《马克思恩格斯选集》第一卷，人民出版社 1995 年，第 276 页。

③ 习近平：《在纪念马克思诞辰 200 周年大会上的讲话》，《人民日报》2018 年 5 月 5 日。

新，守正就是坚守马克思主义唯物史观、坚守人民立场，这是最根本的一条。守好人民立场，创新才有明确目标，才不会迷失方向，才能从根本上解决创新是为了谁，发展是为了谁这一基本问题。因此，立足人民立场推动守正创新，就是要牢牢把握我们的革命事业，我们的一切奋斗、一切牺牲归根到底是为了人民、依靠人民、服务人民的观点，始终坚持走群众路线，全心全意为人民服务，坚持以人民为中心，守住这条主线。

人民立场是中国共产党的根本政治立场，也是我们党百年实践的重要经验总结。2021 年 12 月 25 日，习近平总书记给中国国家话剧院的艺术家回信强调："希望你们再接再厉，紧扣时代脉搏、坚守人民立场、坚持守正创新，用情用力讲好中国故事，创作出更多无愧于时代、无愧于人民的优秀作品，为新时代文艺事业繁荣发展、为丰富人民精神世界作出更大贡献。"① 立场问题贯穿百年来中国共产党的伟大奋斗历程始终，守正创新的人民立场，就是要牢记中国共产党人的初心和使命。党的二十大报告指出，"江山就是人民，人民就是江山。中国共产党领导人民打江山、守江山，守的是人民的心"②。而要守好人民的心，就是要始终坚持以人民为中心，以造福人民为最大政绩，以人民满意不满意、高兴不高兴、答应不答应为判断标准。中国共产党百年奋斗的伟大实践证明，唯有立足人民，坚持人民立场，始终为了人民、依靠人民、服务人民，为人民的利益而奋斗，才能不断创造新的奇迹和彪炳史册的伟业，才能推动中国特色社会主义道路行稳致远，才能保持党的先进性和纯洁性、永葆党的执政地位。

守正创新首要的一条是维护人民的利益。人们奋斗所争取的一切都同他们的利益有关，党的二十大报告提出了要增进民生福祉，提高人民生活品质的重要论断，"我们要实现好、维护好、发展好最广大人民根本利益，紧紧抓住人民最关心最直接最现实的利益问题，坚持尽力而为、量力而行，深入群众、深入基层，采取更多惠民生、暖民心举措，着力解决好人民群众急难愁盼问题，健全基本公

① 《习近平给中国国家话剧院的艺术家回信强调　用情用力讲好中国故事　创作出更多无愧于时代无愧于人民的优秀作品》，《人民日报》2021 年 12 月 26 日。

② 习近平：《高举中国特色社会主义伟大旗帜　为全面建设社会主义现代化国家而团结奋斗——在中国共产党第二十次全国代表大会上的报告》，人民出版社 2022 年，第 46 页。

共服务体系，提高公共服务水平，增强均衡性和可及性，扎实推进共同富裕”[①]。从这里可以看出，坚持人民立场推动守正创新，就是要实现好、维护好、发展好人民根本利益，而且，要紧紧抓住人民最关心最直接最现实的利益问题，把不断增进人民福祉作为我们党一切工作的根本出发点和落脚点。为此，新时代要把是否有利于增进人民福祉、是否有利于提高人民生活品质作为推动守正创新的重要标准，要着力解决以下几个问题：一是要把人民群众的根本利益和现实利益统一起来。维护人民的利益，既要重视人民的根本利益，管长远管根本，又要重视人民的现实利益，管现实管困难，两者统一起来，不能以维护人民的根本利益为借口忽视甚至损害人民的现实利益，也不能因现实利益而损害人民的根本利益，两者应辩证统一，这是衡量我们的政策制定、社会运行是否体现守正创新的重要指标之一。二是要抓住人民最关心最直接最现实的利益问题，这是党的二十大报告非常重视的一条。这就要求我们在制定各项方针政策的过程中要聚焦人民群众最关心最直接最现实的利益问题，例如，人民期盼有更好的教育、更稳定的工作、更可靠的安全保障等，坚持问题导向，在着力解决好人民群众利益问题中彰显守正创新的力量。三是要着力解决好人民群众急难愁盼问题。党的二十大把人民群众的“急难愁盼问题”写入报告，强调要解民之所困、忧民之所难，彰显了新时代中国共产党治国理政的价值导向。坚持守正创新，就是要解决人民群众的“急难愁盼问题”，帮助人民群众解决实际问题、解决实际困难、化解现实风险，在为民排忧解难中坚守正道、弘扬正气，凝心聚力，在不断增进人民群众福祉中开拓创新、勇闯新路，更好地彰显中国共产党人的初心和使命。

二、坚持正本清源，着力在用马克思主义基本立场观点方法澄清问题、厘清源头、明辨是非、防好源头、治好苗头的基础上推动守正创新

正本清源是守正创新的前提。为有源头活水来，正本才能守正，清源才能创

① 习近平：《高举中国特色社会主义伟大旗帜　为全面建设社会主义现代化国家而团结奋斗——在中国共产党第二十次全国代表大会上的报告》，人民出版社 2022 年，第 46 页。

新。守正创新，首先要弄清楚一个民族、社会进步的根本是什么，它的根基是什么，它的源头在哪里，动力源在哪里。只有把基石、根本巩固好，筑牢根基，把源头搞清楚，理顺事物发展的源流演变，我们才能守住根本，夯实根基，才能明确方向，枝繁叶茂，行稳致远。

就当代中国而言，坚持正本清源，推动守正创新最主要的是搞清楚举什么旗子、走什么路，以什么样的精神状态实现什么样的目标的问题，具体来说，要着力要搞清楚以下几个问题：

一是明确坚持马克思主义指导思想不动摇。旗帜就是方向，坚持什么样的指导思想，关乎中国社会发展未来。建党百年实践证明，马克思主义指导思想是对的，可行的。党的二十大报告指出："马克思主义是我们立党立国、兴党兴国的根本指导思想。实践告诉我们，中国共产党为什么能，中国特色社会主义为什么好，归根到底是马克思主义行，是中国化时代化的马克思主义行。拥有马克思主义科学理论指导是我们党坚定信仰信念、把握历史主动的根本所在。"① 正本清源，就是要搞清楚这个本源，搞清楚马克思主义指导思想是我们的根本，是我们立党兴党的灵魂。推动守正创新，就是要巩固马克思主义的指导思想，始终坚持马克思主义在意识形态领域的指导地位，在新的征程上，更好地坚持和发展马克思主义。

当前，立足正本清源来谈守正创新，就是要在旗帜鲜明地坚持和巩固马克思主义指导思想问题上，做好澄清问题、厘清源头、明辨是非、防好源头、治好苗头等工作。习近平总书记指出："在对待坚持以马克思主义为指导问题上，绝大部分同志认识是清醒的、态度是坚定的。同时，也有一些同志对马克思主义理解不深、理解不透，在运用马克思主义立场、观点、方法上功力不足、高水平成果不多，在建设以马克思主义为指导的学科体系、学术体系、话语体系上功力不足、高水平成果不多。社会上也存在一些模糊甚至错误的认识。有的认为马克思主义已经过时，中国现在搞的不是马克思主义；有的说马克思主义只是一种意识形态说教，没有学术上的学理性和系统性。实际工作中，在有的领域中马克思主

---

① 习近平：《高举中国特色社会主义伟大旗帜　为全面建设社会主义现代化国家而团结奋斗——在中国共产党第二十次全国代表大会上的报告》，人民出版社2022年，第16页。

义被边缘化、空泛化、标签化。在一些学科中‘失语’、教材中‘失踪’、论坛上‘失声’。这种状况必须引起我们高度重视。”[①] 正本清源实质上就是坚持马克思主义指导思想不动摇，避免马克思主义被边缘化；就是要巩固马克思主义在意识形态领域的指导地位，坚持马克思主义基本原理，坚守真理、坚守正道，巩固全党全国人民团结奋斗的共同思想基础。因此，正本清源是守正的前提，是创新的内在要求，唯有坚持马克思主义这一真理，坚持马克思主义的基本立场、观点、方法，才能更好地推动中国特色社会主义事业发展的守正创新。

二是明确中国共产党是什么，要干什么，从哪里来，要到哪里去。坚持正本清源，首先要搞清楚中国共产党的源头、根本问题。习近平总书记指出：“历史和现实都告诉我们，一场社会革命要取得最终胜利，往往需要一个漫长的历史过程。只有回看走过的路、比较别人的路、远眺前行的路，弄清楚我们从哪儿来、往哪儿去，很多问题才能看得深、把得准。”[②] 在党的十九届六中全会通过的《中共中央关于党的百年奋斗重大成就和历史经验的决议》(以下简称《决议》)指出：“全党要牢记中国共产党是什么、要干什么这个根本问题。”[③] 正本清源，就是要搞清楚中国共产党的本源，即要回答好中国共产党是什么，要干什么，从哪里来，要到哪里去的问题。恩格斯说：“一个知道自己的目的，也知道怎样达到这个目的的政党，一个真正想达到这个目的并且具有达到这个目的所必不可缺的顽强精神的政党——这样的政党将是不可战胜的。”[④] 在正本清源的基础上推动守正创新，就是牢牢把握中国共产党人的初心和使命，不断增强党的宗旨意识，牢记中国共产党是中国工人阶级的先锋队，同时是中国人民和中华民族的先锋队，是中国特色社会主义事业的领导核心，是实现中华民族伟大复兴的“定海神针”。

三是把握中国特色社会主义的根本。道路问题关乎中国社会发展的未来。正本清源，就是要搞清楚中国特色社会主义是社会主义，有效地澄清和回击形形色色的对中国道路的误读和误解，甚至是别有用心的歪曲解读。改革开放以来，我

---

① 习近平：《在哲学社会科学工作座谈会上的讲话》，《人民日报》2016年5月19日。

② 习近平：《坚持和发展中国特色社会主义要一以贯之》，《求是》2022年第18期。

③《中共中央关于党的百年奋斗重大成就和历史经验的决议》，《人民日报》2021年11月17日。

④《马克思恩格斯全集》第三十九卷，人民出版社1974年，第139页。

们找到了中国特色社会主义道路，走出了一条特色的发展道路。一路走来，面对国际国内各种风险挑战，面对各种对中国道路的不同认识，甚至是误读，继续走好中国道路，必须要守正创新。习近平总书记指出："中国特色社会主义是社会主义而不是其他什么主义，科学社会主义基本原则不能丢，丢了就不是社会主义。我们党始终强调，中国特色社会主义，既坚持了科学社会主义基本原则，又根据时代条件赋予其鲜明的中国特色。这就是说，中国特色社会主义是社会主义，不是别的什么主义。"① 中国特色社会主义是社会主义，不是别的什么主义，这是理解和把握中国道路的根本，这是正本、守正最关键的一条。为此，既要针对各种歪曲、甚至唱衰中国道路的社会思潮进行有力回击，澄清谬误，又要讲清楚中国特色社会主义就是社会主义道路，讲好中国道路的故事，讲明中国道路为人类不断做出新的贡献的重大意义和价值。在新的征程上，坚持守正创新，就是要坚守科学社会主义的基本原则，坚持走中国特色社会主义道路。党的十九大报告提出中国进入了新时代，"这个新时代是中国特色社会主义新时代，而不是别的什么新时代"②。正本清源，就是要搞清楚中国特色社会主义的本与源，巩固根本，即巩固中国特色社会主义才是守正创新。为此，从发展道路的角度看，守正创新就是要坚持和发展中国特色社会主义，唯有这样才能更好地实现好、维护好、发展好人民的根本利益，才能实现社会主义现代化，以中国式现代化推动中华民族伟大复兴。

四是明确中国共产党治国理政的根本。坚持党的领导是中国有效应对前进道路中各种艰难险阻的根本力量。在我国治国理政过程中，旗帜鲜明地坚持党的领导，这就是根本，守正创新就是要把握这个根本。《决议》对党的领导进行了深刻阐释，也对坚持党的领导存在的问题进行了深刻剖析。《决议》指出："改革开放以后，党为加强和改善党的领导进行持续努力，为党和国家事业发展提供了根本政治保证。同时，党内也存在不少对坚持党的领导认识模糊、行动乏力问题，存在不少落实党的领导弱化、虚化、淡化、边缘化问题，特别是对党中央重大决

---

① 习近平：《关于坚持和发展中国特色社会主义的几个问题》，《求是》2019 年第 7 期。

② 习近平：《坚持和发展中国特色社会主义要一以贯之》，《求是》2022 年第 18 期。

策部署执行不力，有的搞上有政策、下有对策，甚至口是心非、擅自行事。”[①]面对改革开放以来一度出现对党的领导的模糊认识，针对党的领导弱化、虚化、淡化、边缘化问题，以习近平同志为核心的党中央，从根本上扭转了这一局面，指出“中国特色社会主义最本质的特征是中国共产党领导，中国特色社会主义制度的最大优势是中国共产党领导，中国共产党是最高政治领导力量”[②]。中国共产党的成立，是一件开天辟地的大事变，百年来的实践证明，办好中国的事情，关键在党。为此，正本清源，守正创新，要深刻意识到“党的领导是党和国家的根本所在、命脉所在”，在现代国家治理体系中核心是要坚持党的领导，坚持党的全面领导；要旗帜鲜明讲政治，善于从政治上看问题，不断提高政治判断力、政治领悟力、政治执行力，防止在实践中再次出现党的领导弱化、虚化、淡化、边缘化等现象；要把握百年来我们党的历史的主题主线、主流本质，要旗帜鲜明地反对历史虚无主义，引导广大群众明辨是非，从源头上削弱历史虚无主义及各种错误思潮的生存土壤，防好源头、治好苗头。

三、坚持固本培元，着力在夯实基础、筑牢根基，在凝聚中国共产党人的精气神的基础上推动守正创新

如前所述，正本清源是推动守正创新的前提。在正本清源的基础上，要坚持固本培元，这是守正创新的重要基石。固本培元，所谓元、本，主要指事物根本、基础、元神。

固本培元，实质上就是巩固根基、夯实基础、凝聚精气神。在这个基础上才能进行守正创新。固本培元是守正创新的基石，唯有不断夯实根基、巩固根本，犹如植树一样，厚实树根的土壤，才能枝繁叶茂，才能经受住各种风吹雨打。培元固本和守正创新相统一是推动我们党理论创新的重要方法。2021 年 2 月，习近平总书记在党史学习教育动员大会上强调：“一百年来，我们党坚持解放思

①② 《中共中央关于党的百年奋斗重大成就和历史经验的决议》,《人民日报》2021 年 11 月 17 日。

想和实事求是相统一、培元固本和守正创新相统一，不断开辟马克思主义新境界。”① 党的十八大以来，习近平总书记在多种场合强调要注重固本培元、培元固本，并在这个基础上强调守正创新。为此，坚持固本培元，推动守正创新，要着力从以下几个方面入手：

一是着力在坚定理想信念上下功夫。对中国共产党人来说，理想信念是我们的根和魂，是“中国共产党人的精神支柱和政治灵魂”②。坚持固本培元，就是要坚定中国人的理想信念。2014 年 10 月 31 日，习近平总书记在全军政治工作会议上讲话指出：“要把坚定官兵理想信念作为固本培元、凝魂聚气的战略工程，采取有力措施，抓紧抓实抓出成效。”③ 理想信念是我们精神上的钙，在新的征程上要巩固广大党员、领导干部的理想信念，展现出新时代干事创业的精神力量。固本培元，守正创新，就是要坚持马克思主义信仰、共产主义远大理想、中国特色社会主义共同理想，在任何时候都不能忘记中国共产党人的崇高理想，不忘记我们为了什么而奋斗、为了什么而斗争、为了什么去牺牲。邓小平同志曾经指出：“为什么我们过去能在非常困难的情况下奋斗出来，战胜千难万险使革命胜利呢？就是因为我们有理想，有马克思主义信念，有共产主义信念。我们干的是社会主义事业，最终目的是实现共产主义。”④ 中国革命之所以能够取得胜利，关键在于我们党有坚定的理想信念，有明确的奋斗目标和严密的组织纪律等。革命时期强调理想信念，社会建设、改革开放时期要强调理想信念，特别是进入了中国特色社会主义新时代，立足“两个大局”，面对国际国内的复杂局势，更加要强调党员干部的理想信念，巩固共产党人的世界观、人生观和价值观。党的十八大以来，习近平总书记高度重视世界观、人生观、价值观建设，并把它称为人的“总开关”。“只有理想信念坚定，心中有党、对党忠诚才能有牢固思想基础。理想信念动摇了，那是不可能心中有党的。”要“注重解决好世界观、人生观、价值观这个‘总开关’问题，真正做到对马克思主义虔诚而执着、至信而深厚”。⑤ 在

① 习近平：《在党史学习教育动员大会上的讲话》，《求是》2021 年第 7 期。

② 习近平：《习近平谈治国理政》第四卷，外文出版社 2022 年，第 522 页。

③ 习近平：《习近平谈治国理政》第二卷，外文出版社 2017 年，第 402 页。

④ 邓小平：《邓小平文选》第三卷，人民出版社 1993 年，第 110 页。

⑤ 习近平：《习近平谈治国理政》第二卷，外文出版社 2017 年，第 142 页。

前进的道路上，固本培元，要坚定共产党人的世界观、人生观、价值观，在这个基础上守正创新，才能经风雨、见世面、长才干，才能走好新时代的长征路，继续交出优异答卷。

二是着力在进一步提高党性修养、党性觉悟上下功夫。党性是一个政党的根本属性和显著特征。对中国共产党人来说，党性修养是我们的“心学”，是我们干事创业的立足之本，体现出独特的精气神。坚持固本培元，就是要提高我们的党性修养和党性觉悟，培育新时代中国共产党人的精气神。2016 年 1 月 12 日，习近平总书记在中共十八届中央纪委六次全会上指出：“抓作风建设要返璞归真、固本培元，在加强党性修养的同时，弘扬中华优秀传统文化。”①2022 年 1 月 18 日，习近平总书记在中共十九届中央纪委六次全会上指出：“领导干部特别是高级干部要带头落实关于加强新时代廉洁文化建设的意见，从思想上固本培元，提高党性觉悟，增强拒腐防变能力。”② 打铁必须自身硬，党性是我们党体现自身素质、坚定信仰的根本体现，也是我们党精神风貌、精神状态的重要表征。

党性教育关乎一个政党事业的成败。任何一个政党都有其独特的精气神，中国共产党亦是如此，它体现出与其他政党不一样的独特品质，比如中国共产党强调“两个先锋队”，强调党是中国特色社会主义事业的领导核心，要求全心全意为人民服务，强调坚持实事求是③、讲真话，强调严格执行党的决定、严守党的纪律等内容，党性从来都不是抽象的存在，党性始终体现在我们党团结带领人民群众干事创业之中，体现在领导干部的担当作为之中。习近平总书记指出：“各级党员、干部特别是领导干部都要坚定党性立场，加强党性修养，心怀‘国之大者’，遇到问题、作出决策、处理工作首先要从政治上想一想，对照党章、党内政治生活准则、党纪处分条例举一反三，看准能不能干、该不该做，在风浪考验中立得住脚，在诱惑‘围猎’面前定得住神，始终做政治上的明白人。”④ 固本培

① 习近平：《习近平谈治国理政》第二卷，外文出版社 2017 年，第 165 页。

② 习近平：《习近平谈治国理政》第四卷，外文出版社 2022 年，第 551 页。

③ “坚持从实际出发、实事求是，不只是思想方法问题，也是党性强不强问题。从当前干部队伍实际看，坚持实事求是最需要解决的是党性问题。我父亲讲过，‘我们党讲党性，我看实事求是就是最大的党性’。”（摘自习近平：《习近平谈治国理政》第四卷，外文出版社 2022 年，第 527 页。）

④ 习近平：《习近平谈治国理政》第四卷，外文出版社 2022 年，第 40 页。

元，守正创新，就是要不断提高党员干部的党性修养，在我们日常工作中、在有效应对各种风险挑战中，做到实事求是，坚定党性立场、站稳政治立场、善于从政治上看问题，防止误入歧途、迷失方向、自甘堕落，这就对党员干部自身的建设提出明确要求。

三是着力在正心修身、律己持家上下功夫。一个政党的精气神，由一个政党的党性决定，而党性的体现关键在于党员干部在为人民服务的过程中、在干事创业过程中展现出的精气神。2018 年 8 月 17 日，习近平总书记在中央军委党的建设会议上的讲话指出："要坚持标本兼治，加强党内政治文化建设，注重在固本培元上下功夫，引导大家正心修身、律己持家、清廉为官，自觉抵御歪风邪气的侵蚀。"① 党的十九大以来，以习近平同志为核心的党中央，加强党的全面领导，推进全面从严治党，不断推动党的自我革命，推动党员干部自我净化、自我完善、自我革新、自我提高，从根本上扭转了管党治党宽松软的局面，找到了跳出治乱兴衰的"历史周期率"的第二个答案。

在自我革命的背景下，广大党员干部固本培元、守正创新，从根本上说要正心修身、律己持家。一方面，正心修身是固本培元的根本，所谓正心修身，就是要讲正气，要求党员干部一身正气，正气不彰，邪气就会蔓延，歪风邪气就难以遏制；要讲公心，要求党员干部要一心为公，坚持立党为公、执政为民，做到权为民所用、情为民所系、利为民所谋，心底无私天地宽。相反，权力任性，以权谋私，必将害人害己，不仅给人民群众带来伤害，也给自己带来祸端；要弘扬正道，正心才能明道，心不正，道则不通。正心修身，就是要弘扬人间正道，走好人间正道，要求领导干部老老实实做人、踏踏实实做事、一尘不染、干干净净。因此，正心修身，从本质上说，就是要"始终把党和人民放在心中最高位置，做一个一心为公、一身正气、一尘不染的人"②。另一方面，律己持家是固本培元的内在要求。古人云："天下之本在国，国之本在家。"(《孟子 · 离娄上》) 固本培元，关键在于修身齐家，而修身齐家的核心是律己，既要严守纪律，严于律己，做到知行合一，清清白白做人，干干净净做事；又要弘扬好的家风、家教、家

① 习近平：《习近平谈治国理政》第三卷，外文出版社 2020 年，第 386 页。

② 习近平：《习近平谈治国理政》第四卷，外文出版社 2022 年，第 534 页。

规，正己立人、正心育人、正纪管人，营造诗礼传家、正气传家、清廉兴家的良好生态。

总之，要把握固本培元与守正创新的辩证法。固本培元是夯实守正创新的根基，在不断巩固根基的基础上才能推陈出新，守正创新。在守正创新中不断夯实根基。要守正才能固根本，在创新中才能固根本，两者相互作用、相互促进。这就是说，要通过守正创新来巩固根本，这也是为什么党中央高度强调推动传统文化的创造性转化和创新性发展，就是巩固传统文化根本的重要路径。将以上两点结合起来，才能真正推动培元固本与守正创新统一起来。

四、弘扬优良传统，着力在继承和坚守中华民族优秀的文明成果、汲取我国古代治国理政中好的制度机制和管用经验的基础上推动守正创新

党的十八大以来，习近平总书记高度重视中华优秀传统文化的传承、保护和坚守，提出了一系列重要论断，突出强调要推动中华优秀传统文化的创造性转化和创新性发展，并把守正创新与中华民族的优秀传统结合起来，提出要弘扬优良传统，推动守正创新。他在多次讲话中指出：要“把握时代大势，发扬优良传统，坚持守正创新”①，“要遵循中医药发展规律，传承精华，守正创新”②，“要守正创新，既要在古人留给我们的丰厚文化遗产中交流互鉴，承前启后，又要从当今世界发展潮流中革故鼎新，开辟未来”③。为新时代弘扬优良传统、坚持守正创新提供根本遵循。从目前来看，从优良传统的角度来推动守正创新，要把握以下几个方面：

一是守正创新是中华文明的优良传统。习近平总书记曾精辟指出，“中华民

① 《习近平致信祝贺中国外文局成立70周年强调　不断提升国际传播能力和水平　更好向世界介绍新时代的中国》，《人民日报》2019年9月5日。

② 《习近平对中医药工作作出重要指示强调　传承精华守正创新　为建设健康中国贡献力量》，《人民日报》2019年10月26日。

③ 《习近平同希腊总理米佐塔基斯会谈》，《人民日报》2019年11月12日。

族是守正创新的民族”[①]，“中华民族有着守正创新的传统”[②]。“周虽旧邦，其命维新。”(《诗 · 大雅 · 文王》) 中华民族五千多年的历史，中华文明源远流长、灿烂辉煌，中华民族始终坚持自强不息、自信自强、革故鼎新等价值观念成为中华民族五千多年文明不间断、文脉不中断、文化发展不停断的重要原因。从中华民族的历史长河中可以看出，我们这个民族是一个守正创新的民族，不管是社会制度的变迁，还是朝代的更替，坚持守正创新始终是中华民族战胜各种艰难险阻、克服各种风险挑战、推动中华民族永续发展的重要方法。当代中国坚持守正创新，需要从中华优秀文明中汲取营养，汲取智慧和力量。

二是守正创新是我们党百年奋斗的重要经验。一百年来，中国共产党人之所以创造彪炳史册的伟业，创造人间奇迹，从意识层面上说，归根到底在于坚守和弘扬伟大建党精神，在于不断坚持把马克思主义基本原理同中国具体实际相结合、同中华优秀传统文化相结合，在于解放思想、实事求是、与时俱进、求真务实、守正创新。“两个结合”是中国共产党人百年来伟大实践的经验总结，是自信自强的重要体现，是守正创新在理论成果上的重要表征。坚持“两个结合”，才能有效地回答时代问题，推动中国革命、建设、改革取得胜利，推动马克思主义中国化时代化取得新飞跃。我们党的百年奋斗历史经验表明，推动党的理论创新要立足中华优秀传统文化，在不断夯实中华优秀传统文化根基的基础上推陈出新，从传统文明中汲取前进的力量。在新的征程上，坚持守正创新，同样要汲取中华民族悠久文明的奋进力量，传承百年大党守正创新的传统，百年奋斗的精神力量，积极弘扬伟大建党精神，并转化为我们干事创业的无穷动力。

三是守正创新是实现中华民族伟大复兴的思想方法。党的二十大报告指出：“从现在起，中国共产党的中心任务就是团结带领全国各族人民全面建成社会主义现代化强国、实现第二个百年奋斗目标，以中国式现代化全面推进中华民族伟大复兴。”[③]守正创新是实现中华民族伟大复兴的思想方法，贯穿于中国式现代化

---

① 《习近平同希腊总统帕夫洛普洛斯会谈》，《人民日报》2019 年 5 月 15 日。

② 《习近平会见新加坡总统哈莉玛》，《人民日报》2019 年 5 月 15 日。

③ 习近平:《高举中国特色社会主义伟大旗帜　为全面建设社会主义现代化国家而团结奋斗——在中国共产党第二十次全国代表大会上的报告》，人民出版社 2022 年，第 21 页。

进程的全过程。在新的征程上，我们既要弘扬中华民族守正创新的传统，又要继承中国共产党百年奋斗、守正创新的传统，以史为鉴，不忘来时的路，继续走好前行的路，在不断夯实优良传统的基础上推动坚持守正创新。

一方面，弘扬优良传统，推动守正创新要弘扬中华民族天下为公、民为邦本、坚守正道、弘扬正义、弘扬正气的优良传统。在新的征程上，要实现中华民族伟大复兴，必须要坚持守正创新，这就需要不断夯实中华优秀传统文化的根基，不断从中华文明中汲取进步的智慧和力量。党的二十大报告指出："中华优秀传统文化源远流长、博大精深，是中华文明的智慧结晶，其中蕴含的天下为公、民为邦本、为政以德、革故鼎新、任人唯贤、天人合一、自强不息、厚德载物、讲信修睦、亲仁善邻等，是中国人民在长期生产生活中积累的宇宙观、天下观、社会观、道德观的重要体现，同科学社会主义价值观主张具有高度契合性。"① 弘扬优良传统，要弘扬中华民族爱好和平、弘扬正义、坚守正道的价值观念，坚定不移地走和平发展道路，积极构建更加公平公正的国际新秩序，积极推动国际社会讲公道、讲公正、讲道义，为世界的和平发展注入新的活力；要弘扬中华民族天下为公、民为邦本、革故鼎新的价值观念，始终坚持以人民为中心，在不断实现好、维护好、发展好人民根本利益的基础上，切实解决人民群众"急难愁盼问题"；要弘扬中华民族以和为贵、协和万邦的价值观念，积极弘扬全人类共同价值，推动构建人类命运共同体；要坚守和弘扬中华民族历史长河中的优秀文明成果，汲取传统治国理政中好的制度机制和管用的经验，为走好新时代的长征路提供经验启示、理论借鉴。

另一方面，弘扬优良传统，推动守正创新要把马克思主义思想精髓同中华优秀传统文化精华贯通起来，同人民群众日用而不觉的共同价值观念融通起来。百年来我们党的实践证明了马克思主义是对的、行的，仍然具有强大的真理性和生命力，当前，推动守正创新，不断推动马克思主义中国化时代化，需要夯实中华优秀传统文化根基。党的二十大报告指出："坚持古为今用、推陈出新，把马克思主义思想精髓同中华优秀传统文化精华贯通起来、同人民群众日用而不觉的共

① 习近平：《高举中国特色社会主义伟大旗帜　为全面建设社会主义现代化国家而团结奋斗——在中国共产党第二十次全国代表大会上的报告》，人民出版社 2022 年，第 18 页。

同价值观念融通起来，不断赋予科学理论鲜明的中国特色，不断夯实马克思主义中国化时代化的历史基础和群众基础，让马克思主义在中国牢牢扎根。”① 把马克思主义思想精髓同中华优秀传统文化精华贯通起来，就是要把马克思主义的基本立场、观点、方法，把坚持解放思想、实事求是、与时俱进、求真务实、守正创新与中华优秀传统文化结合起来，特别是与中华优秀传统文化倡导的大道之行、天下为公、民为邦本、为政以德、革故鼎新、任人唯贤、天人合一、自强不息、厚德载物、讲信修睦、亲仁善邻等结合起来，形成具有中国特色、时代特征，能够有效应对“百年变局”的理论成果和思想方法，形成能够说明21世纪中国和世界相互关系的“说明书”“解释学”和“方法论”，为实现中华民族伟大复兴继续提供思想指引，为积极弘扬全人类共同价值，为推动构建人类命运共同体贡献中国的智慧和力量。

此外，走好新的长征路，要坚持自信自强，着力在把握百年来我们党取得系列重大理论成果、实践成果、制度成果，增强做中国人的志气骨气底气的基础上推动守正创新。要坚持开拓创新，着力在推动我们党自我革命、超越自我，有效应对“百年变局”和引领时代发展的基础上推动守正创新。

【执行编辑：陈新汉】

① 习近平：《高举中国特色社会主义伟大旗帜　为全面建设社会主义现代化国家而团结奋斗——在中国共产党第二十次全国代表大会上的报告》，人民出版社2022年，第18页。

名家访谈

Celebrity Interview

价值哲学与中国道路
——吴向东教授访谈

吴向东　陈新汉

【吴向东教授简介】吴向东，男，1966年10月生于江苏省泰兴市。哲学博士，现任北京师范大学哲学学院院长、教授，教育部人文社科重点研究基地价值与文化研究中心主任。教育部长江学者特聘教授。国务院学科评议组（哲学）成员、教育部哲学类教学指导委员会委员。中国辩证唯物主义学会副会长、中国马克思主义哲学史学会副会长。曾任国际价值哲学学会（ISVI）会长。研究领域为马克思主义哲学、价值哲学。主持国家社科基金重大项目等十余项。作为主要成员，参加了中央实施“马克思主义理论研究和建设工程”《马克思主义哲学》《马克思主义哲学十讲》《马克思恩格斯列宁经典著作选读》的研究与编写。代表著作《重构现代性：当代社会主义价值观研究》、《价值观的核心问题及其解答的前提性批判》(*The Core Issue of Values and the Prepositional Criticism of the Answer*)，分别获得北京市和教育部人文社会科学优秀成果奖等。

陈新汉（以下简称“陈”）：您是怎么走上价值哲学研究这条道路的？

吴向东（以下简称“吴”）：我是1983年进入北京师范大学哲学系学习。读书期间，中国价值哲学在以李德顺先生、李连科先生、王玉樑先生、袁贵仁先生等为代表的前辈学者的努力之下，逐渐成为显学，吸引了当时学生的关注。1987年，我师从陈仲华先生、马润青先生攻读硕士学位。两位先生在国内较早地研究马克思主义精神生产理论和人的价值理论，在他们的指导下，我的硕士论文的主题是研究唯物史观视域下的社会心理概念。1995年，我师从袁贵仁先生攻读博士学位。袁贵仁先生是中国价值哲学的开拓者之一，其1991年出版的专著《价值学引论》和当时其他学者的著作一起奠定了国内价值哲学研究的理论框架。袁贵仁先生明确提出，价值学研究旨在建构正确的价值观念体系，价值观是哲学研究的主要内容之一，是哲学教育的主要目的之一，是哲学理论转向社会实践的主要环节之一。在先生的指导下，我选择了社会主义价值观作为博士论文研究的主题，在此基础上，完成了《重构现代性：当代社会主义价值观研究》。现在回过头来看，国内价值哲学的兴起、导师的学术引领，以及背后中国改革开放实践的需求与马克思主义哲学现实关切的理论旨趣，使得我很自然地走上了价值哲学研究这条学术之路。

陈：早在20世纪90年代中后期，您的博士论文就专注研究社会主义价值观，当时是怎么考虑的？为什么把社会主义价值观与现代性重构联系起来？

吴：研究社会主义价值观，是因为这是一个具有重大实践意义的理论课题。当时主要有这样几个方面的考虑。一是从价值观层面思考什么是社会主义。改革开放之后，我们始终在探索走什么样的道路。改革开放之初，邓小平曾经站在历史的高度上，反复地、一针见血地指出："问题是什么是社会主义，如何建设社会主义。我们的经验教训有许多条，最重要的一条，就是要搞清楚这个问题。"①改革开放以后，我们一直在探索和回答这个问题。社会主义是一种思想体系，是一种运动，也是一种制度和价值观。但无论是社会主义思想体系，社会主义运动，还是社会主义制度，都是追求着社会主义价值，实现着社会主义价值的，社会主义价值观是其理论、运动、制度的核心。社会主义价值观，从最深层次回答"什么是社会主义"这一根本问题。对社会主义而言，社会主义价值观是社会主义的生命之魂，也是社会主义的精神自我，表达出社会主义特有的精神气质。社会主义通过价值观对自身进行自我认同，即自我确认和肯定，回答"我是谁"，并在与他者的关系中，显现自身的特殊性、差异性和自身的同一性。没有社会主义价值观的自觉，我们就不能真正懂得什么是社会主义。

① 邓小平：《邓小平文选》第三卷，人民出版社1993年，第116页。

二是通过社会主义价值观实际引领现代价值秩序的建构。20 世纪 90 年代，随着改革开放的深入，社会主义市场经济的建立，中国社会处于一个思想大活跃、观念大碰撞、文化大交融的时代。市场经济的发展带来的社会经济成分和经济利益、生活方式、组织形式、就业结构的多样化，使人们思想活动的独立性、选择性、多变性和差异性不断增强，价值观也呈现复杂的多样性的态势。经济全球化，以信息技术为核心的现代科学技术的迅猛发展，使世界历史快速展开，使世界范围内的不同文化、不同价值观的交流和竞争突出地摆在每个人的面前。原来不同历史时期、不同文化背景下存在的价值观被挤压在同一个时空中，相互激荡和碰撞，呈现出错综复杂的局面。多样的价值观往往是以冲突乃至危机的形式存在并在冲突中表现自己的多样化。价值观的复杂多样及其冲突，打破了传统社会价值观的单调、封闭、僵化的状态，使人们的价值生活呈现出色彩斑斓、生动活泼的局面，增强了社会的生机和活力；同时，它也带来一定程度的价值失序和社会秩序的紊乱。我们需要通过社会主义价值观对多元价值予以批判性整合，对价值之间的冲突加以调解，引领社会思潮，形成全社会的广泛认同，形成稳定有效的价值秩序。

三是社会主义价值观的深入研究能够有效推进价值哲学基础理论的研究。研究社会主义价值观，需要价值哲学的理论基础，同时，社会主义价值观，作为当代实践中的重大现实课题，具有丰富的理论内涵和多维的理论层次。通过对社会主义价值观的理论前提和方法自觉、历史形态和现实语境、基本内容和内在逻辑、实践与认同等的研究，无疑会促使价值哲学在价值观的内容与结构，价值观、制度与文化的关系，价值观的形成与演化规律，价值观的认同机制等一系列基础问题研究上取得重要进展，从而避免价值哲学研究仅仅停留在抽象的层面上探讨一些基本概念、基本命题，避免价值理论研究的凌虚蹈空。

在研究过程中，我逐渐意识到社会主义价值观建构与现代性重构是内在联系在一起的。现代性与现代化，实际是一体两面。一般意义上说，现代性是一个历史的、文化的生成问题；从历史发生的角度看，现代性或者现代化无疑是通过资本主义生产方式来确立和推进的。所以利奥塔说“资本主义是现代性的名称之一”。资本主义现代性在基本的意义上是运动、制度和价值观三个维度的统一。随着资本主义现代性发展所呈现出的内在困境与危机，现当代思想家从不同的角度进行批判性思考，提出了不同的解决思路和方案。在现代性的批判中，马克思主义和社会主义是一种特别的立场，其特别性在于马克思主义将对现代性的批判深入到对资本逻辑的批判分析中，并将社会主义作为超越资本主义现代性的必然之路。在实践中，我们看到社会主义现代性不仅是理论上对资本主义现代性的批判和超越，也是现实生活中一些国家所追求的目标和谋求现代化的一种现实道路。中国的社会主义革命和建设与中国现代化建设是同质的，或者说中国的现代化是通过建设中国特色社会主义来进行的。如习近平总书记所说，“我们坚持和发展中国特色社会主义”，“创造了中国式现代化新道路，创造了人类文明新形态”。[①] 基于这样一种逻辑，以及现代性内部运动、制度、价值观之间的关系理解，我认为社会主义价值观的建构实际上可以理解为是对现代性的重构。从这样一种视角出发，我在研究中综合运用哲学、社会学、政治学、历史学等多学科研究方法和资料，依据价值观内涵及其结构的存在论层面的理论解释，通过对当代社会存在的本质反思，对社会主义价值观流变历史的梳理和解析，对资本主义价值观、中国传统价值观和市场经济价值观的批判与超越，探讨了当代中国特色社会主义价值体系的内在逻辑和丰富内涵，对当代社会主义价值观作了创造性的建构和论证。

陈：2012 年党的十八大报告第一次明确提出“社会主义核心价值观”，学界随之进行了广泛深入的研究，并取得了丰富的理论成果。您也一直在关注和研究社会主义核心价值，有什么样的心得体会？

吴： 社会主义核心价值观已经成为我国社会生活中的重大政治文化概念，它不仅历史地回应着中国近代以来价值文化领域的中西古今之争，更是直接切中着世界历史背景中展开的中国特色社会主义实践最深层次的问题。如何理解社会主义核心价值观的重大意义、基本内容，如何把握社会主义核心价值观与社会治理体系现代化的关系、社会主义核心价值观与中国传统文化的关系，值得学界深入探索。

---

① 习近平：《在庆祝中国共产党成立 100 周年大会上的讲话》，《人民日报》2021 年 7 月 1 日。

社会主义核心价值观无疑是当代中国社会价值秩序的主心骨，也是当代中华文化软实力的核心。但就其根本意义而言，我认为在于它是中国特色社会主义的自我理解与自我建构。对于建设中国特色社会主义来说，“什么是社会主义”无疑是首要的基本理论问题。然而，历史往往总是表现出某种诡秘性，尽管社会主义至少已经历了近五百年的理论发展和实际运动，出现了各种形式的社会主义，形成了社会主义谱系和不同的社会主义传统；但是，如邓小平所说，“什么是社会主义”这个问题我们过去并没有完全弄清楚。这种不清楚导致了社会主义实践中的严重失误，以致带来严重后果。改革开放以来，我们始终注重从价值的角度来认识和理解社会主义。邓小平将共同富裕看作是社会主义的根本目的，将社会主义价值观旗帜鲜明地引入社会主义的本质规定之中，矫正了以往对社会主义实证化、制度化的理解。在全面建设小康社会的新的历史条件下，江泽民提出人的全面发展是建设社会主义新社会的本质要求，胡锦涛提出社会公平和正义是社会主义制度的本质要求，社会和谐是中国特色社会主义的本质属性，以人为本是科学发展观的核心等。这表明我们继续从价值的角度去理解社会主义，也表明对社会主义价值的认识在不断深化。而“社会主义核心价值体系”和“社会主义核心价值观”概念的提出，则充分反映了我们对社会主义价值，以及社会主义价值与社会主义本质的关系的认识达到了一种理性自觉。在改革开放以来长期探索和实践基础上，经过十八大以来在理论和实践上的创新突破，我们党成功建设了中国特色社会主义，推进和拓展了中国式现代化。社会主义核心价值观是中国特色社会主义和中国式现代化的灵魂。从一定意义上说，中国特色社会主义道路是围绕社会主义核心价值观而展开的实践过程，中国特色社会主义理论是围绕社会主义核心价值观而建构的思想体系，中国特色社会主义制度是围绕社会主义核心价值观而形成的制度安排，中国特色社会主义文化是围绕社会主义核心价值观而生成的精神力量。没有社会主义核心价值观的自觉，就没有中国特色社会主义的道路自觉、理论自觉、制度自觉。不仅如此，由于社会主义核心价值观与道路、理论、制度、文化的辩证关系，社会主义核心价值观的自觉，不仅意味着中国特色社会主义的自我理解，还意味着它的自我建构。

就社会主义核心价值观的内容而言，现有表述实际反映了当前社会共同价值诉求的最大公约数，包括国家、社会和个人三个层面的统一，这基本上已经形成共识。这里存在的一个问题是如何理解核心价值观基本内容所具有的社会主义的性质？有人认为，富强、文明、和谐、公正等是人类共同追求的价值，自由、平等、民主、法治等是现代社会的普遍价值。它们似乎并没有清晰地表明社会主义性质。毫无疑问，社会主义核心价值观并不排斥或者否定人类共同的价值追求、现代社会的普遍价值。恰恰相反，基于历史的辩证运动，它本身就是对人类优秀文明成果的吸收和借鉴，离开了这种吸收借鉴，社会主义核心价值观就失去了丰富的历史内涵，不可能达到历史的高度。但是，这些价值一旦成为社会主义核心价值观的基本内容，就必然要具有社会主义性质。其社会主义性质就体现在这些价值的具体内涵，以及它们所蕴含的价值基础、价值立场之中。作为社会主义核心价值观的基本内容，这些价值不是抽象的概念，而是有着具体的内涵和现实规定性，需要在实践中不断加以阐述的。社会主义核心价值观的基本内容的价值基础是集体主义，只有在集体主义基础之上，社会主义核心价值观中的基本价值及其之间的关联才能得到有效支持和阐释。社会主义核心价值观的基本内容所表达的是人民群众的价值立场。如果说资本主义的自由和平等这些价值，是对资本主义经济关系的观念反映，说到底反映的是资本的逻辑和权利，表达的是资产阶级的利益，社会主义的自由、平等、民主、法治，作为社会主义经济关系的观念反映，表达的是人民群众的根本利益。

陈：习近平总书记在庆祝中国共产党成立100周年大会上的讲话中指出："中国共产党将继续同一切爱好和平的国家和人民一道，弘扬和平、发展、公平、正义、民主、自由的全人类共同价值。"党的二十大报告也明确提出："我们真诚呼吁，世界各国弘扬和平、发展、公平、正义、民主、自由的全人类共同价值。"你怎么理解全人类共同价值这个概念？

吴：习近平总书记于2015年以来提出和反复强调全人类共同价值，显然不是偶然的。如果把全人类共同价值与社会主义核心价值观、人类文明新形态联系起来考虑，就会发现它们之间的内在关系和共同的旨趣。社会主义核心价值观，是从价值层面上回答什么是社会主义，如何建设中国特色社会主义问题，是对中国向何处去这一历史之问的当代回应；全人类共同价值，是从价值层面上回答什么是人类命运共同体，怎样构建人类命运共同体的问题，是对人类社会向何处去、世界向何处去这一时代之问的回应。全人类共同价值与社会主义核心价值观一起，指向的是人类文明新形态。因此这个话题非常重要，是习近平总书记在新的世界历史背景下，对人类文明发展趋势、方向的思考。全人类共同价值是马克思主义哲学中国化、时代化的标识性概念之一。

所谓全人类共同价值，应当是当今全球化或者说世界历史背景下，全人类广泛认同和践行的最基础、最核心的价值理想、价值原则和价值规范。它是具有当代实践高度的价值理念，有着鲜明时代特征。第一，整体性。价值观总是和特定的主体相联系，是一定主体的价值观。全人类共同价值的主体是“全人类”。它以“全人类”这一主体形态或“人类命运共同体”的客观形成为前提，立足于“人类社会或社会的人类”。我们只有站在全人类这一整体高度，才能够正确理解和对待持续的全球化变革中所面临的挑战，以及全人类的共同需要和利益。第二，共识性。抽象地说，共同价值往往可以理解为蕴含于不同文明、不同民族的文化价值形态之中，是世界各民族、国家共同具有的价值共性。但是我们这里所说的全人类共同价值的共识性，主要是指全人类主体在当代实践过程中，基于共同需要、共同利益、共同发展所形成的共同价值观，是世界各族人民在全球范围内共同认同的价值观上的“最大公约数”。第三，生成性。全人类共同价值不是先天固有的，并非人类的实践和历史之外的先验性存在，而是在当代人类实践活动中生成着的，随着人类命运共同体的形成和人类自我意识的提升而形成，随着全球化发展与人类命运共同体构建的深入而不断丰富与完善。

全人类共同价值概念的提出，在我看来，具有重大理论价值和实践意义，它为构建人类命运共同体提供价值基础，为变革和建设全球治理体系提供价值引领，为创新人类文明新形态提供价值核心，为打破西方话语垄断和消解其话语霸权提供价值立场。

陈：当代中国价值哲学随改革开放而兴起，经历了四十多年的发展。您怎么看当代中国价值哲学的发展？

吴： 当代中国的价值哲学是随改革开放而兴起的。其主要原因在于这样几个方面：一是对“文化大革命”的反思，需要价值哲学去回应。“文化大革命”十年浩劫，不仅彻底破坏了中国的经济、政治、文化、社会，而且严重创伤了人们的心灵，是对人的权利的践踏、人的尊严的蔑视、人的价值的贬低，对是非价值标准的扭曲。20 世纪 80 年代前期，在人道主义和异化问题的大讨论中，人道主义与马克思主义的关系问题成为焦点，人性、人的本质、人的尊严、人的价值等概念得到了彰显。研究人的价值、意义、尊严、人权问题，首先要回答有关价值的基本理论问题。二是改革开放的实践，需要价值哲学的深度参与。“文革”的结束，意味着中国社会必将进行改革开放，随后四十多年的改革开放的历史实践证实了这一点。通过改革开放，中国社会建立社会主义市场经济和现代社会制度，推动现代生产方式和生活方式的变革，从而真正实现了中国三千年未有之大变局。在历史中展开的这场改革，首先需要新的价值观念的引领和推动，同时，改革开放的实践必定而且实际上也引起了社会价值观念的深刻变化与内在冲突。正是改革开放和市场经济的建立，为价值哲学的兴起和发展提供了强劲的内在需求和丰厚的实践土壤。三是真理标准的大讨论，直接导致价值哲学的生发。作为检验认识真理性标准的实践，是有目的有意识的人的活动，是追求价值和创造价值的活动。它本身的结构要素涉及价值问题。事实上，在真理标准讨论中，有人就提出了“实践目的是检验实践成败的标准”，学界并为此展开了讨论。同时，人类对任何事物的完整认识，都包括事实认识和价值认识两部分内容，而价值认识恰恰是马克思主义认识论中长期被忽略的问题。正是真理标准的大讨论，不仅在实践上拉开了改革开放的帷幕，而且在理论上引申出了价值哲学的发轫。

当代中国价值哲学的发展，根据其研究主题的转换，我觉得可分为几个阶段。第一阶段，从 20 世纪 80 年代初到 90 年代初，集中研究价值概念。学界围绕价值的特性与实质、价值与认识、价值与真理等问题进行了热烈讨论，形成了系统论述价值论的若干专著，对价值的本体论、价值的认识论、价值与真理的辩证法，或者对价值的本质、价值的创造、价值的认识、价值的实现、价值的作用等进行专门论述，说到底，就是回答什么是价值，价值的本质是什么。第二阶段，从 90 年代初到 90 年代中期，集中研究评价。主要讨论评价的发生、本质、类型、结构、过程、方法、科学化以及评价的合理性等。第三阶段，从 90 年代中后期开始到现在，集中研究价值观。主要聚焦于价值观，表现为三个层面：一是探讨价值观基础理论，包括价值观结构，价值观的功能与作用机制，价值观的核心，价值观的形成与发展规律，价值观的认同；二是探究中国社会现代转型引发的价值观变革，以及对中国传统价值观和西方价值观的研究；三是探究社会主义价值观和社会主义核心价值观。新世纪以来政治哲学在中国的兴盛发展在广义上也可理解为价值哲学的拓展。

当代中国价值哲学，在价值本质、评价的合理性、价值观的结构、社会主义核心价值观的内涵与逻辑等一系列问题上形成了广泛学术争论，取得了诸多的理论进展。就其核心而言，我以为主要成就可归结为实践论基础上的主体性范式和社会主义核心价值观的理论建构这两个方面。

价值哲学实践论基础上的主体性范式充分体现在对价值本质问题的解释上，其他诸多价值问题探讨归根到底都奠基于对价值本质的理解。对于什么是价值，尽管有很多争论，但中国价值哲学中占主导地位的是主客体关系说。价值被理解为客体属性和主体需要之间的满足和被满足的意义关系，这种价值关系表达的是主客体关系的主体性内容，其基础是人的实践。如李连科所说，价值来源于客体，取决于主体，产生于实践。[①] 由此可以看到，中国价值哲学研究，实际上奠基于马克思主义哲学。在马克思主义哲学看来，实践是人的存在方式，并基于实践形成主体和客体的关系。正是在实践的基础上，由自然、社会和人构成一个属人的现实世界，这个世界是一个文化世界和价值世界。中国学界对价值的这种解释，即实践论基础上的主客体关系说，不同于中国传统哲学的天道人性说，也不同于西方哲学的主观客观说或者理性主义论，具有自己的独特性。在中国传统哲学看来，价值源于人性，人性体现天道，即所谓“天命之谓性，率性之谓道，修道之谓教”《中庸》。西方哲学对价值的解释，有主观主义、客观主义和理性主义之分。主观主义应用或者借鉴心理学的知识来定义目的的善；客观主义则强调事物具有内在的善，内在的善是对象具有的一种客观的和非关系性的性质；理性主

① 参见李连科:《哲学价值论》，中国人民大学出版社 1991 年，第 83—85 页。

义则强调无条件的善事物充当了其他善事物的价值条件。实践论基础上的主体性解释模式不仅暗合了中国改革开放和现代社会转型中主体性的实践要求，而且在理论上具有自己的优点：第一，既破除了中国传统哲学中的人性天道的整体主义价值解释，又避免了价值的主观主义与客观主义，同时也能对理性主义中的理性和人进行更进一步的追问和阐释；第二，能够非常有效地解释价值的具体性、历史性、社会性；第三，能够协调价值中的经验和先验要素。

社会主义核心价值观的理论建构，则是当代中国价值哲学自身出场背景所蕴含的鲜明实践旨趣和历史使命。价值概念、评价问题的研究，为价值观念研究提供基础和前提。事实上，中国价值哲学长期以来梳理市场经济社会中的价值观，讨论道德的爬坡和滑坡，批判整体主义、自由主义、个人主义、消费主义、相对主义、虚无主义等价值思潮，探究社会主义价值观，进而提出凝练社会主义核心价值观。尽管“富强、民主、文明、和谐，自由、平等、公正、法治，爱国、敬业、诚信、友善”作为社会主义核心价值观，是由政府主导提出，但是价值哲学学者参与其中，并随后对社会主义核心价值观的内在性质、内涵与内在逻辑，以及其与制度建设的关系、与传统文化的关系进行了深入的探讨，得到一些鲜明的结论，为当代中国价值观进行了理论建构，深刻回答了为什么要提出社会主义核心价值观，怎样理解社会主义核心价值观的基本内容和哲学基础，如何培育社会主义核心价值观等实践中的重大理论问题。

贯穿当代中国价值哲学发展的一个内在主线就是理论逻辑和实践逻辑的统一。价值哲学必然从追问价值本质开始，而价值只有通过评价才能予以揭示和把握，人们正是依据评价的结果确定对事物的态度和自身的行为倾向，调控活动过程，实际地创造价值和享受价值。评价离不开价值观，并形成价值观。价值观是价值哲学研究的落脚点，是价值哲学理论体系的中心，同时也是哲学理论反映社会需求、表达时代精神、转向社会实践的主要环节。所以从价值概念到评价再到价值观，本身包含着一种内在的理论逻辑。这一理论逻辑同时深刻表达着改革开放和中国式现代化道路的实践逻辑。改革开放在历史展开的不同阶段，不仅引发了一系列价值问题，而且需要新的价值观念的引领和推动。当代中国价值哲学，首先，探讨价值概念，揭示价值的本质，探究真理与价值的关系，深化实践标准的理解，为中国改革开放实践中解决对与错的问题提供哲学基础；其次，讨论评价标准，探究评价的合理性，论述“三个有利于”标准，为中国改革开放实践中解决好与坏的问题提供理论依据；再次，讨论价值观的变革和冲突，构建社会主义核心价值观，从价值层面回答“什么是社会主义，如何建设社会主义”，从而为推进改革开放和中国特色社会主义的建设实践提供最根本的理念支撑和理论支持。从立足改革开放的实践和中国道路的形成来理解当代中国价值哲学的发展，不仅能够使我们准确地把握当代中国价值哲学的整体图景，而且可以更好地理解当代中国马克思主义研究的学术追求和实践意蕴。

陈：您作为主要成员，参加了中央实施“马克思主义理论研究和建设工程”《马克思主义哲学》教材研究与编写及修订工作，请您谈谈“马工程”教材《马克思主义哲学》是如何反映价值哲学研究成果的。

吴：20 世纪 70 年代末之前，中国传统马克思主义哲学教科书中，一直缺乏价值的维度。改革开放后，随着价值哲学的兴起与发展，其研究成果也逐渐被反映到教科书的编写中。1991 年肖前、李秀林、王永祥主编的《辩证唯物主义原理》修订版，1993 年肖前、黄楠森、陈晏清主编的《马克思主义哲学原理》，1995 年李秀林、王于、李淮春主编的《辩证唯物主义和历史唯物主义原理》第 4 版中都含有价值的相关内容，都设有“真理和价值”一章，论述真理、价值、真理和价值的关系。

“马工程”教材《马克思主义哲学》于 2004 年启动研究与编写，2009 年出版第一版。这时，中国价值哲学研究已经有了二十多年的发展，在价值、评价、价值观等一系列基本概念和基本理论上取得了丰富的成果，形成了一些相对稳定成熟的看法。“马工程”教材《马克思主义哲学》第十四章专门论述价值与价值观，充分反映当代中国价值哲学的研究成果。一是将价值与价值观单独成章，跳出了认识论框架，凸显了马克思主义哲学的价值维度，同时也充分反映了当代社会价值与价值观的重大现实意义和实践要求。二是在内容上比较系统论述了价值的本质、特性、形态，评价的特点、标准、科学性，价值观的形成、功能、冲突与选择等。在这些内容论述上，不仅充分吸收了学界的研究成果，也按照教科书的逻辑，对相关内容进行了规范、细致的阐述。三是在一些问题上，进行了合理拓展和理论创新。如关于价值形态，教科书依据主体的需要，将价值区分为物质价值、精神价值和交往价值三种基本形态，第一次提出交往价值，并对交往价值进行规定和说明。关于价值观的内容结构，教科书提出价值理想、价值原则与价值规范构成价值观的主要内容，并阐明三者之间的内在关系。

在《马克思主义哲学》2020年修订版中，第十四章第三节《价值观形成与选择》，新增第四目“培育和践行社会主义核心价值观”，充分反映党的十八大以来习近平总书记关于社会主义核心价值观的系列重要论述，充分反映学界关于社会主义核心价值观的最新研究成果。这一目主要从哲学层面上论述了社会主义核心价值观的基本内容、社会主义核心价值观的重大意义、社会主义核心价值观的培育与践行，强调优秀传统文化的涵养、制度的保障和实践的养成是培育和践行社会主义核心价值观极其重要的路径。

陈：北京师范大学价值与文化研究中心作为教育部重点人文研究基地，一直从事价值哲学基础理论和重大现实问题研究，能否介绍一下基地目前所做的工作？

吴：好的。北京师范大学价值与文化研究中心成立于2000年1月，同年11月被批准为教育部人文社会科学重点研究基地。中心自成立以来，始终重视从价值与文化视角回应中国改革开放伟大实践提出的重大理论课题，规划和组织了“中国传统价值观断代史”“近代以来的价值文化秩序变迁”“改革开放以来中国社会价值观变迁”“文化冲突背景下中国主导价值观”“西方价值观变迁”等近30项重大课题研究，举办了“变化世界中的价值观”“价值哲学与过程哲学”“东亚价值观”等一系列国际学术会议，形成了《价值观的理论与实践：价值观若干问题的思考》《思考的痕迹：文化碰撞中的思想形成》《个体自由与生命历史》《新世纪中国共产党的价值观》《重构现代性：当代社会主义价值观研究》《全球化过程中的价值多样化》《现代西方价值哲学经典》等一批重要成果。

“十三五”期间，价值与文化研究中心聚焦“社会主义核心价值观的理论与实践”，设置了“价值观的基础理论研究”“社会主义核心价值观建设与中国传统价值观的转化创新研究”等四项重大课题，力图深化价值观基础理论和核心价值观建设研究，积极回应当代中国社会发展重大价值与文化问题。在价值观基础理论方面，主要结合当代价值理论发展，系统梳理中国价值哲学40年发展历程，采用价值社会学立场和哲学分析方法，解析价值评价、价值选择、价值与语言、价值与秩序等基础理论问题，积极探索价值哲学与道德哲学、政治哲学、认知哲学等领域哲学的相互促进，并开展现代西方价值哲学理论译介工作。出版了“价值哲学”丛书，组织翻译了“现代西方价值哲学读本”系列，发表了《主体性价值论的构建及其超越》《用语言分析的方法澄清价值概念》等代表性学术论文。在社会主义核心价值观建设研究方面，一是以中国传统价值观演变史为线索，系统梳理中华优秀传统文化的历史渊源、发展脉络、基本走向，对传统经典文本的创新性诠释，提出“儒家价值体系的根源性转化”新命题，推动传统文化“双创”，阐明社会主义核心价值观的文化根源与中国特色。二是立足新时代中国特色社会主义的理论与实践，进一步深化社会主义核心价值观的理论内涵和实践逻辑研究，围绕社会主义核心价值观的生活化、制度化问题，以“国家认同培育和青少年价值观教育”为主题，探究社会主义核心价值观教育大中小一体化整体设计和实践路径。出版或发表了《中国的价值观》《社会主义核心价值观：理论与方法》《秦汉价值观变迁史论稿》等代表性学术著作以及系列论文。同时中心还开展了当代中国价值观现状实证研究，完成《当代中国国家价值观调查报告》《当代中国社会价值观调查报告》《当代中国人生价值观调查报告》三份调查报告。

“十四五”期间，中心将以“中国道路的价值观理论与实践研究”作为主攻方向。围绕这一方向，设置五项重大课题：（1）中国式现代化进程中的主导价值观生成与演进研究；（2）中华优秀传统文化价值观与人类文明新形态的创新研究；（3）全人类共同价值与人类命运共同体的理论建构研究；（4）现代科学技术发展的价值问题研究；（5）中国道路的价值观基础理论研究。课题（1）梳理近现代中国的价值观变迁史，总结社会主导价值观生成演进的基本规律，揭示“中国道路的价值观”的历史逻辑。课题（2）（3）（4）基于对中国式现代化新道路创造人类文明新形态的社会历史维度的把握，就中国道路在当下现代性建构的三个关键因素，即传统价值观在人类文明新形态下的“双创”、全人类共同价值的本质特征与人类命运共同体的价值基础、现代科技发展的价值反思与建构，开展深度研究，着眼于“中国道路的价值观”的现实逻辑。课题（5）探讨内蕴于中国道路中的价值观基础问题，形成中国式现代化新道路的价值观基础理论框架，深入挖掘“中国道路的价值观”的理论逻辑。

价值与文化研究中心自成立以来，一直得到学界，特别是价值哲学研究领域的各位前辈、同仁的大力支持和帮助，借此机会我们表示衷心感谢，也期待各位同仁继续关心、支持中心的建设与发展，共同推进中国价值哲学事业的发展。

陈：您曾经担任过国际价值哲学学会会长，能否介绍一下国际价值哲学学会主要的学术活动以及中国学者在其中发挥的作用？

吴：国际价值哲学学会（ISVI）成立于 1988 年，其宗旨是围绕人类价值问题，推进不同文化之间的交流和对话，从而获得来自不同国家和文化传统的思想力量，以实现对如何探究价值的普遍理解，展示哲学开放性的意义。40 多年来，国际价值哲学学会汇集了一批来自世界各地、不同文化和学科背景的学者，围绕着价值和社会、价值和文化等主题，在北美洲、欧洲、亚洲等国家和地区举办过系列国际会议，在推动国际价值理论研究中发挥着重要的作用。同时，学会是国际哲学团体联合会（FISP）的正式成员，派代表参加国际哲学团体联合会的全体会议并具有表决权。国际价值哲学学会成立伊始，就在 1988 年英国布莱顿举办的第 18 届世界哲学大会中，承办了价值哲学分会场。自 2008 年起，国际价值哲学学会取代了美国价值哲学学会成为国际哲学团体联合会的成员，并在世界哲学大会上组织了一系列关于价值研究和全球对话的会议。

得益于中国价值哲学研究所取得的进步和成就，归根到底得益于当代中国发展所取得的历史性成就和世界影响力，近 10 多年来，中国学者在国际价值哲学学会中起着领导、组织和推动作用。一是中国学者持续担任学会会长。2008 年起，江畅教授、我本人和田海平教授先后担任学会会长，王成兵教授 2013 年起担任学会副会长。二是组织国际论坛，设置会议议题和议程。2013 年以来，学会以“变化世界中的价值观”为主题，先后在中国北京、西安，意大利马切拉塔举办了四次国际价值哲学论坛，设置了核心价值观的理论与实践、人类命运共同体的价值建构、新冠疫情背景下的人类团结与全人类共同价值、社会公正与全球正义、全球化与共享式发展、人的尊严与人的发展、现代技术发展的价值哲学问题、自然价值与生态和谐、价值认同与价值观教育、文明对话中的价值差异与共识等议题，邀请来自全球不同国家和地区的学者进行了广泛的讨论。2020 年以来，因为疫情影响，原本计划包括在罗马尼亚布加勒斯特大学举办国际价值哲学论坛等未能进行。2022 年 8 月，通过线上方式举办了最近一次国际论坛。三是一大批中国学者积极参加论坛和会议，贡献了中国思想和中国智慧。四次国际价值哲学论坛，来自国内高校、科研机构的学者 150 多人次参加了会议，发表了高质量的学术报告，展现了中国学者对中国实践的理论建构，对全球问题和人类文明的理论思考，推动了中外文明的对话和互鉴。

陈：对于价值哲学研究的趋向，您有什么样的看法？

吴：当代中国价值哲学所取得的成就具有强烈的时代性特征和阶段性特点。随着世界历史的充分展开和中国式现代化的不断推进，无论是回应、解答当代中国社会和人类发展的新矛盾与重大价值问题，还是价值哲学内部的广泛争论形成的理论空间，都预示着价值哲学未来的发展趋向。我个人觉得有这样几个方面可能会引人注目：

第一，完善实践论基础上的主体性研究范式，实现价值基础理论的突破。实践论基础上的主体性范式具有解释性优势，同时也需要通过对人和实践（行动）在具体社会历史和文化传统中的互构关系的进一步解释，以更好地说明人的内在价值、主体间的价值关系、价值的超越性维度等，并突破传统独断论的价值思维方式，从而实现理论的彻底性，为当代诸多价值问题的探究提供坚实的基础。

第二，反思现代性的价值困境，特别是疫情和后疫情时代的价值分裂，深入探究中国式现代化和新文明形态的价值理念与价值原则。现代性的种种危机早已显露出以资本和个人原则为圭臬的现代价值的历史边界和困窘，疫情则像一面多棱镜，将不同个体、群体、国家、文化传统之间的价值分歧与撕裂充分折射呈现出来，并进一步强化了现实世界的脆弱性。同时世界大变局加速演进，世界之变、时代之变、历史之变正以前所未有的方式展开，人类社会面临前所未有的挑战。我们需要重新思考，什么样的价值理想、原则、规范是合理的且可以应对生活的可能性，人类命运共同体的价值基础何以可能。中国式现代化是对中国实践的道路自觉，是对中国道路的文明自觉，是对新文明形态的意义自觉。它所表达的意蕴，上升到了一种文明高度，如党的二十大报告所指，其本质要求是创造人类文明新形态。这种文明形态，表现出了与西方式现代化不同的文明类型或者文明范式，我称之为建构性文明，与之对应的西方式现代化可视作是对抗性文明。我们需要基于当代实践在理论层面上解答这种人类文明新形态何以可能，需要深度建构和全幅拓展以社会主义核心价值观为主导的中国价值，探究作为人类文明新形态核心的价值理性、价值思维和价值原则。

第三，对当代科学技术的研究和应用进行价值反思和价值立法。以人工智能、大数据、物联网、生物技术为代表的现代科学技术深度介入人类生活，改变着世界，也创造了一个需要从价值文化的视角去重新审视和制定法则的领域与空间。我们需要认真反思现代技术及其应用带来的诸般价值难题，通过积极的价值立法以避免机器控制世界的技术冒险。

【执行编辑：陈新汉】

我国价值论研究主要著作巡礼

A Tour of the Major Works on Axiology Research in China

编者按：

由西北政法大学联合陕西省社会科学联合会、陕西省哲学学会、中国社会科学出版社发起主办，西北政法大学哲学与社会发展学院、西北政法大学文化与价值哲学研究院联合承办的“《赵馥洁文集》出版与中国价值哲学研究”学术座谈会于2022年11月26日在西安隆重召开，会议以线上与线下相结合的方式举行。本次会议以庆祝西北政法大学资深教授赵馥洁先生的三百余万字的总结性著述集成《赵馥洁文集》（八卷9册，中国社会科学出版社）出版为契机，以“《赵馥洁文集》出版与中国价值哲学研究”为主题，旨在以新的学术视野对赵馥洁先生的学术生涯及其对中国传统哲学、中国传统哲学价值论研究所做出的学术贡献进行深入研讨和发掘，阐发赵馥洁先生对中国哲学的研究以及中国传统哲学价值论的建构所做出的巨大贡献，探讨中国传统哲学与价值哲学今后的发展路径及其所独具的时代意义。赵馥洁先生在学术座谈会结束时做了题为“感谢和感想”的发言，兹将发言刊登如下。

感谢和感想

——在《赵馥洁文集》出版座谈会上的发言

赵馥洁*

各位领导、各位专家学者、各位朋友:

大家上午好!

在疫情期间，能在线上和线下与大家见面，难能可贵，我也由衷地感到高兴!

在会议即将结束的时候，我想表达两个方面的意思，就是感谢和感想。首先我表示“三大”感谢:

第一是衷心感谢西北政法大学和西北政法大学哲学与社会发展学院及中国社会科学出版社为出版这部文集所付出的辛勤劳动和努力。因为只有文集出版了，其后的故事才可能发生。这部文集的编辑出版，首先是西北政法大学和西北政法大学哲学与社会发展学院的无量功德，也是中国社会科学出版社所做出的重大贡献，在这里我对学校、学院和出版社的各位领导、工作人员表示由衷感谢!

第二是衷心感谢陕西省社会科学界联合会、西北政法大学、陕西省哲学学会、中国社会科学出版社、西北政法大学哲学与社会发展学院、西北政法大学价值与文化研究院，为举办这次座谈会付出的辛勤努力和周到筹备。在举办会议的过程中，范九利校长、马朝琦副校长精心部署，亲临指导，我十分感动，特表衷心感谢!

第三是衷心感谢各位专家、各位学者、各位领导和各位朋友应邀前来参加会议，感谢各位在会上的讲话和发言。各位既精彩又真切、既情深又义重的讲话和

* 赵馥洁，西北政法大学资深教授，主要研究方向为价值哲学、中国传统哲学价值论和文化安全。

发言，尤其是专家学者们在阅读后做出的精到评论和批评，使这部《文集》的学术意义得以真正呈现！

为此，我对在这三方面付出辛勤劳动的同志们，深致敬意，深表谢忱！

值得说明的是，与会的朋友们从不同的角度对我的著作给予的充分肯定和赞许，既使我感动，也使我不安，甚至令我惭愧。我自知这些著作远远没有达到朋友们所赞许的程度。因此，我一定会把这些发言、这些肯定当作热忱的鼓励和诚挚的期待，继续努力，不断进取。

我从 1960 年进入西北政法学院（今西北政法大学）哲学系至今已经 62 年了，从大学毕业留校工作教哲学，至今也已经 58 年了。在哲学这片园地里耕耘，屈指数来半个世纪之久。面对自己的些许收获，回望半个世纪的治学历程，可以说感想很多。我这里想讲这几点：

感想之一，用突出主体性的价值哲学，为自己构筑了一个读书治学的精神家园。自从上大学学哲学，以及毕业留校当教师以后，特别是 20 世纪 80 年代以来，研究价值哲学，确立了中国传统哲学价值论这个研究领域之后，我就在这一领域为自己构筑了一个读书治学的精神家园。我坚守这个阵地，持之以恒，一往情深。而在这个过程中，正是价值哲学这个新的研究领域，使我对哲学问题的研究，特别是对中国传统哲学的研究有了新理论、新思维、新角度和新方法。在这几方面给予我启发的有许多学者，特别是价值哲学研究领域的一些著名学者，读了他们的著作、文章以后，我的治学观念和方法焕然一新。在价值哲学这个领域中，学者们的著作很多，例如李德顺教授、陈新汉教授、马俊峰教授、江畅教授、孙伟平教授、袁贵仁教授、冯平教授，还有已经离世的李连科教授、王玉樑教授等人，他们的思想、观点都给予了我深刻的启迪。在这里，我对他们表示衷心的感谢。

感想之二，在研究中国传统哲学价值论过程中的新发现，使自己感受到“乐在其中”的治学境界。孔子在谈到求学和治学的时候说，“知之者不如好之者，好之者不如乐之者”（《论语 · 雍也》），就是说在某个领域进行学习和研究，要取得成果，了解它不如喜欢它，喜欢它不如以它为乐。由“知之”到“好之”，再到“乐之”，这是一个递进的治学态度，也是一种逐步升华的治学境界。在中国传统哲学价值论研究的过程中，我深切地体会到这种“乐在其中”的治学境界。我体会到的乐，不是成功之乐，更不是名利之乐，而是一种发现、探索、解惑、释疑的精神之乐，还有把这些发现与师友分享的友情之乐。使我能够在中国传统哲学价值论的研究中不断精进，从而“乐在其中”的，是前辈学者、同辈学者，还有比我年轻的学者所给予的开导、启发、肯定、支持和鼓励。例如，张岱年先生、萧萐父先生、李锦全先生、李德永先生，他们都对我研究中国传统哲学价值论的这个领域给予了鼓励、支持和肯定。张岱年先生曾当面给我以指导，书出版后还来信鼓励；萧萐父先生与我多次交谈，还给我的书写了序言；书出版后李锦全先生和李德永先生亲自撰写了书评，分别在《哲学动态》和《人文杂志》上发表；研究中国传统哲学的著名学者赵吉惠教授、周桂钿教授、刘学智教授都发表了重要的书评文章；武汉大学的郭齐勇教授、中山大学的李宗桂教授也都给予了我肯定和支持。这些使我受到了鼓励，使我受到了鼓舞，也使我能够在这个领域不断获得“乐在其中”的体验。

感想之三，中国传统的人生智慧，磨砺了我“淡泊名利”的价值态度。年幼时读诸葛亮的《诫子书》，对其中“非淡泊无以明志，非宁静无以致远”这两句话印象极深，难以忘怀，上学后更以之为座右铭。曾经以“静文”为笔名，写诗投稿。大学毕业从事教育工作以后，为了更自觉地把这两句话作为人生处世原则，我把自己的书斋命名为“静致斋”，今天文集中《静致斋哲话》《静致斋诗稿》的“静致斋”就是这样来的。淡泊明志、宁静致远的价值取向，在自己的治学过程中起了重要作用，特别是在淡泊名利之求、克服浮躁之气方面，我用这两句话不断提醒自己，使自己耐得住寂寞，平心静气、专心致志地读书和治学。20世纪80年代初，我把自己淡泊明志、宁静致远的人生体会和治学感想写入了《学风十戒》一文，发表后曾与学生分享，在学生当中也产生了很好的学风修养效果。这篇文章也收入到《文集》的第四卷之中。

感想之四，哲学的反思性思维特征，使我增强了“自知之明”的学术自觉。“人贵有自知之明”这句话，实际上是哲学反思性思维特征在人生处世当中的体现。自知之明之所以可贵，一是因为做到自知之明很重要，二是因为做到自知之明不容易。人贵有自知之明，对一个人处世、处事、处人各方面都有重要意义，对于治学尤其重要。因为治学是追求真理的过程，一个学者如果不自知其局限，不自知其缺陷，就会作茧自缚，就会故步自封，甚至会自以为是，自命不凡。从而，自己堵塞自己探索真理的进路，而且会使自己处于孤芳自赏的盲目自大状态。所以，我总是提醒自己，要对自己的成果，要对自己的观点，要对自己的学术见解不断反思，使自己有“自知之明”的学术自觉。就拿中国传统哲学价值论的研究来说，我深感我在这个领域的研究是有限的。中国传统哲学博大精深，即使从价值论的角度来思考，问题也十分复杂，内容也异常丰富，而我涉及的论域不过沧海一粟，极其有限，许多应该研究而未及研究的问题还很多。例如各家各派的价值论研究、每个历史时期的价值论研究、主要哲学家的价值思想以及价值观念研究、重要哲学范畴的价值意蕴研究，特别是中国传统哲学价值观与中国特色社会主义价值观的关系研究、马克思主义中国化过程中与中国传统哲学价值论的关系研究、中西价值观念的比较研究等问题，都是应该研究的重要问题，这些我都没有去拓展、去探究，因此，深感遗憾。而且自己不仅研究领域有局限，还由于知识、才能、努力程度的不足，形成的成果也必然有不可避免的缺陷。对于这一点，我也要求自己有清醒的认识，以期做到自知之明。例如《中国传统哲学价值论》这部书，我们可以看到，在学派这一部分，对儒家的研究远远没有道家、法家、墨家详细深入，显得比较概括。为什么呢？因为儒家的内容撰写在先，当时我对价值论问题的理解还比较浅薄，所知有限，而写到后几家的时候，我在理论上就理解得更充实一些，更细致一些，更深刻一些，因此也就撰写得比较详细和深入。对研究成果存在的这种缺陷，我几次都想重新修改，但感到任务巨大，所以至今这种缺陷仍然存在于文集中。在《价值的历程》《关学精神论》等书的撰写中也存在类似的问题。在一部书的研究当中，一些问题阐发得比较简略，甚至比较肤浅，而另一些问题则相对比较深入，它反映了自己对问题有一个认识过程，自己对问题探索的努力程度也有差异。正由于这种研究领域的局限性和研究成果存在的缺陷性，我才在这部《文集》的前言中说“一切都在路上”。逝者如斯夫，人生的时光已进入桑榆晚景，然而对我来说，思想和学业都还行进在漫漫的长路上！书籍在阅读的路上，文章在撰写的路上，著作在修改的路上，讲义在充实的路上，诗词在推敲的路上。既有的一切，都还没有达到自己所期望的标准，还未进入自己所追求的境界。自己已经形成的学术观点和治学成果，都还有待于深化、拓展和完善。学术研究只有无限绵延的进路和不断升高的阶梯，没有顶峰，永远都不能达到“会当凌绝顶”的境地。所谓的至善之域、至美之境，其实都是学人们持续努力的志向和不懈追求的理想。既然人生和治学永远都处在一个不断追求、不断提升的过程中，那么，自己几十年来所感所思所写而形成的这些著作，只可放在思想认识和学术探索的历史过程中去阅读，只能当作一道在旅途中未臻至境的风景去观赏。在这个意义上，引用李白“却顾所来径，苍苍横翠微”之诗句，来表达自己的自慰之情和自觉之识！所以，我殷切地希望各位专家学者，各位朋友多多批评指正。

最后衷心地祝福参加会议的各位领导，各位专家、学者、同仁，身体健康，精神愉快，事业昌盛，生活幸福！

谢谢大家！

【执行编辑：陈新汉】

中国传统哲学价值论的开拓性研究
——赵馥洁先生《中国传统哲学价值论》述评

朱风翔*

20世纪80年代以降，伴随着思想解放和改革开放的大潮，价值问题的讨论成为国内哲学界研究的重要热点。四十多年来，经过学者们的共同努力，国内价值哲学研究取得了丰硕成果。其中赵馥洁先生的《中国传统哲学价值论》一书就是其中有代表性的重要著作。该书第一版于1991年由陕西人民出版社出版；2009年11月人民出版社出版了增订本；2022年5月该书收入《赵馥洁文集》第一卷，由中国社会科学出版社出版。李德顺教授说，在国内向价值研究领域进军的"中、西、马"三路大军中，赵馥洁先生无疑是代表"中"路大军的主将，而奠定其地位和影响的就是《中国传统哲学价值论》一书。该书作为我国第一部系统研究中国传统哲学价值论的学术专著，全面系统地论述了中国传统哲学关于价值问题的基本理论和主要观念，深入探讨了中国传统哲学价值观的理论体系和结构特征，揭示了中国传统哲学价值思维的基本特点，比较了中西哲学价值论及价值观的异同，进而从价值哲学的新维度重新分析了中国传统哲学的基本特征，提出了一系列原创性的学术观点。

一、全面系统论述了中国传统哲学关于价值问题的基本理论和主要观念

《中国传统哲学价值论》一书通过价值原理篇、学派取向篇、范畴系列篇、

* 朱风翔，西北政法大学马克思主义学院讲师，文化与价值哲学研究院研究员，主要研究方向为价值哲学与文化安全。

价值思维篇四个部分全面系统地考察了传统哲学价值论的基本原理、儒墨法道四大家的价值论体系、传统哲学价值论的主要范畴和中国哲学的价值思维方式，构建了中国传统哲学价值论的理论体系。价值原理篇从价值本质论、价值分类论、价值评价论、人类价值论、自然价值论等五个方面，对价值原理作了充分阐述，其中作者关于古代哲人从主体经验、客体特性以及主客体关系上思考和把握价值本质的三种思路的论述，以及对古代哲学按天、地、人三大系统进行价值分类的探讨，对读者有较深刻的启迪。学派取向篇则围绕着道德、功利、权力、自然四大价值取向，从各派的价值根据论、价值取向论、价值选择论、价值标准论、价值理想论、价值实现论等多维角度，清晰地勾画出儒墨法道四个主要流派的价值论体系，比较完整地勾画出了中国历史上各种价值观念的理论系统，提出了中国传统价值哲学的体系，对在历史上人们追求认识价值的“真”、道德价值的“善”、艺术价值的“美”的境界的不同学说作了分析。作者对儒家重“义”轻“利”、墨家以“利”为“义”、道家崇“自然”、法家重“权势”所认定的价值取向、价值标准、价值目标、价值选择等，阐述了诸家的异同，既相互冲突又相互涵化，形成相反相成的互补结构。范畴系列篇对中国传统哲学价值论中一以贯之的义利、德力、义生、德智、理欲、公私、群己、天人等八组成对范畴和真、善、美三个表示最高理想的基本价值范畴，从含义、表现、思想发展、内在联系等方面作了深入的考察分析。价值思维篇通过分析和阐发中国传统哲学中关于价值与本体、价值与历史、价值与认识、价值与生命相互关系的思想，揭示出中国哲学特别是儒家哲学的价值思维，乃是一种典型的融通性思维。

二、建构了中国传统哲学的价值观念体系

该书提出中国传统哲学的价值观念体系是“以人为本，以道德为主导，以功利和权力为两翼，以自然无为为补充，以群己和谐、天人和谐为真善美统一的理想境界的价值观念体系”。作者表示，所谓“以人为本”，是指中国哲学价值论把肯定人的价值作为其全部理论的基础，全部理论都是为确立人在宇宙间的崇高地位而展开的。所谓“以道德为主导”，是指在中国哲学中，道德价值处于比其

他价值更高的层次，并指导和制约着对其他价值的选择。道德渗透和贯穿于经济、政治、文化、科学、艺术以及社会风俗等各个价值领域之中，发挥着主导性的作用。所谓“以功利和权力为两翼”，是指在以道德价值为主导的前提下，物质利益价值和政治权力价值仍有一定的地位，二者虽然不能处于最高层次，但却可以说属于二级层次。所谓“以自然无为为补充”，是指在尊重人的社会能动作用的前提下，同时也强调顺应自然，不任意妄为，不过多干预，以缓冲由于过分推崇人的能动性而形成的人与自然之间的张力，防止人力对自然环境的破坏。所谓“以群己关系、天人关系的和谐为真善美统一的理想境界”，是指通过上述各价值要素在其所处价值层次上发挥的作用，以及各价值要素间的相互制约，相互影响，从而实现个人和社会之间、人与自然之间的高度和谐，达到理想的价值境界。这个价值论体系把儒墨法道四大流派及其所追求的价值，统一到一个整体之中，指明了它们作为一个要素在整体中的位置和不可或缺的功能关系。通过学派表现出来，就是以儒家（道德取向）为主导，以墨家（功利取向）和法家（权力取向）为两翼，以道家（自然无为）为补充；以范畴表现出来，就是义利、德力、义生、德智、理欲、公私六对表示具体价值取向的范畴，和群己、天人两对表示崇高理想的范畴，以及真、善、美三个表示群己和谐、天人和谐的美好境界的范畴体系。

三、揭示了中国传统哲学价值论的结构特征

该书将中国传统哲学价值论的结构性特征概括为“重视规范”“多元取向”“道德主导”“内在冲突”“相成互补”等。作者指出，中国传统哲学的价值论，原理论部分相对薄弱，而规范理论部分却十分丰富，哲学家们着重论述在现实生活中人应该追求什么才有意义，应该怎样生活才有价值，因之提出了义利、德力、义生、德智、理欲、公私、群己、天人、真善美等价值规范，进行分析、比较，确定选择方向。中国哲学关于人生中价值目标的选取是多元的，如儒家尚道德，墨家重功利，道家以自然无为为鹄的，法家以权力法治为目标等。在多元取向的结构中，儒家的“义以为上”的道德取向占据主导地位。同时，多元

取向必然存在内部冲突，价值论史上的义利之辨、德力之辨、理欲之辨、公私之辨、群己之辨、天人之辨等，就是内在冲突的表现。由于冲突、争论的各方，在批判对方价值观念的同时又吸收对方，在坚持自己价值主张的同时又变通自己，结果就使得各元之间同中有异，异中有同，相成互补，促成了中国传统价值系统的内部协调和相对稳定，共同构成了中华民族统一的价值观念体系。基于这种认识，作者考察历史上各派价值理论，不仅着眼于学派的分野，而且关注一学派的内部理论旨趣的同异，注意这种理论旨趣在冲突中的融合，在矛盾中的统一。譬如作者把历史上道家的义利观概括为“义利双弃”，把法家的义利观概括为“崇利简义”，把墨家的义利观概括为“义利兼重”，把儒家的义利观则区别为“重义轻利”和“崇义非利”两种类型，并认为中国历史上的义利之辨，在很大程度上是儒学内部的争论。儒家学派创始人孔子是轻利重义论者，但孔子并非绝对排斥功利。孔门后学中，荀况力主“义利双有”“先义后利”“以义胜利”，同样不是绝对地否定“利”的价值；汉儒董仲舒，乃至于北宋时期的张载、明末清初的王夫之都属于“重义轻利”论者。以孟轲为代表的儒学，把孔子“重义轻利”的观念发展到极端，“崇义非利”的思想对二程、朱熹理学进一步发展产生了深远的影响。作者的这种考察，不仅清理了义利观在中国的孕生形态及衍生的历史线索，而且突出了义利观念的相成互补，使人们意识到传统的义利观所蕴含的现实意义和理论价值。作者从宏观全貌的大视野着眼，把传统价值论各学派及其理论主张作为部分和要素放入传统价值论整体中去，揭示出它们之间既互相对立，又互依互赖的辩证关系。中国传统哲学价值论存在于这种整体性联系之中，并由此规定其性质。

四、总结出人贵于物、义重于利、德高于力、群己和谐、天人合一、善统真美六大基本观念

该书指出，中国传统哲学价值论站在人的价值基地上，从重义、重德出发，经过义利之辨、德力之辨，以及由其派生的义生之辨、德智之辨、理欲之辨、公私之辨，最后达到了群己和谐、天人和谐的目标，实现了真、善、美统一的理

想。这一理论体系包括人贵于物、义重于利、德高于力、群己和谐、天人合一、善统真美六大基本观念。书中对这六大基本观念进行了深入论述。比如，关于人贵于物观念，作者认为，在孔子那里，人不仅贵于物，而且贵于神，“未知生焉知死”“未能事人焉能事鬼”“敬鬼神而远之”“子不语怪力乱神”等观念即是表现，这抑制了神道信仰、抽象思辨的泛滥。又如，关于天人合一观念，作者认为，它与西方哲学认为天人尖锐对立，自然是外在于人的异己力量，人只有在同自然的对抗中才能发展的观念大异其趣。从积极性上看，“中国哲学的天人合一观念，不但解脱了人对天神的恐惧，避免了宗教迷误，也消除了天人之间的敌对意识，促使了人与自然的和谐，至今仍具有积极意义”[①]。可是，无论是儒家还是道家的天人合一观念，都“压抑了荀况、刘禹锡等人的‘胜天’思想，弱化了人改造自然、征服自然的能动性。这种弊端也是不应忽视的”[②]。但这种观念在价值思维上，对于协调人类社会与自然界的关系却有其积极意义。而所谓善统真美，就是认为，善是真的准则，又是美的尺度，真和美都从属于善。知识不是以求真为终极目标而是以尽善为至上目的；艺术不是以求美为最高理想而是以尽善为崇高任务。因此，“学以成德”“诗以言志”“文以载道”“艺以扬善”成了流传长久、影响深远的价值观念。作者还认为，在这六大基本观念外，还有义重于生、德高于智、理贵于欲、公大于私等从属观念。这六大观念和从属观念一起，构成一个辩证统一的体系。“中国哲学价值论的六大观念和从属观念，构成了一个完整的逻辑体系”，“由求善开始，中间经过利、力、生、智、欲、私等否定环节，最后到至善终结，经历了一个肯定—否定—否定之否定的逻辑圆圈”。[③]

五、深刻揭示了中国传统哲学价值思维方式的融通性特征

该书指出，与西方哲学的异隔性、分析性思维方式不同，中国哲学价值思维的突出特征是融通性、综合性。无论是对价值与本体、价值与历史、价值与

---

① 赵馥洁:《中国传统哲学价值论》,《赵馥洁文集》第一卷，中国社会科学出版社 2022 年，第 16 页。

② 赵馥洁:《中国传统哲学价值论》,《赵馥洁文集》第一卷，中国社会科学出版社 2022 年，第 17 页。

③ 赵馥洁:《中国传统哲学价值论》,《赵馥洁文集》第一卷，中国社会科学出版社 2022 年，第 17—18 页。

人生、价值与认识的关系，还是对价值各类型间的关系，中国哲人都将其视为相互贯通、相互渗透、相互融合的。关于价值至境与宇宙本体的融通，作者以道、气、无、理、心等中国哲学中标志宇宙本体的五大范畴为例，分析指出，中国传统哲学中标志本体的范畴无一不具有价值内涵，无一不是万物根源与价值渊源、宇宙本体与价值至境的融通合一。遵循这种融通合一的思路，中国哲学特别是儒家哲学家普遍认为，自然界的万物都有其自身的价值，金木水火土五行自身就具有仁义礼智信五德，东西南北四方、春夏秋冬四季都有与仁义礼智四德相应的价值内涵。关于价值追求与历史规律的融通，作者指出，周初“以德配天”观念蕴含着客观的神秘天命和主体的现实道德价值相融合以推动历史发展的思想；唐代柳宗元“生民之意”以“成势”的观念，鲜明体现了价值追求与历史法则相融通的思路；明末清初王夫之“人之所同然者即为天”“民心之大同者理在是”的观念，体现了把历史客观法则与人们普遍追求的价值（公义）相融合的思想。这充分说明中国哲学在思考历史的本质和规律时，从不脱离价值问题。哲学家们大都用价值追求与历史规律相融通的思路来说明历史的本质和发展。关于价值意识与认识活动的融通，作者从认识主体的价值规定、认识对象的价值选择、认识过程的价值参与、认识目标的价值意蕴等四个方面概括了中国传统哲学以价值统率认识、以价值统摄真理，即“以善统真”的融通性特征。作者指出，中国古代哲人总是把求真与闻道、穷理与尽性、致知与崇德视为不可分割的统一过程，认为价值意识与认识活动是相互融通、合为一体的。中国哲学认识论与价值论的融通表现了中国哲学从不把实然与应然、真理与价值割裂开来、对立起来，根本不存在长期困扰西方哲学家的事实与价值分属两个不同领域的所谓“休谟问题”。同时，作者还发现，在中国古代的价值类型论中也体现着各类型间相互蕴涵、相互融通的观点。儒家以善统真、美，凡是善的价值即是真的、美的；道家以真统善、美，凡是真的价值即是善的、美的。虽然，儒家崇善，道家贵真，价值取向不同，但其融通真、善、美的思维路径则是相同的。

六、提出价值论是中国传统哲学的核心，中国传统哲学本质上是价值哲学

该书认为，和古希腊哲学家分析认识世界本体的“爱智”传统不同，思考价值问题，是我国历史上各个思想家的共同属性；建立价值理论系统，则是他们各派的目标。所以，中国古代哲学和中国独特的社会历史进程相应，在内容上、方法上、宗旨上都有不同于欧洲哲学的特征。作者发现，中国古代各家哲学主题虽异，但却百虑一致，殊途同归，“都把致思的最终趋向确定在世界对人的意义上，归结到价值理想的追求上”①。对价值问题的思考和建立价值理论系统，是中国历史上各派哲学“终极”的“至上”的目标，从传统哲学的理论体系看，“价值论渗透于哲学的各个领域，成为其他哲学问题环绕的核心。……中国传统哲学的本体论、认识论、辩证法、历史观等理论……都和价值论紧密联系，并且从终极、至上的意义上都服务于哲学家思考和建立价值论系统”。② 就此而言，“中国传统哲学基本上属于价值哲学”形态。“从哲学的理论体系来看，传统哲学的本体论并非以宇宙的本质为认识的根本目标，而是借天道以明人道；传统哲学的认识论并非以认识的来源和规律为探讨的最终归宿，而是借知行以说道德；传统哲学的辩证法并非以世界的运动过程和规律为研究的至上兴趣，而是借阴阳以言治平；传统哲学的历史观也并非以历史发展的客观必然性为思考的终极意义，而是借理势以论至治。总之，自然与人伦合一，知识与道德融合，宇宙法则与治世规范统一，必然原理与应然判断贯通，是中国传统哲学的本质特征。”③ 武汉大学萧萐父教授表示，这种认识，相比较于把中国哲学的特征表述为“早熟性”“伦理型”等，似乎更有理论深度，更接近中国哲学整体结构的实际。中山大学李锦全教授指出，这种认识比以往的所谓中国传统哲学是一种政治哲学、伦理道德哲学的认识又前进了一大步，深化了对中国传统哲学的特征、本质、形态的认识。

---

① 赵馥洁:《中国传统哲学价值论》,《赵馥洁文集》第一卷，中国社会科学出版社 2022 年，第 5 页。

②③ 赵馥洁:《中国传统哲学价值论》,《赵馥洁文集》第一卷，中国社会科学出版社 2022 年，第 6 页。

七、广泛采获国内外有关价值哲学的最新研究成果，对传统文化进行了独立的价值哲学思考

该书以马列主义为圭臬，坚持唯物史观，运用历史和逻辑相统一的方法，在传统哲学价值理论体系的建构上，既没有套用西方价值哲学理论体系的建构模式，也没有简单地搬用马列经典著作中有关价值哲学问题的言论。在作者看来，中国传统哲学中有关价值问题的思想已经自成逻辑结构，与西方价值哲学在很多方面既有相同的一面，又在价值哲学中包含的价值取向、价值选择、实现途径等各个方面有着自己独特的思想，从而不同于西方的致思倾向。如价值哲学中的真善美问题，西方人信奉“哲学即爱智”“知识即美德”“美是真理的光辉”的格言，而中国则信奉“哲学即闻道”“美德即知识”“美是道德的光辉”的信条；西方人以真统善、美，中国尤其是儒家则以善统真、美。而且，在儒家看来，“‘真’主要不是指客观事物的真理性认知，而是对道德本质的真正把握和道德行为的真诚无伪；‘美’不是指能给人带来愉悦的、体现人精神自由的审美特性，而是指道德的充实和完满”①。又如西方追求自然本性，而中国则始终以人为本位。在结构层次上，作者考虑到“中国传统哲学的价值论，原理部分相对薄弱，而规范理论部分却十分丰富”②，因而该书对“价值原理”结构部分没有硬性拼凑，却用心于对先哲们关于价值原理思想的契思和精当的诠释，不求宽泛，只求真切。对价值哲学的规范系统则铺陈展述，尽可能地突出中国传统价值论的丰富内涵。

八、提供了一个以马克思主义的科学态度和方法对待民族文化传统的范例

作者坚持运用阶级性和历史性辩证统一的原则去分析各派理论，注意其中具有历史意义、积淀于民族文化心理结构中的合理成分，抱着这样的科学态度并联系当前实践，对各派价值理论中的闪光思想进行了大胆肯定。书中既充分肯定

① 赵馥洁:《中国传统哲学价值论》,《赵馥洁文集》第一卷，中国社会科学出版社 2022 年，第 17 页。

② 赵馥洁:《中国传统哲学价值论》,《赵馥洁文集》第一卷，中国社会科学出版社 2022 年，第 8 页。

了传统价值观中应该发扬的合理东西，也指出了应该抛弃的糟粕。对各派价值观的分析都没有停留在纯描述上，而是具体分析了它们在理论形态上的长短得失和在历史影响上的复杂作用。例如，作者在分析墨家功利价值观的历史作用时，认为汉代以后墨家的功利价值观“对淡化、克服和抵制儒家重义轻利观念的偏颇和危害”有着“纠偏矫弊之功”，中华民族心理结构中积淀的“公利观念、崇力思想、求实精神和勤俭意识”都与墨家价值观有“某种必然的联系”。在今天的条件下，只要我们注意“克服其中包含的小生产的狭隘性、经验性、迷信性”等弊端，吸收其合理内核，还可以使它“焕发新的活力”。对法家“尽力务功”的价值实现论，作者写道：“他们实力兴国、劳力致富、众力立功的观点却十分可贵，是对人的能动精神和物质力量的高度弘扬，至今看来，仍然很有意义”，“就重视实力、劳力、众力创造价值的一面而言，它比儒家实际，比墨家开阔，比道家积极”。① 在作者看来，传统与现代化的历史结合点正是社会主义现代化建设的实际。因此，只要我们正确对待传统的价值观，继承和发扬它的优秀部分，就会对形成有利于社会主义现代化的新的价值观念发生积极的作用。

总之，该书立论新颖，内容丰富，结构严谨，资料翔实，不但弥补了以往对中国传统哲学价值论有所忽视的缺陷，而且开拓了中国哲学史研究的新领域。该书从价值论的角度对中国传统哲学进行了新的反思，对中国传统哲学中所蕴含的价值理论进行了专门而系统的研究，对于发掘历史文化的优秀思想遗产具有现代意义。正如刘亚玲教授所指出，该书用现代价值哲学理论建构中国传统哲学价值论体系，又用传统哲学的价值智慧进一步补充、丰富和完善现代价值哲学理论体系，推动了中国特色的社会主义价值论原理和中国哲学史价值论研究的双向深化。② 一方面该书用价值哲学基本原理构建了较为完善的中国传统哲学价值论体系；另一方面，该书以强烈的使命感对中国传统哲学中所蕴含的价值要素进行深度挖掘和辩证总结，以期丰富社会主义核心价值观思想体系，为21世纪中国乃至世界提供可资借鉴的智慧资源。

该书出版后受到哲学界特别是价值哲学界和中国哲学史界学者们的广泛关

---

① 赵馥洁：《中国传统哲学价值论》，《赵馥洁文集》第一卷，中国社会科学出版社2022年，第205页。

② 刘亚玲：《持守与创新——赵馥洁先生〈中国传统哲学价值论〉的方法论反思》，载《文化中国》2020年第3期。

注。1994 年该书获陕西省社会科学优秀成果一等奖，1995 年获首届全国高等学校人文社会科学优秀成果二等奖。1996 年国家哲学社会科学规划办公室曾专门就该成果发《成果要报》向中央领导和有关部门通报该成果的主要内容和学术观点。《人民日报》《光明日报》《陕西日报》《西安日报》《中国社会科学》《哲学动态》《人文杂志》《管子学刊》《理论导刊》等全国十数家报纸杂志发表了相关报道和书评。张岱年、萧萐父、李锦全、李德永、刘学智、周桂钿等中国哲学史专家都高度评价了该成果"开拓创新""填补空白"的学术价值。萧萐父先生在给该书所作的序中写道："研究历史，即是为了开拓未来。作者的这种致思趣向，是极为可贵的。这种探讨问题评判历史的角度和尺度，令人耳目一新，使人深深感到作者历史地探究古代价值的理论发展，是为了发掘优秀思想遗产的现代意义，洞察传统文化中的思想精华与现代化的历史结合点"，"这对于社会主义精神文明的建设无疑是一大贡献"。[①] 李锦全先生说："该书开辟了中国传统哲学研究的一条新路子，拓出了一个新领域"，"该书的重要性在于首次以专著的形式集中讨论了中国传统哲学的价值论问题，填补了国内学术界在这一研究领域的空白"。[②] 十多年来，很多著作、论文都署名引用了该书的学术观点，一些中国哲学史学科点也将该书列为研究生的重要阅读著作。有读者在网店购书评论中留言："从 2003 年在图书馆初读此书以来，就盼望着能拥有一本自己的《中国传统哲学价值论》！普世精神与个体心性省察积淀为传统文化精神的深层意蕴，在对生命、对生活、对世界的体会、解读中践履'道'的精神和价值——成为传统文化的灵魂！"

【执行编辑：陈新汉】

① 萧萐父：《中国传统哲学价值论·序》，赵馥洁著，中国社会科学出版社 2022 年，第 2 页。

② 李锦全、严书翔：《简评〈中国传统哲学价值论〉》，载《哲学动态》1992 年第 5 期。

社会主义核心价值观研究

Research on Core Socialist Values

新时代主流意识形态引领力提升路径探析*

徐国民　缪　英**

【摘　要】社会主义意识形态引领力是以中国共产党为代表的党政主体运用马克思主义加强和巩固意识形态建设，引导群众行为、引领社会风气，带领全党全国各族人民沿着社会主义方向前进的一种能力。新时代社会主义意识形态引领力兼具了方向维度上的引领性和主动性，形成了三位一体的框架结构。以中国共产党为代表的党政主体作为引领主体，借助马克思主义这一引领中介实现对引领客体人民大众等的价值引领，有效发挥了舆论引导、价值形塑和行为导向的巨大功能，展现了社会主义意识形态强大的解释力、传播力、亲和力、感召力和聚合力。提升社会主义意识形态引领力要通过加强理论创新和实践创新提升意识形态解释力，深化阵地建设提升意识形态传播力，创新话语内容和表达方式提升意识形态亲和力，加强组织队伍建设提升意识形态感召力，回应人民美好生活需要提升意识形态聚合力，进而形成社会主义意识形态引领社会发展的强大力量。

【关键词】社会主义意识形态；引领力；实践路径

自从习近平总书记在党的十九大报告中提出“建设具有强大凝聚力和引领力的社会主义意识形态”① 这一论断以来，学者们从不同层面对此进行了深入研究，

* 本文系国家社会科学基金重点项目“新时代用社会主义价值观凝心聚力研究”（20AKS015）阶段性成果。

** 徐国民，华东理工大学马克思主义学院副院长，教授、博士生导师，主要研究方向为马克思主义理论；缪英，华东理工大学马克思主义学院硕士研究生，主要研究方向为马克思主义理论。

① 习近平：《决胜全面建成小康社会　夺取新时代中国特色社会主义伟大胜利——在中国共产党第十九次全国代表大会上的报告》，《人民日报》2017 年 10 月 28 日。

获得了丰硕的研究成果。但纵观当前研究现状，现实中对于这一问题的相关研究还存在一些困难：一是在对社会主义意识形态引领力概念进行阐释的过程中，对其内在结构要素的揭示不够明晰，还没有深入到理论的内部结构中去进一步分析这一概念的科学内涵；二是对于提升社会主义意识形态引领力深层次的学理基础方面的阐释和研究程度还不够深入，停留在政策层面的解读较多，缺少进一步的学理问题探讨。本文围绕这些问题展开论述，以期进一步揭示社会主义意识形态引领力的内涵及其提升路径。这对于更好地坚持和发展21世纪马克思主义，团结带领全国各族人民推进中华民族伟大复兴，有着极为重要的理论与现实意义。

一、提升社会主义意识形态引领力的时代背景

建设具有强大凝聚力和引领力的社会主义意识形态，这是新时代巩固全党全军全国各族人民团结奋斗的共同思想基础的现实需要。中国特色社会主义进入新时代，中国特色社会主义取得的各方面成就，为党的意识形态引领力建设奠定了坚实的物质保障和制度基础；随着现代信息技术的蓬勃发展，网络媒体传播形式及传播主客体呈现出新变化、新特征，也给我国意识形态的传播带来了新机遇。与此同时，西方资本主义国家凭借其强大的资本和技术力量，持续对我国加紧意识形态渗透与打压，这给我国意识形态的聚合带来了巨大的阻碍和冲击。在这种变局下，亟须进一步认识提升社会主义意识形态引领力的时代背景。

1. 新的历史方位对我国意识形态的创新提出了新要求

党的二十大报告提出了我们党的中心任务，这对党的意识形态建设提出了新要求，即社会主义意识形态建设要在围绕“两个巩固”[①]基础上，引领全党全国各族人民朝着全面建成社会主义现代化强国的方向前进，为全面推进中华民族伟大复兴提供思想基础和精神条件。新时代以来，我国社会生活各个层面发生了深刻的变化，进而意识形态领域也发生了深刻变革。一方面，随着现代信息技术

① “两个巩固”即巩固马克思主义在意识形态领域的指导地位，巩固全党全国人民团结奋斗的共同思想基础。

的突飞猛进，使得一些不利于“两个巩固”的相关论调在互联网上大肆发酵和不断传播，诸如历史虚无主义、极端个人主义等思潮不断干扰着民众的思想，对党在意识形态领域的领导地位造成挑战和动摇。新时期我们要紧紧围绕当前形势下“两个巩固”的根本任务，进行意识形态建设，在数字化信息环境背景下，从整体上有效创新和提升意识形态管理的一系列技术手段和方式方法，将广大人民群众的思想聚合、凝聚在一起。另一方面，广大人民群众的精神文化需求不断增长，要在满足人民群众精神需求的过程中推进意识形态建设，树立思想的旗帜，引领人民群众为实现党和国家的事业发展而努力，这就要求我们党的思想理论传播者要围绕新时代新的历史使命，以社会发展的基本条件和人民群众的现实需求为依托，加强自身的理论修养和思想修养，学习好、阐释好、宣传好最新的理论成果。

2. 新媒体的发展给我国意识形态的传播带来了新机遇

新媒体背景下，传播不再囿于特定渠道及特定人群之间的传播，传播时空、传播形式及传播主客体呈现出新变化、新特征。一方面，新媒体的发展给提升社会主义意识形态引领力创造了新条件；另一方面，舆论乱象丛生，各种文化激荡，我们亟须在提升意识形态引领力过程中进一步规范网络媒体环境。

传统纸质媒介往往需要一定的实物作为承载，在传播过程中受到时空的限制。一方面，由于制作过程、印刷时长、交通运输等，传播的时效性很难得到保证，导致传播的内容具有很大的滞后性，传播的效果也大打折扣。另一方面，传统传播方式比较单一和有限，这进一步制约了传播延展的广度和深度，使得传播内容仅仅局限在一定的人群和范围内，很难实现对事态全程全面的报道和传播。网络时代信息突破了时空的限制，信息传播更加迅速和便捷；一件事件的始末也可以得到更清晰、更完整的呈现和报道，事件的全程性得以体现。新媒体的发展和普及，不仅在传播方式上突破了报纸、广播、电视等传统媒体的局限性，能借助前沿的网络技术、数字技术，在互联网的基础上实现了微博、微信、抖音等多样化平台传播，而且大数据算法的普及化和针对性运用能够根据受众群体的不同需求，点对点地向特定用户推送受众喜闻乐见的内容。

随着新媒体的发展，传播主体不再局限于专门从事意识形态传播的党政人员、团体或组织，广大人民既是接受者、参与者，同时还扮演着传播者的角色。人民可以凭借多样化的网络媒介发表观点，参与政治并推动广泛的社会变革，突破了传统媒体背景下从上到下的线性等级式的传播格局，使得传播的主体与客体之间能够实现比较便捷的交流，沟通的话语内容具有实现双向融合的巨大现实性，这为实现人与人之间的平等，以及优化传播内容的供给和输出创造了有利条件。

3. 西方敌对势力意识形态渗透给我国意识形态建设带来了新挑战

改革开放至今，西方敌对势力对我国意识形态的渗透与打压方式也发生了新的变化。尤其是随着互联网的发展，他们除了以西化、分化的方式来干扰和遏制我国意识形态的建设，还通过互联网培植反社会主义的“网络意见领袖”进行意识形态渗透，对其进行包装，以讲座、论坛等的名义组织一些活动，使之成为西方敌对势力对中国进行意识形态渗透的一支队伍，并将西方资本主义意识形态渗透和经济、文化产品的输出挂钩，推进西方资本主义价值理念的渗透，悄无声息地推进意识形态斗争。同时，西方敌对势力利用各种手段刻意歪曲、抹黑、丑化和打压中国。随着全球化、市场化、网络化的发展不断深化，西方敌对势力采用多种形式歪曲、抹黑、丑化中国共产党形象，假借“民主”“人权”议题来抹黑、打压中国，意图歪曲党的领导、攻击社会主义制度。

提升社会主义意识形态引领力是应对社会主义与资本主义这两种制度长期的“没有硝烟的战争”的应然之举。不论是从内容还是形式方面，都要旗帜鲜明地坚守立场、亮出底线，不能仅仅寄希望于意识形态的传统手段，而是要更加注重意识形态引领力的提升，着力于提升党的意识形态的聚合力，在引领多样化思潮的过程中，瓦解西方敌对势力在意识形态的渗透与打压，聚合人民群众的精神力量。

二、社会主义意识形态引领力的科学内涵

社会主义意识形态是在批判封建主义意识形态、资本主义意识形态的基础上逐步确立的。马克思、恩格斯在批判了德意志各种复杂的意识形态的过程中，揭示了从前的旧意识形态的虚假性，但此时他们还没有明确阐释“社会主义意识形

态”这一概念。列宁在与各种非马克思主义观点的较量中，明确了这一概念的内涵及其功能：“或者是资产阶级的意识形态，或者是社会主义的意识形态。这里中间的东西是没有的（因为人类没有创造过任何‘第三种’意识形态，而且在为阶级矛盾所分裂的社会中，任何时候也不可能有非阶级的或超阶级的意识形态）。”[①]实际上，列宁认为意识形态总是代表特定的阶级立场及其利益表达，由于资产阶级意识形态和社会主义意识形态代表两个阶级根本利益不同，因而，社会主义意识形态与资产阶级意识形态是相对立的思想观念。

毛泽东在此基础上丰富了这一概念内涵，他明确指出：“人民民主专政的国家制度和法律，以马克思列宁主义为指导的社会主义意识形态，这些上层建筑对于我国社会主义改造的胜利和社会主义劳动组织的建立起了积极的推动作用，它是和社会主义的经济基础即社会主义的生产关系相适应的。”[②]在此，毛泽东首次提出“社会主义意识形态”概念，并强调对社会主义革命和建设都起了积极作用，是与社会主义生产关系相适应的。这是在党带领人民群众建成社会主义国家的基础上提出的，是为了实现人民群众的利益以及实现社会更好发展而建立的社会主义性质的意识形态，这与资本主义的、封建主义的意识形态有质的不同。

党的十九大提出的“社会主义意识形态引领力”，是对党的十七大以来所提出的“社会主义意识形态吸引力”的继承与发展。“引领力”比“吸引力”更加凸显了社会主义意识形态的功能和作用，它直接反映了理论继承与发展的现实需要。在这一基础上，社会主义意识形态引领力是以中国共产党为代表的先锋主体运用马克思主义加强和巩固意识形态建设，发挥这一理论科学性和人民性，引导群众行为、引领社会风气，带领全党全国各族人民朝着社会主义方向前进的一种能力。这不仅仅强调了先进理论学说本身对人民群众所具有的深刻魅力和吸引力，更进一步强调社会主义意识形态对人的价值观以及行为的养成所具有的引导和带领功能，能够引导人民群众明辨是非，朝着社会主义正确方向前进。

区分吸引力、凝聚力和引领力，有助于我们认识三者的内涵和外延，进一步把握意识形态建设的重要内容。就意识形态而言，其本质是统治阶级实现阶级

① 列宁：《列宁选集》第一卷，人民出版社 2012 年，第 326—327 页。

② 毛泽东：《毛泽东文集》第七卷，人民出版社 1999 年，第 215 页。

利益的理论武器，其功能则主要是指意识形态作为一种理论的力量所发挥的效用。可以说，吸引力、凝聚力和引领力都是实现统治阶级利益的重要手段和关键力量，吸引力、凝聚力侧重在客体层面展开，使客体思想意识聚合在一定范围内或者朝着某种方向前进，主体在这个基础上，未体现明显的导向性和主动性；而引领力侧重在主体的维度上强调主体功能的发挥，主体发挥引和领的功能以实现对客体思想和行为的引导性和带动性作用。这也就更显现出当前意识形态建设的一个指向：大变革大调整背景下，社会发展过程中的不确定性、不稳定性因素增加，影响民众思想发生变化、思想分散的因素增多，需要建设意识形态的主体发挥引和领的功能及作用，有力地带领全体人民加速推进民族复兴的进程。

社会主义意识形态引领力是一个系统的体系，具有严密的组织结构，应有序发挥意识形态引领的功能。“力”本意是指物体间的一种相互作用，兼具大小和方向的内涵，实质上，社会主义意识形态引领力具有能够实现价值引领的“力化”架构形态，表征的是意识形态在社会主义方向上的导向力和引领力。就“引领力”的内在结构及其功能而言，它可以分为引领主体、引领客体和引领中介三个方面维度，其中，引领主体是以中国共产党为代表的先锋主体这一实体形态，引领客体是接受和践行社会主义意识形态的党员及广大人民群众。引领中介是连接引领主体与引领客体的中间部分，即社会主义意识形态——马克思主义。引领主体是以中国共产党为代表的先锋主体，这一主体具有先进的指导理论、较强的理解能力以及理论的运用与转化能力，在进行现实的社会实践的过程中，能将系统化的理论运用到指导引领客体吸收和接纳社会主义意识形态的活动中。引领客体由于自身所处的文化教育环境不同，受教育程度以及理论理解水平不一，等等，对社会主义意识形态的认知能力不够，需要引领主体对其进行理论的灌输和指导。

社会主义意识形态引领力的功能是组织结构运行的目的和效用。社会主义意识形态引领力包括舆论引导功能、价值形塑功能和行为导向功能。意识形态舆论引导功能是站在人民的立场上，运用舆论力量揭露社会现实，还原事件真相，反映社会本质。舆论引导功能的发挥，就是在党的带领下能够在意识形态生产传播过程中运用先进的技术、交互的模式达到有效引导、有效传播的目的，利用技术手段和人力资源有针对性地甄别舆论态势，对舆论进行疏导和引导，塑造主流舆论新格局。意识形态的价值形塑功能即在传播的过程中，引领主体借助社会主义意识形态理论在认知层面对引领客体进行价值观的塑造，潜移默化地对民众进行价值观念的灌输和引导，促使人民大众形成意识形态认同和情感认同，引领人民群众朝着正确的价值观念所倡导的方向前进。意识形态的行为导向功能即在价值形塑的基础上，弥合个人合理需要、激发引领客体价值的内生动力，通过多样化的实践活动对个人进行有效的行为引导，激发行为认同，将引领主体的行为示范、行动导向转化为引领客体发展的动力和资源，在行动上引导、引领客体将个人成长与服务社会相结合，主动承担社会责任，为推动社会发展贡献力量。

意识形态作为一种理论力量，只有在人民群众形成价值认同的前提下，才能在更大意义和更广范围上达到价值引领的目的。实现意识形态引领力需要意识形态引领主体、引领中介和引领客体所构成的合力结构发挥舆论引领、价值形塑和行为导向的功能。把握社会主义意识形态引领力的内涵，必须深刻认识社会主义意识形态的具体表现形式。从其本质而言就是为特定阶级的利益服务的价值观理论表达，它在总体趋向上体现为社会主义方向上的引导，而在实际的过程中往往以解释力、传播力、亲和力、感召力、聚合力的表现形式呈现出来。

社会主义意识形态解释力是意识形态对现实问题的解答和释疑能力。社会主义意识形态是一种关于价值观的理论，解释力是引领力得以实现的关键。增强话语体系的解释力，要站在新的历史方位，始终将广大人民的根本利益放在首位，在应对现实社会问题的过程中，不断弥合理论与现实之间的沟壑，增强理论的现实针对性、可操作性，用现实实践来丰富和升华理论，用科学的理论解答和释疑。社会主义意识形态传播力就是通过及时更新传播内容、传播手段，使得社会主义意识形态实现更广范围、更深程度传播的能力。传播力是意识形态引领力得以实现的手段，任何一种思想观念要实现传播，必须要借助传播方式才能实现，即运用互联网、新媒体等多种媒介和形式实现对新时代意识形态的生产及传播，并利用精准化的传播手段和传播方式构建引领主体与引领客体之间沟通的桥梁，实现话语对内和对外的有效传播。[①] 社会主义意识形态亲和力是意识形态的表达

---

① 史向军、夏玉汉：《全媒体时代高校社会主义意识形态凝聚力提升路径》，《思想政治课研究》2022 年 4 月。

方式，即用人民大众口口相传、融于日常的话语内容和表现形式增添话语的生命力，使得话语亲切、易懂，增强群众认同感和归属感，拉近党的话语与人民群众的距离，实现情感的渗透和共鸣。社会主义意识形态感召力是指用社会主义意识形态感染群众、召唤群众，动员广大人民群众奋斗奉献，投身到实现民族复兴实践中去的能力。中国共产党在领导人民实现民族复兴的过程中，需要不断满足人民群众多样化文化需求，关心群众、掌握群众，人民群众在党组织强有力的带领和感染下，能够积极响应党的号召，奋斗奉献，投入到实现中华民族伟大复兴的征程中。社会主义意识形态聚合力是在回应人民群众现实诉求、引领思想过程中，发挥社会主义意识形态聚合思想、汇聚共识的能力。只有聚合思想、守住意识形态的阵地才能发挥思想的合力。中国共产党作为人民群众的主心骨，就是要在回应人民群众的现实诉求中，凝聚社会共识，从而汇聚实现梦想的伟大力量。

总而言之，社会主义意识形态引领力就是指中国共产党人运用马克思主义加强和巩固意识形态建设，发挥这一理论科学性和人民性，引导群众行为、引领社会风气，带领全党全国各族人民朝着社会主义方向前进的一种能力。它具体体现在社会主义意识形态的解释力、传播力、亲和力、感召力和聚合力上面。

三、提升社会主义意识形态引领力的实践路径

在当前矛盾不断交织演化的复杂情况下，提升意识形态引领力迫在眉睫。要把握时代发展的大势，就必须积极探索提升社会主义意识形态引领力的实践路径，着力提升社会主义意识形态解释力、传播力、亲和力、感召力和聚合力。

1. 加强理论创新和实践创新，提升意识形态解释力

解释力是意识形态引领力得以实现的首要前提和基础。提升意识形态解释力要注重其在理论层面和实践层面的创新与发展。在理论层面，牢牢掌握意识形态主动权，筑牢理论根基；在实践层面，围绕实践基础上的创新，提升理论的深刻性。政权的瓦解往往是从意识形态领域开始的，要提升意识形态的解释力，就要牢牢掌握对于意识形态的主动权。新时代，各种非主流意识形态涌入中国企图动

摇我国意识形态的根基，我们既要避免各种非主流意识形态占领我国意识形态阵地，又要让马克思主义在回应具体问题的过程中，提升理论的解释力。

一是要牢牢把握意识形态话语的坚定立场。牢牢掌握意识形态主动权，就必须筑牢理论根基。立场直接影响着议题的设置能力和话语的解释能力，社会主义意识形态就是在与其他社会思潮对抗和斗争的过程中，展现话语的解释力，进而凸显其引领力的。把握好社会主义意识形态的坚定立场，就要处理好一元引领与多元发展的关系，面对多元化的社会思潮，要树立鲜明的政治立场，运用马克思主义的立场观点和方法理性辨别多种多样的社会思潮，认真梳理话语宣传和阐释的范式，有理有利有节地与各类非主流意识形态作斗争，澄清认识，明辨是非，进而在与多元化社会思潮共处的过程中，牢牢掌握意识形态的话语主动权。

二是要在掌握意识形态主动权的基础上，创新话语阐释体系，讲清理论逻辑，筑牢理论根基。坚持理论创新是发挥理论解释功能，实现引领的内生动力。话语理论体系的建构与阐释离不开中华民族的特色话语作支撑，社会主义意识形态深植中华民族的沃土，在与中华优秀传统文化相结合的过程中，充分释放语言智慧，要善于提炼有温度、有深度、有厚度的阐释话语。同时，不断创新具有学科优势的话语表达，对马克思主义进行创新研究和学术诠释，以“讲道理”“摆事实”的方式，用扎实的学理逻辑分析，讲清楚政治导向，全面系统地阐释党的路线方针政策，阐释清楚中国特色社会主义理论体系首要的基本问题，力求对现实问题进行深刻的回应和解答，充分释放其强大的理论阐释功能，充分呈现话语深厚的学理内蕴，发挥理论的价值影响力、思想引领力。

注重实践创新，提升理论深刻性。理论的深刻性是意识形态解释力的重要支撑，而理论的深刻性只有通过实践才能切实体现。意识形态是在人们实践交往的基础上逐步建立起来的思想理论体系，来源于实践，反哺于实践。要用中国理论阐释中国实践，用中国实践升华中国理论。①

当今世界正处于百年未有之大变局，一方面，一部分国际势力企图通过意识形态的渗透和打压，遏制中国的崛起；另一方面，我国处于重要的发展机遇期，

① 郎帅、辛璐璐：《十九大以来习近平新时代中国特色社会主义思想的对外传播及其未来进路》，《中国石油大学学报（社会科学版）》2022 年第 2 期。

新时代我们所面对的问题既与170多年前马克思、恩格斯所面临的问题有很大的不同，又和新时代之前的状况相比发生了新变化。我们只能在立足新时代中国社会的发展实际、回答时代课题的过程中，深刻阐释理论，揭示理论背后的科学性和人民性。为此，我们必须做到：第一，要在实践中挖掘符合时代精神、时代风貌的中华优秀传统文化的理论积淀，在实践基础上对其进行新的阐释和创新，提炼出内含丰厚理论意蕴、共同价值的语言，为世界发展提供智力支撑。第二，着眼于中国特色社会主义伟大实践，优化话语供给和话语输出，随着中国式现代化道路探索的进一步深化，对中国的现实实践也要进行深刻阐释。例如“中国梦”“人类命运共同体”“全人类共同价值”等，立足于中国现实发展方略的实践阐释和生动践行，在一步步推进以及实现的过程中进一步增强理论的深刻性。第三，面对坚持和发展中国特色社会主义过程中出现的新情况新问题，注重将实践中遇到的热难点问题与群众的价值诉求、理论传播的内在要求相结合，在解决现实问题的实践之中，构建和升华意识形态话语理论的深刻意蕴，开辟马克思主义中国化时代化新境界。

2. 深化阵地建设，提升意识形态传播力

传播力是意识形态引领力的具体表现和实现形式。没有传播力的意识形态是谈不上有引领力的。网络空间是意识形态斗争的前沿阵地，新媒体为意识形态传播提供了新机遇和新挑战，要牢牢守住网络主战场，深化阵地建设，加强网络综合治理以净化传播环境，提升社会主义思想理论传播者在传播领域的地位和水平，在传播环境和传播引领的综合作用下，提升意识形态传播力。

加强网络综合治理以净化传播环境，推动形成良好网络生态。网络治理是一个动态的体系，是多维度、多主体的治理过程。它不仅是国家治理体系和治理能力现代化的关键方面，更是提升意识形态传播力的有效保障。首先，坚持党的全面领导就是要发挥党总揽全局、协调各方的作用，坚守思想舆论领域，协调管理各主体，领导并优化网络综合治理的体制机制。其次，完善和健全相关法律法规，明确平台的法律义务，防范虚假舆情的传播和蔓延，做好监督管理执法。运用现代化的技术，健全对网络信息的审查机制，对网络内容进行全方位

检测和全过程管理，积极开展网络治理，对违反网络管理的责任群体依法追究相关责任并进行专项整治。再次，企业要落实党中央要求，压实主体责任，完善培养机制，加大对关键技术性人才的培养力度，同时，在企业审核管控层面，积极组建人工审核团队、技术保障团队及利用智能算法监测手段对网络信息合法性进行全面动态审核，提升捕捉信息的准确性和全面性，力求切断违法和不良信息的传播路径。最后，平稳有序的网络环境、网络秩序需要网民的共同维护。网络综合治理是整体性、全民性的事务，网络与人们的日常生产生活休戚相关，人民群众在享受网络发展的便捷与福利的过程中，自觉或不自觉地加入信息生成与传播扩散的环节中，因此，良好稳定的网络环境、网络秩序的平衡需要我们共同的努力。

提升社会主义思想理论传播者在传播领域的地位和水平。提升意识形态的传播力关键是要在建立意识形态话语权的基础上，增强话语的传播能力。意识形态话语权建设的核心力量是意识形态话语传播者，话语传播者是实现话语体系建设的重要媒介，直接关系着意识形态传播力能否有效实现。新媒体为社会主义意识形态的大众化提供了机遇，民众既是接受者、参与者，同时还是意识形态的传播者，但民众的知识水平、受教育程度、接受能力不一，面对网络上良莠不齐的信息，很难有效分辨真相和假象。社会主义思想理论传播者往往具备一定的知识水平，受过专业培训，对于意识形态传播更为敏感，能有效实现信息的整合和传播，在这一基础上帮助民众树立正确的认知。首先，要完善立法法规，保障社会主义思想理论传播者的合法地位。新媒体背景下，环境多元复杂，意识形态理论传播者地位更易面临被消解的危险，围绕构建话语主体的传播能力来提升意识形态传播力，首要保障话语主体的法律地位。其次，社会主义思想理论传播者要充分利用现有资源和平台，遵循意识形态的传播规律和宣传规律，提高自身的传播水平和传播影响力。现有信息化条件下，党的思想理论传播者接受信息、开展培训的机会增多，有助于其学术理论水平以及宣传能力的提升。最后，社会主义思想理论传播者要把握话语受众的思想特点和兴趣，融合现代传播技术和传播手段，循序渐进地将富有感召力、影响力的意识形态话语传播给人民大众，讲好中国故事、传播好中国声音，推动提升国际传播效能。

3. 创新话语内容和表达方式，提升意识形态亲和力

话语内容和表达形式经常能展现意识形态的亲和力。提升亲和力要围绕这两个层面展开：一是创新话语表达方式，在思想意识与日常生活之间架起沟通的桥梁，增强话语理念的亲和力；二是增添话语内容，增强话语的生动性、活泼性，从而增强意识形态话语的亲和力。

一方面，提升意识形态亲和力，需要转化话语表达方式。一套完整的意识形态话语往往包含着多种话语表达方式，在不同的场合、面对不同的情况，往往需要运用不同的表达方式才能达到理想的表达效果。第一，意识形态引领主体要实现引领，既要避开笼统的、干巴巴的纯学术话语表达，也不能只追求纯口语化而缺少理论意蕴。要在明确社会主义意识形态鲜明导向和政治立场的前提下，积极借鉴国内外先进的传播手段，创建具有亲和力、感染力的话语沟通模式，[①] 借用新兴的媒体如微博、抖音、哔哩哔哩等平台，打造一套既符合政治立场、脍炙人口又融通中外的话语表达。第二，对中华优秀传统文化与意识形态话语表达的契合点进行深入探索，将灵动活泼、生动有趣的中华文化元素、话语符号有序嵌入到意识形态体系中，凸显中华优秀传统文化的时代价值和话语表达的吸引力。第三，掌握意识形态传播的技巧。注重吸收民众喜闻乐见的表达方式，先以有趣的故事、经典的典故吸引民众，接着不断深入阐释观点，将深刻的道理以通俗、亲切的表达方式呈现出来，增强意识形态话语的广泛性、深刻性和持久性。

另一方面，要提升意识形态亲和力，需要在话语内容上进行创新。思想话语本身是比较抽象的，它的政治性、理论性和专业性都比较强，对老百姓来说，认识难度比较大；同时，抽象的话语内容很难转化为民众的精神认知和行动自觉。把这些学术性、专业性的话语外化为日常话语，这才是新时代社会主义意识形态要达到亲和力的应有之义。第一，要深刻认识意识形态是为党和国家建设服务的，要在思想上坚持鲜明的政治本色，同时，需要在中华优秀传统文化中充分挖掘能够增强意识形态的元素内容。借用中华成语故事、诗词典故以及民间俚语等，创设一连串融通中外，又饱含中华文化底蕴的概念表述，以凝练有力、耐人

---

① 韩奥林、李栗燕：《牢牢掌握主流意识形态的话语体系主动权》，《理论探索》2021 年第 1 期。

寻味的话语内容，提升话语的韵味，增强语言的深刻性、亲和力。第二，要充分利用当前新媒体的时代特性，充分认识意识形态建设服务于广大人民群众，以日常化、生活化的语言，持续提炼深受网络受众欢迎的身边故事，生动形象且富有亲和力的网络词汇等，创造符合时代特征的意识形态话语内容。第三，把中国“强大”的时代背景与人们对美好生活的向往和追求结合起来，构建新时期马克思主义意识形态话语权。用大白话说大问题、讲大道理，对群众最关心的问题以平等交流的口吻及时解答。

4. 加强组织队伍建设，提升意识形态感召力

新时代以来，以习近平同志为核心的党中央把党的坚强领导贯彻于意识形态建设的全过程、全方面，将内蕴的富有感染力、说服力的意识形态话语融入党和国家的工作中，使其话语的有效性和影响力进一步增强。面对世界百年未有之大变局及不断变化发展的国际国内新形势，我们亟须加强组织队伍建设和党的自身建设，将学好马克思主义理论当作看家本领，强化责任意识，领导干部带头，加强贯彻意识形态工作责任制，从而使意识形态感召力进一步增强。

加强理论建设，将学好马克思主义理论当作看家本领。现阶段要以中国式现代化推进中华民族伟大复兴，增强意识形态的感召力，就是要增强党组织的感召力。要加强党组织的感召力，就要使马克思主义这一观察、分析和解决问题的理论武器的地位更加鲜明、更加彻底，即注重学习马克思主义理论，提升理论的水平和思想的厚度，不断与时俱进，战胜困难险阻，实现新的胜利。政治立场的坚定，是从对思想理论的清醒认知中走出来的。党员队伍是推进意识形态工作的引领主体，是推动实现意识形态引领力的重要力量，必须要加强党员队伍的理论学习和知识储备，以对马克思主义的深刻把握、深度理解为前提，牢牢树立起坚定的理想信念和坚定的行动自觉。一方面，我们要把学好马克思主义理论作为一切行动的首要前提。马克思主义是经过实践检验的理论，学好和用好这一理论需要坚持问题导向。在学习的过程中，带着问题学，带着问题悟，同时，增强理论的现实性和针对性，提升理论联系实际的能力，用马克思主义来观察、思考、分析和解决问题，用马克思主义激活思想智慧、滋养浩然正气、提升执政能力，从而

确立正确的解决问题的思路和方法。另一方面，学好马克思主义理论不仅要在理论上学懂弄通，还要在现实中做好表率，运用这一理论武装全党、教育人民，使马克思主义在感召群众中发挥强大作用，成为全党全国人民的坚定信念。思想是行动的向导，人民群众判断党的性质、宗旨和原则的履行与否，往往是通过广大党员干部言行举止的表现，广大党员干部的所作所为、一言一行对民众的马克思主义信仰的生成与外化有着直接的影响力和感染力。

领导干部带头，加强贯彻意识形态工作责任制。意识形态作为表征国家利益的话语，抓好意识形态工作不仅仅是宣传思想部门的职责，更需要多方联动、全民参与，但作为领导组织核心的领导干部，使命重大、义务重大、责任重大。进一步提升意识形态感召力，必须以制度的落实为重要抓手，推进贯彻意识形态工作责任制的有效落实。党组织要发挥意识形态的感召力实现对民众思想意识的引领作用，除了需要自身本领强大、能力过硬以外，更需要领导干部带头，把守好意识形态的思想大门，在强化党员责任担当的过程中，树立党组织的强大威信。首先，领导干部要牢牢掌握意识形态工作的领导权、管理权和话语权，强化责任担当，发挥“关键少数”的作用。自觉贯彻落实党中央有关意识形态工作的具体要求，亲自抓建设，带头管阵地，要自觉接受监督，确保党组织的感召力在保持党的先进性和纯洁性方面得到实现和发挥。其次，加强监督管理，推进意识形态工作责任制的检查考核制度。在工作的实际过程中，将这一制度严格落到实处，意识形态环节中出现严重情况的、严重过失的，要严肃追究相关责任人的责任，推进问责制度化、常态化。最后，在落实意识形态工作责任制的过程中，要站稳政治立场，以严格的政治定力和价值标准约束党员队伍，提升党组织的公信力和影响力，以严格的管理将党员队伍建设成为具有坚定信仰的先锋模范队伍，用先锋模范的行为举止展现马克思主义信仰的科学力量，让这种信仰进一步转化为引领主体的整体感召力，以此来影响、辐射并带动社会其他群体。

5. 回应人民美好生活需要，提升意识形态聚合力

随着社会的快速转型，出现社会阶层分化、利益分化以及价值观多元化等现象，这就需要进一步提升社会主义意识形态聚合力。加强党的建设，保持党同人

民群众的血肉联系，汇聚起命运与共的情感共同体，实现个体与党组织、国家、民族之间的聚合联结；在回应人民群众现实诉求，得到人民群众接纳、认同的基础上，发挥聚合引领效应，汇聚起实现中华民族伟大复兴的巨大力量。

人民群众是我们党执政的基石。提升社会主义意识形态引领力，党员干部要加强作风建设，从与群众的联系中寻找工作的着力点，提升意识形态聚合力。第一，加强调查研究，了解民情。坚持“为人民服务”的总体方针，贴近基层，走近民众，问需于民，倾听并回应民情民声，着眼于民众当前的困难和需求，以求真务实的工作作风积极为民众排忧解难，解决群众“急难愁盼问题”。做到问政于民、问计于民，确保人民群众政治参与的权利和渠道在政策的起草、制定和实施等各个环节中的畅通，充分发挥基层和群众的创造力，将党的政策主张与人民群众的需求呼声巧妙地联系并结合到一起，融入党和政府决策中。第二，发扬理论联系实际的作风，塑造优良政党形象。新时期，反腐斗争形势依然严峻，面对贪污腐败的新情况新特点，要紧紧依靠群众，持续推进党的建设，坚决果断地将反腐败斗争进行到底，获得人民群众的信任和拥护，在保持良好党群关系中密切血肉联系，积极进行批评与自我批评，同心同向锻造优良的党风。

在回应人民群众现实诉求中，汇聚实现梦想的伟大力量。人民群众是中国共产党进行社会主义意识形态话语传播的接收者，话语创新的来源和归宿，如果脱离群众，话语就会丧失社会根基。新时代要汇聚起实现梦想的伟大力量，实际上就是要把握变化发展的现实状况、抓住时代发展机遇，在回应人民群众的现实诉求中凝聚力量。新时代，老百姓有了更多关于理想生活的追求、美好生活的需要。一方面，要充分利用互联网畅通民众表达渠道，了解民生、服务民生并保障民生。信息时代创造了人类生活的新空间，人们的学习、工作和生活都与互联网息息相关，要发挥互联网在影响公众心理、社会行为、思想统一中的积极作用。维护老百姓运用互联网平台进行信息传播、表达诉求等方面的权益，维护人民群众的根本利益，畅通民意表达渠道，了解民众的现实诉求，健全互联网服务民生机制、民意收集渠道等。完善多种举措有效推进民生服务工作实现更加便捷化、智能化发展，提升服务的质量，让老百姓在享受互联网发展机遇的过程中，提高获得感和满足感。另一方面，要以问题为基本遵循，加快补齐短板。利用社会发展条件和自身优势，倾听民众的呼声，着力解决人民群众的现实困难和生活问题，重点提升经济发展、民生就业、社会生活、环境保护等方面的发展水平和质量，回应人民群众对更高水平、更好生活的期盼和追求，不断提升老百姓对社会的认可度，对生活满意度。在解决人民群众的现实问题的过程中，聚合大众力量。

当前我国发展不平衡不充分状况依然存在，要统筹规划、整体布局，聚焦人民的需求和期盼，在回应人民群众现实诉求中着力解决这些发展中的现实问题，更充分体现社会主义制度的优越性，让人民群众更有获得感，让社会主义意识形态的聚合力充分彰显，进一步助力意识形态引领力的提升。

【执行编辑：刘　冰】

当代中国价值共识的哲学反思

刘宇飞*

【摘　要】价值的主体性要求尊重不同主体的合理价值追求，同时也对价值共识的达成提出了更高的要求。价值共识对一个社会具有重要意义。但对于处在社会转型和市场经济加速发展时期的中国来说，不得不面对旧有价值共识已无力适应当前社会的窘境，来自经济、文化、网络等方面的因素加剧了价值共识的撕裂。基于此，必须阐明尊重价值主体性并非价值相对主义，也必须在回顾历史和放眼世界的基础上，重新定位中国人的价值方位。社会主义核心价值观产生于中国人民的现实实践，代表了广大中国人民的共同需求和共同利益，批判地借鉴了西方思想的优秀成果，继承了中国文化传统的合理因素，并通过合理的方式得以推广，具有作为当代中国价值共识的合理性和现实性。

【关键词】价值；主体性；价值共识；实践

价值的本质属性是主体性，即“价值因主体而异，价值本身的特点直接同主体的特点相联系，价值的特性表现或反映着主体性的内容”[①]。这意味着，由于不同价值主体的主体尺度不同，在现实社会中具体个人的价值取向必然呈现出多元化的景象，这种景象在中国社会快速转型的历史背景下显得尤为突出，旧有的传统价值共识在新时代种种现代性因素的冲击下，显露出价值共识撕裂的趋势。但对于一个国家、一个共同体而言，形成广泛、普遍、合理的价值共识是维护社会

* 刘宇飞，上海大学哲学系硕士研究生，主要研究方向为价值哲学。

① 李德顺：《价值论》，中国人民大学出版社 2007 年，第 102 页。

稳定和谐的基石。在价值冲突频发，价值共识逐渐撕裂的社会中构建可以被普遍接受、适合中国国情的价值共识是当今时代相当重要的课题。

一、什么是价值共识以及价值共识的意义

1. 什么是“价值”与“价值共识”

在澄清什么是价值共识之前，必须先明确“价值”这一看似清晰却又模糊的概念。世界本无价值，只有当人这一“符号的动物”在实践的过程中，基于自身的需求，通过评价、判断、选择等活动将一切“符号化”为意义对象之后，世界才具有了价值。所以“价值是主体（人）在实践—认识活动中建立的一种特定的主客体关系，即客体是否适合、接近主体的本性、目的、利益与需要的关系”①。不将价值作此理解，那么“价值共识”就成为一个伪命题。如果将价值理解为一种独立于主体且与主体不相干的客观存在或客体本身所具有的本质和属性，那么价值判断就无异于描述客观存在的事实判断。倘若如此，人们只需像认识牛顿第一定律一样认识“价值”，就不会存在对同一事物不同主体或同一主体在不同条件下产生不同态度的问题了，只要人们有基本的认识能力那么就不会存在“价值冲突”，更谈不上“价值共识”问题。可事实并非如此。在现实生活中，价值冲突无处不在、无时不有。如对其作主观主义的解读，把价值单纯看作是主体的需要、情绪、态度、兴趣等，那么处于不同地域、经历不同人生、拥有不同主体性的个体就失去了达成价值共识的现实根基，“价值共识”也就成了一个永远无法解决的彼岸问题，失去了讨论的必要性。只有将“价值”理解为建立在实践基础上的以主体的内在尺度为尺度的主客体关系，才能理解“价值共识”就是“不同主体对价值（主要指公共价值）达成基本或根本一致的看法，也即对价值形成基本或根本一致的观点和态度”②。

① 孙伟平:《价值哲学方法论》，中国社会科学出版社 2008 年，第 259 页。

② 胡敏中:《论价值共识》，《哲学研究》2008 年第 7 期。

2. “价值共识”不是“价值标准”

人作为价值的源泉使得价值具有鲜明的主体性特征，正如马克思所言，“凡是有某种关系存在的地方，这种关系都是为我而存在的”[①]，每一个人都是实践着的主体，都是“行走的价值之源”，这就不可避免地会在判定什么有价值，有什么样的价值时出现价值的冲突或争端。也因为价值具有主体性，价值判断和价值选择以主体自身的现实需求为转移，所以不存在一个对于价值问题而言的标准答案和“真理”。这就否定了普遍适用于任何情况中所有主体的“价值标准”的存在。也正因如此，任何对价值的恰当探讨和研究都是鲜明的“人学”，须坚持“以人为本”。这种“人”，是具体的人而不是抽象的人。于是谈到“价值”，就必须明确是对谁而言的价值，每个人都需要依据自身的具体背景、条件、状况做出价值判断和价值选择，只有当不同的主体依据自身的主体性做出相同或一致的价值判断和价值选择的时候才能形成价值共识。

“社会是由不同阶层、不同地区、不同民族的追求各自利益的个人构成的，多元主体之间在对价值的看法上不可避免存在一些分歧。”[②]理性看待“分歧”，承认每个人的主体地位，尊重每个人的价值选择和判断是文明社会表征。“多样化并非仅是不久就会消灭的历史性条件，而是民主公共文化永久特征。”[③]在这样的历史背景下，价值因人而异的个体性、多样性、多维性、动态性[④]进一步加剧了价值冲突与争端，使得人们在回答价值共识是否可能以及如何实现价值共识等问题时会比回答事实问题遇到更多的困难，产生更多的懊恼。尽管价值共识的达成是一项道阻且长的工作，但同时，价值共识也是一个不可避免且必须回应的议题。

3. “价值共识”的重要意义

“人的本质是社会性，任何人不能脱离群体而孤立存在。人只能以群体方式存在于世界上，并在公共生活中确证自我的本质与能力”[⑤]，现代社会更是一个公

---

① 《马克思恩格斯文集》第一卷，人民出版社 2009 年，第 533 页。

② 兰久富：《倡导社会主义核心价值观的理论前提》，《哲学研究》2014 年第 8 期。

③ 罗秉祥、万俊人：《宗教与道德之关系》，清华大学出版社 2003 年，第 189 页。

④ 参见孙伟平：《价值哲学方法论》，中国社会科学出版社 2008 年，第 195—197 页。

⑤ 马静：《论社会治理现代化与公共精神的重塑》，《广西社会科学》2017 年第 4 期。

共性、开放性、包容性特征鲜明的社会。与中国传统封闭社会不同，市场经济瓦解了自给自足的小农经济，而建立起“以物的依赖性为基础的人的独立性”[①]的社会，为了维持生存所进行的必须且普遍的商品流通使得人与人之间“鸡犬相闻，老死不相往来”(《老子》八十章)的可能性消失，人际关系前所未有地复杂。公共事务充斥人们的日常生活，出现价值冲突是难免的。价值的主体性要求我们尊重相异的价值观，在处理与他人无涉的私人事物时，便没有必要达成价值共识，或者说，在这种情况下我们应该达成“尊重、包容、自由”的共识。人是主体，但不是唯一的主体。一个人有什么样的价值观就会有什么样的价值判断，相应地，就会有什么样的价值选择与实际行动。而社会是人进行对象化活动的场域，人的绝大多数活动都难以在脱离社会的“真空”状态下进行。“社会是人组织成的”[②]，人必须学会处理“主体间”的问题。价值共识是在公共领域处理公共事务的哲学基础。在公共层面，价值争端的问题是无法回避的，因为公共领域是涉及每一个主体的场所，公共事务牵涉每一个参与其中的主体的切身利益，混杂着不同主体多样化的价值观。如果坚持无条件的价值“多元化”，放任每个人将自己的价值观转化为现实的行动，那么人与人之间现实的冲突同样是不可避免的。为了避免“人对人是狼”的境况出现，达成价值共识就成了一个社会和谐稳定的观念拱顶石。

价值共识指向一个共同体内的共同需要和共同利益，并在此之上整合共同体成员的思想观念和价值取向，形成共同的价值观，对人的行为起到规范、激励和导向作用，并进一步促进对共同需要和共同利益的认可与追求。价值共识就像黏合剂，缺乏价值共识的社会将会持续受到来自共同体内部成员相异的价值追求的拉扯，“尤其在民主社会，假如人们不能达成基本的价值共识，那么，甚至连公共选择的做出和社会规则的制定都无从进行”[③]。达成价值共识的社会，则可以实现社会和谐稳定，并将分散的不同个体整成为一个合力。当今中国处于社会转型时期，面对百年未有之大变局，尤其需要价值共识的达成。正如习近平总书记所

---

① 《马克思恩格斯文集》第八卷，人民出版社 2009 年，第 52 页。

② 《瞿秋白文集·政治理论编》第二卷，人民出版社 2013 年，第 416 页。

③ 韩东屏:《如何达成价值共识》,《河北学刊》2010 年第 1 期。

讲的："人心是最大的政治，共识是奋进的动力。"[①] 实现中华民族伟大复兴是中华民族每一个成员的利益所在和热切期盼，承载着中国人民最广泛的价值追求，而实现中国梦则需要从社会各方面达成最普遍的价值共识。

二、当代中国社会价值共识的撕裂及其原因

近代以来，伴随着中国被卷入世界市场历史事实的是中国传统社会的嬗变和中国传统价值共识的解构。建立在小农经济和宗法制度之上的是以血缘关系为纽带的伦理社会。这种伦理社会所奉行的是"家本位"的价值观，以家庭关系，更进一步说，以父子关系为基础推至整个国家运行所遵循的守则是中国传统社会的基本逻辑。"君君、臣臣、父父、子子""修身、齐家、治国、平天下""君为臣纲、父为子纲、夫为妻纲"等都体现了这一基本逻辑。但资本主义"首次开创了世界历史，因为它使每个文明国家以及这些国家中的每一个人的需要的满足都依赖于整个世界，因为它消灭了各国以往自然形成的闭关自守的状态"[②]，资本主义的生产方式要求不断地开辟新的市场，建立以商品为中介的普遍交往的联系。1840 年的鸦片战争，就是资本主义开辟世界市场的残酷历史表达。"殖民主义和帝国主义把各国人民紧密地联系起来。西方膨胀为'世界'的同时，其启蒙价值亦走向了世界。"[③] "启蒙价值"或者说西方价值观随着世界范围内的现代化进程逐步扩张、侵蚀。的确，自由主义、平等主义、个人主义、契约精神等价值共识是资本主义生产方式在观念上的反映，中国传统价值共识在面对"现代性"问题时早已显得捉襟见肘。问题在于，"一切已死的先辈们的传统，像梦魇一样纠缠着活人的头脑"[④]，作为上层建筑的价值共识不会随着经济基础的崩塌而在顷刻间瓦解，传统价值观也不会在一夜之间消失。传统价值共识像具有惯性一样仍然滞留在现代中国人的头脑中，具有强大的观念上的力量。当然，这种力量随着中国现代化的进

① 《全国政协举行新年茶话会》，《光明日报》2018 年 12 月 30 日。

② 《马克思恩格斯选集》第一卷，人民出版社 2012 年，第 194 页。

③ 陈曙光：《世界大变局与人类文明的重建》，《哲学研究》2022 年第 3 期。

④ 《马克思恩格斯文集》第二卷，人民出版社 2009 年，第 471 页。

程逐渐深入而淡化。中国传统社会中所萌发的价值观、所达成的价值共识必须向着匹配市场经济、法治社会、公民社会、工业社会乃至后工业社会的方向演化。但在这一过程中，旧有价值观和新价值观必然呈现冲突的态势，也必然包含着旧有价值共识的瓦解和新价值共识的达成。在变动如此巨大的社会转型时期，中国的价值共识显见为激烈的撕裂趋势，来自经济、文化、网络等各方面的因素不断挑战价值共识的“张力”。

1. 经济因素

经济作为上层建筑的基础，对价值共识产生深刻的影响。物质利益是“人民生活中最敏感的神经”[①]，“看不见的手”不仅仅会调节生产资料在不同生产领域内的分配，也会调节人们的价值观。价值观作为意识形态的重要组成部分，不能脱离主体所处的生产关系而空谈，“‘思想’一旦离开‘利益’，就一定会使自己出丑”[②]。改革开放和中国特色社会主义市场经济的历史性开展，使得中国旧有的传统价值共识加速解体。传统价值共识受到了市场经济利益原则的猛烈冲击，这突出表现在“义利观”的变化上。“君子喻于义，小人喻于利”“义以为上”“舍生取义”等鲜明地表达了“重义轻利”的价值共识，这不仅仅是中国传统社会为人的基本准则，也是区分“小人”与“君子”的重要标尺。尽管目前“义大于利”仍然是教育的主旋律，但市场经济追求利益最大化的原则往往与其发生正面的冲突，商场如战场、职场如战场的“丛林法则”使得尔虞我诈、舍义取利屡见不鲜。并且现实中存在着“见利忘义”者不但没有受到应有惩罚，反倒过得滋润快活的荒诞现象。残酷的现实给了功利主义思想在社会中快速蔓延的机会。理想与现实的割裂，迫使以“义利观”为代表的传统道德原则让位于经济利益原则，甚至沦为了为攫取金钱的手段。以义利观为切口的传统价值的异变是当代中国价值共识撕裂的纵向表达。

地域、阶层之间的差异呈现出了当代中国价值共识的横向撕裂。首先，中国幅员辽阔、地大物博。各地域在环境、资源、交通、气候等地理禀赋上的差异必

---

① 《列宁全集》第十三卷，人民出版社 1987 年，第 113 页。

② 《马克思恩格斯文集》第一卷，人民出版社 2009 年，第 286 页。

然导致思想观念上的参差不齐。随着经济的发展，因地制宜、城乡二元、先富带动后富的发展策略客观上促进了中国经济腾飞，但也放大了北方与南方、沿海与内陆、城市与乡村等之间价值观上的差异。比如，落后地区更易达成传统价值共识，而发达地区则更趋向于达成以现代性为底色的价值共识，这种情况加深了价值共识的撕裂。其次，在中国改革开放进入市场经济时代后，人们的收入分配方式的市场化导致了不同社会群体的利益差别拉大，以收入水平为标准的阶层划分体系，加剧了不同阶层的利益分歧和冲突。例如，高收入阶层强调“自由”的价值观，而低收入阶层则更看重“平等”价值观。经济的发展加速了不同社会群体的分化，不同社会群体的利益锚点不同又加速了价值观的分化，更为严重的是，低收入群体因为在现有的价值共识框架中，面对的是物质财富贫乏、精神迷茫空虚、生活忧虑、人生充满挫折感和不满足感等不理想的现实，所以其中有些人会产生消极的心态，难以对价值共识产生切身的认同感。

进入新时代，中国所面临的国际形势错综复杂，国际上“逆全球化”的趋势加速发展；人口出生率的下降、失业率的上升、“内卷”时代的来临等现实境遇实际上已经表明中国直面的是改革开放四十多年来前所未有的严峻经济局势，这种局势势必会进一步激化各种国内矛盾，撕裂价值共识。

2. 文化因素

中国现代化进程的开展伴随着思想的现代性转型。正如马克斯·韦伯所言，现代性是一个“祛魅”的过程。理性的目光透视一切事物神秘的外衣，将所有神圣化的事物解构为赤裸裸的、可计算的理性对象。任何不符合理性的事物则失去了存在的合法性基础。以现代性的目光审视中国传统的价值共识，会发现其非理性不仅表现在以儒家伦理纲常为底色的价值共识缺乏理性的色彩，而且中国传统价值共识的达成方式也值得商榷。由于中国历史缺乏民主的特征，中国传统的价值共识大多以“外推式”（李德顺语）的方法达成，即由一个权威通过自己的总结或体悟得到一条他认为可以作为普遍共识的价值原则，然后通过“推己及人”的方式使之普遍化，得出具体的行为准则。孔子的“忠恕之道”便是如此。“金规则法本是用于指导个人为人处世的，似与达成价值共识无关，但倘若人人都认同这一原则，那么，从中推出的处事观念或行为选择就是具有价值共识性的。”① 但“外推式”无法以理性的态度回答诸如“为什么要‘推己及人’？应该和能够实行‘推己及人’的根据是什么？在生活中，每一个‘己’与‘人’之间，是否可以忽略具体条件而随时‘推及’”② 等问题。价值的主体性决定了人与人之间的需求并不总是相同的，以金规外推的方式所形成的价值共识，难免有忽视价值的主体性的嫌疑。中国传统的价值共识不仅难以适应市场经济社会，而且在理性的审视下破绽百出。然而一旦时机来临，中国人身上两千年来的专制统治所形成的文化习性、缺少人道主义熏染的道德习惯和缺乏民主概念的思维方式将会从“休克状态”中复活并冲击人们当前所接受的科学常识。那种故步自封，打着弘扬中华传统美德的旗号，忽视中国社会发生变化的人是落后价值共识的“守墓人”，同时也是阻碍构建新价值共识的“路障”。

现代性的“祛魅”对中国价值共识解构有余，建构不足。纯粹的西方现代性思维并没有帮助中国达成新的社会共识。相反，在中国身处社会转型之时，各种以现代性理论为依托的社会思潮，伴随着经济全球化的进程进入到当代中国人的头脑之中。当代中国社会几乎成了各种价值观争奇斗艳的舞台，各种价值观的翻涌激荡进一步加深了价值共识的撕裂。它们片面地适应市场经济，却在中国特色的土壤遭遇了严重的“水土不服”。例如，自由主义适应了市场经济自由买卖的基本特征，但其过分鼓吹私有化和自由化，反对“整体性社会工程”（波普尔语），与中国“公有制为主体”的经济体系和经济与计划相结合的发展手段相悖；个人主义适应了理性“经济人”这一市场经济基本理论假设，强调人的权利，但过度的个人主义将集体甚至国家看作是压迫人的枷锁，与我国的集体主义原则相冲突。多元文化的“百家争鸣”使得当代中国人无所适从，当每个人都宣称自己所遵从的价值观合理但在事实上又相冲突的时候，就必然导致相对主义和怀疑主义的产生，价值共识的撕裂就不可避免。多元文化在改革开放四十多年的时间内快速“洗礼”国民的精神世界，使得中国人的价值观呈现多样的文化底色。

---

① 韩东屏：《如何达成价值共识》，《河北学刊》2010 年第 1 期。

② 孙伟平：《价值哲学方法论》，中国社会科学出版社 2008 年，第 243 页。

3. 网络因素

互联网这种全新的信息传递方式使得人们接受的信息量与过去相对比有了指数级的提升。同时，网络还弱化了全球网民之间的“距离感”，远在千里之外的观点顷刻间就可散布到全世界。“地球村”的确在抽象的网络世界得到了实现。网络也让中国人可以轻而易举地看到其他“村民”是以怎样的价值观生活的。相对于强调个人自由与权利，尊重个人尊严，维护私有财产的现代性价值共识，中国传统价值在应对现代社会时的步履维艰显而易见，这无疑加深了国人对传统价值共识的反思，也驱动了新价值共识的达成。但网络的负面效应使得这条本就艰辛的路更加危险。

互联网降低了网络用户接受信息和传播信息的门槛。在社交网络中，每个人都成了“自媒体”。但由于每个人的主体性因素不同，网络中充斥着良莠不齐的信息和价值观，大多数人既没有时间和精力，也没有能力去鉴别其真假。再加之部分无良媒体一味地追求点击率、吸引力，忽视或放弃了其基本责任而无序地散播未加理性审视的信息资讯和价值观，他们的无意识和不作为使得笼罩在网络舆情上的乌烟瘴气久久不能散去，甚至削弱了主流价值观的传播力度，影响了价值共识的达成。

互联网是意识形态竞争的主战场之一。西方发达资本主义国家依靠网络技术和国际舆论的优势，利用互联网在我国意识形态领域制造混乱，并对我国文化领域进行渗透，企图使国民接受纯粹西方资本主义的“普世价值观”，分化、弱化、颠覆中国价值共识。

简而言之，网络一方面使得人们可接触的不同价值观的数量陡然增加；另一方面加速了价值观的传播。地域、文化、民族这些在旧时代阻挡价值观传递的无形之墙被互联网突破。处于社会转型时期的中国，本就呈现出多元的利益诉求和价值主张，网络这一“放大器”和“加速器”催发了不同价值观的多元交流，价值的主体性更加凸显，国内价值观碰撞更加激烈。但与此同时，国民的理性思考能力和理性鉴别能力没有得到相应的提升，致使国民在面对这个如“信息海”般的世界时难以形成恰当的价值观，遑论自发地达成适合中国国情的新价值共识。

三、重建中国价值共识的可能性方向

“历史唯物主义认为，社会存在决定社会意识。人的思想不是凭空产生的”[①]，人的价值观和社会的价值共识同样也不是凭空产生的。现实的物质生产方式、与之相适应的社会关系是价值观形成的深层土壤，是达成价值共识的现实基础。中国的现代化进程发展到今天，传统中国价值共识应对现代社会乏力是不争的事实，随经济全球化一起而来的西方价值观念正在侵蚀国人的头脑也是不争的事实。面对着来自内部和外部多种因素的拉扯，如何在尊重价值基本特性（尤其是主体性）的基础上遏制价值共识的撕裂并建立适合中国国情的新价值共识，成为必须严肃对待的问题。

1. 澄清尊重价值的主体性不是价值相对主义

“具体的主体性是价值的独特本性和标志”[②]，这一本性意味着谈论价值就离不开价值的主体，主体本身所具有的特点直接影响价值的特点，价值的特点一定反映着主体的内容。人与人之间、主体与主体之间各不相同的现实，必然导致价值的多元化。价值的主体性“是价值现象最突出、最典型、最重要，同时也最容易引起误解的特性或本性”[③]，这一特性极易与主观性混淆。但主体性绝不是主观性，尊重价值的主体性也绝不是价值相对主义。

“主观，是指主体的意识或思维状态”，是“为人的意识所固有的特性”，它依赖于人的意识而存在。主体性则不同，主体作为从事对象性活动的人，他首先是现实的存在者。那么他就拥有作为现实存在者所必需的全部属性和性质。也就是说，“主体性是指主体人各方面本性和特性的总和”。[④]将主观性与主体性混淆，实际上是犯了把人的意识当作人的本质甚至全部属性的错误。的确，“人是有理性的动物”“人的本质在于能思维”等西方哲学观念已被广泛接受，在高扬理性、强调人的尊严和地位的同时也散播了唯心主义的种子。“人们已经习惯于用他们

① 江泽民:《论党的建设》，中央文献出版社 2001 年，第 465 页。

②③ 李德顺:《价值论》，中国人民大学出版社 2007 年，第 102 页。

④ 李德顺:《价值论》，中国人民大学出版社 2007 年，第 45 页。

的思维而不是用他们的需要来解释他们的行为”①，这种唯心史观完全没有意识到“人的本质不是单个人所固有的抽象物，在其现实性上，它是一切社会关系的总和”②。唯物史观并不否认人的意识、精神、思想的存在及其能动作用，而是强调人的精神存在不是凭空产生的，也不是上帝给予的，是自有其存在的客观基础的。首先，人的精神是“头脑的机能”③，这是精神产生的客观生理基础。其次，人的精神世界和价值观的形成不得不受到人的社会存在，即人的需要、社会背景、成长经历、个人能力等客观因素的影响与制约。作为现实存在的主体（人），不是抽象的精神的化身，而是思维与存在、精神与肉体的统一。“因此主体总有自己的主观和客观，即依赖和不依赖于自己意识的方面。”④概言之，主体也具有客观性。

在价值主体性的探讨当中，实际上已经包含着达成价值共识的哲学基础，只要我们以科学的态度像审视客体一样审视我们人自身，就能把握。虽然价值具有主体性，主体之间的不同导致了价值的多元化，但主体之间并不总是相异的。人作为“类存在”必然有共同性，这建立在人的存在的普遍性之上，“人把自身当做现有的、有生命的类来对待，因为人把自身当做普遍的因而也是自由的存在物来对待……人和动物相比越有普遍性，人赖以生活的无机界的范围就越广阔”⑤。这些普遍性和共同性就为价值共识的达成提供了理论可能。这是对价值主体性全面的、辩证的理解。而片面地将价值的主体性误认为是主观性，必然会忽视价值形成的客观基础而走向价值多元主义。价值多元主义看到的是各个不同却又抽象的人，而不是具体的人。任何具体的人进行价值思考的时候，都要依赖于他的大脑，而人类的大脑具有相似的构造，并且，现实的人的思维和行动都受到他自身所处的环境的深刻影响，摆脱所有的客观因素的制约而活动的是“幽灵”而不是现实的人。所以现实的人在任何情况下都不可能做到绝对的主观，也不可能做到绝对的不同。从此角度，我们可以说，世界上没有完全不同的两个人。价值相对

① 《马克思恩格斯选集》第三卷，人民出版社 2012 年，第 996 页。

② 《马克思恩格斯选集》第一卷，人民出版社 2012 年，第 139 页。

③ 《列宁全集》第十八卷，人民出版社 2017 年，第 87 页。

④ 李德顺：《价值论》，中国人民大学出版社 2007 年，第 48 页。

⑤ 《马克思恩格斯文集》第一卷，人民出版社 2009 年，第 161 页。

主义忽视了人作为“类存在”所具有的共同尺度。基于共同的尺度，不同主体对事物有着相异的看法，但这并不排除在较为宏观的意义上，不同主体之间有共同的需求和利益，进而孕育出价值共识。

唯物史观认为人只能在实践基础上建立起来的社会关系中存在，而价值观作为观念不过是社会存在在头脑中的反映。因此在一定范围内的协作生产和相互交往就提出了达成价值共识的需求，也提供了达成价值共识的实践基础，同时相互联系的生产和交往为在一定社会范围内不同的人提供了共同的价值对象。当然，价值的主体性决定了不同主体对待同一对象可能有不同的看法，“然而，差异和冲突的存在正是因为有更基础的统一性以及共同的价值前提。在全然不相干的事物之间，便无所谓参与冲突。也正因为此，在现实生活实践中，往往是有差异和冲突各方之间，才需要寻求共同点”①。没有差异就没有共识，差异与共识是辩证的统一体，冲突不是倒向价值相对主义而放弃构建价值共识的借口，相反，它是对价值共识的召唤。价值共识的达成的确是件难事，它一方面要面对不同的利益诉求所导致的价值多元化现状，同时又要在纷繁错杂的社会现象中抽丝剥茧地抓住人们所认同的共同利益，再以哲学的方式提炼可以恰当反映共同利益的价值共识。这一切的工作，都需要回到马克思主义哲学始终都在强调的“实践”中。找寻当代中国的共同价值和达成价值共识的路径，需要深入到当代中国的现实生活当中。

2. 反思当代中国人的价值方位

西方价值观生长于西方历史的深厚土壤之中，受到西方地理环境、文化、生产方式、宗教等因素的熏染而有了今天的内容。西方人在此基础上达成的价值共识与他们所生活于其中的社会存在相适应。近代以来，中国人经历了对西方从器物到制度再到思想的学习过程，对西方思想的崇拜在改革开放后随着市场经济的发展而复燃。但现实表明，使西方的价值观脱离其生长的土壤而嫁接到中国人的头脑当中是行不通的，更何况西方价值观在今天也暴露出了难以解决的问题，与

① 孙伟平:《价值哲学方法论》，中国社会科学出版社2008年，第228页。

我国的意识形态相悖。以“自由”为例，西方资本主义环境中的自由，首先是商品买卖的自由，这是私有制和商品经济的基础。根据乔治·布伦克特（George G.Brenkert）的观点，“由于私有制只是促使人们在对象和关系中抽象虚伪地将自我对象化，因而，私有制是对自由的否定”①，自由又走向了自己的反面。这与“人的自由而全面的发展”的目标相违背。其次，西式自由是对“人的依赖关系”的超越，人与人之间不再有人身依附关系，这为资本家用原始积累起来的资本自由地雇佣劳动力提供了前提，从而建立了“以物的依赖性为基础的人的独立性”，其本质是资本对人的支配。自由变质为资本人格化后的自由和作为劳动者的人的不自由。马克思在《1844 年经济学哲学手稿》中对在如此生产关系里诞生的怪胎——异化劳动进行了鞭辟入里的批判，并在《资本论》中以“拜物教理论”为切口继续反思。西式自由所暴露出来的问题与我国的社会主义性质及共产主义目标相违。再次，西方选举投票的自由在金钱的粉饰和资本的操弄下变成了资本施展魔力的对象，投票的自由实际上是对金钱的崇拜。这与我国人民当家作主的社会主义民主政治的本质特征相异。

历史是甩不掉的包袱，同时也是宝贵的财富。中国传统价值观根源于中国源远流长的历史本身，反映了几千年来中华民族的思维方式、生活习惯、情感样式，早已经潜移默化地蕴含于人们的日常生活当中。传统价值共识也经千年的洗刷和考验而具有稳固性和延续性，即便是中国社会经历了翻天覆地的转型，它仍化身为一种潜在的文化背景，以巨大的惯性影响着人们的思维方式和生活方式。来自共同实践的历史回忆和文化语境为中国人深层次的思想交流奠基。并且，在伽达默尔看来，语言同人们之间的相互理解有着根本的联系。统一的汉语语境，一方面为达成价值共识提供了语言基础；另一方面也继承着在汉语语境中形成的文化传统，并潜移默化价值共识的达成。

彻底洗刷千年来中国传统文化对我们的浸染而走全盘西化的道路，已经被历史和理论证明了其不可行性。回首过去，达成新的价值共识需要明确以中国人为主体，自觉传承并汲取历史文化资源中的宝贵财富；放眼现代，在借鉴西方合理

① ［美］乔治·布伦克特著：《马克思论自由和私有制》，张娜译，《国外理论动态》2015 年第 3 期。

价值观的同时必须立足于中国的当代实践进行思考与构建。概言之，“一个民族、一个国家的核心价值观必须同这个民族、这个国家的历史文化相契合，同这个民族、这个国家的人民正在进行的奋斗相结合，同这个民族、这个国家需要解决的时代问题相适应”①。

3.“社会主义核心价值观”作为当代新价值共识的合理性

首先，社会主义核心价值观作为当代中国社会的价值共识具有坚实的实践基础。“人是具体的历史的实践动物，人们之间的共同点也总是具体的、历史的，在实践中形成和把握着的，不可能离开了人的具体实践去把握价值。”②从上文的理论分析中不难看出，价值共识的达成有现实需要的呼唤与驱动，也有切实的困窘与梗阻。摆脱理论上进退维谷的唯一方法就是深入到现实生活的实践当中找寻答案，“社会生活在本质上是实践的。凡是把理论诱入神秘主义的神秘东西，都能在人的实践中以及对这种实践的理解中得到合理的解决”③。作出价值判断、达成价值共识的人无不是踏在现实的实践基础上，抽象的价值共识也以实践为理据。合格的价值共识应该体现对社会现实的关注，积极面向实践中所遇到的问题。在一定程度上，对现实社会实践中人们所遇到的重大问题的反映程度和解决这些问题的可行性程度，是衡量价值共识合理性的标尺。实践是检验真理的唯一标准，也是检验价值共识合法性的最高标准。改革开放至今的这段历史时期内，中国在稳步进行社会主义现代化建设的历史实践中，维系着生产方式的连续性和稳定性，这为价值共识的自然生长提供了社会土壤。从这片土壤中生长起来的社会主义核心价值观，反映了新时代中国人的实践面貌和我国的社会性质。社会主义核心价值观从宏观国家到微观个人，正面回应了在国家、社会、个人三个层面的实践中所遇到的重大问题，指导着实践的下一步发展，并且将继续接受实践的检验。作为当代中国新价值共识的社会主义核心价值观从中国特色的实践中产生，并通过接受实践的检验而不断发展和完善。可以说，社会主义核心价值观的形成

---

① 习近平:《青年要自觉践行社会主义核心价值观》,《人民日报》2014年5月5日。

② 李德顺:《价值论》，中国人民大学出版社2007年，第473页。

③ 《马克思恩格斯文集》第一卷，人民出版社2009年，第505—506页。

过程与新中国发展的历史实践和老百姓日常实践是同向同行的，现实地回答了“‘我’，如何成为‘我们’？‘我’，能否成为‘我们’”①的问题。

其次，社会主义核心价值观作为价值共识有共同利益为其背书。实践是“事物同人所需要它的那一点的联系的实际确定者”②，共同的社会实践塑造了不同主体间需求的一致，也塑造了共同的利益，“这种共同利益不是仅仅作为一种‘普遍的东西’存在于观念之中，而首先是作为彼此有了分工的个人之间的相互依存关系存在于现实之中”③。共同利益的一致程度，直接决定着价值共识的牢固程度。倘若某一共同体内部没有共同的利益或者利益相冲突，那么各自秉持的价值追求就具有不可通约性，彼此之间的价值共识就是水中捞月。对于一个国家来说，不同个人、不同地域、不同民族之间都有各自的利益追求。如何协调、整合趋向于不同方向的利益追求为一个合力，是达成价值共识必须要考虑的问题，同时也是衡量一个价值共识的标准之一，毕竟“人们为之奋斗的一切，都同他们的利益有关”④。社会主义核心价值观无论是在国家层面的富强、民主、文明、和谐，还是在社会层面的自由、平等、公正、法治，或个人层面的爱国、敬业、诚信、友善，都以每一个社会成员的切身利益为出发点和落脚点。“国家层面的价值目标指向全社会的共同利益……社会层面的价值原则维护的是每个人的利益……个人层面的价值规范是对所有人的要求，遵守这些规范不会给个人带来损害，相反会增进个人的利益，特别是有助于个人的自我实现。”⑤总之，社会主义核心价值观聚焦于中国人民所追求的共同利益，是团结华夏儿女的“最大公约数”。

再次，社会主义核心价值观立足于中国的现实实践，借鉴了西方价值观的合理要素，继承了中国传统价值观的优秀因子。例如“富强”价值观就继承了“国富兵强，则诸侯服其政，邻敌畏其威，虽不用宝币事诸侯，诸侯不敢犯也”（《管子·形势解》）的传统理念。“国富”与“民强”在中国文化史上总是相伴出现，认为两者相一致的逻辑受大一统国家千年历史影响而深入人心，并在社

① 樊浩：《中国社会价值共识的意识形态期待》，《中国社会科学》2014年第7期。

② 《列宁全集》第四十卷，人民出版社2017年，第292页。

③ 《马克思恩格斯选集》第一卷，人民出版社2012年，第163页。

④ 《马克思恩格斯全集》第一卷，人民出版社1995年，第187页。

⑤ 兰久富：《倡导社会主义核心价值观的理论前提》，《哲学研究》2014年第8期。

会主义核心价值观中得到了批判性的表达。与中国古代不同，社会主义核心价值观强调的“富强”，不仅强调“国”的强大，而且重视“民”的家给人足和物阜民丰。而“民主”概念则是对西方价值观的批判性借鉴，西方的民主只是少数人有钱人的民主，与此相对应的则是大多数劳动人民被动地接受资本独裁的社会现实。但社会主义核心价值观所强调的“民主”不同。马克思、恩格斯明确指出：“过去的一切运动都是少数人的，或者为少数人谋利益的运动。无产阶级的运动是绝大多数人的，为绝大多数人谋利益的独立的运动。”①它突出强调了“人民当家作主”这一社会主义民主政治的本质特征，根植于中国的现实实践和基本国情。建立在生产资料公有制基础之上的民主避免了成为“资本的附庸”而具有更为普遍和真实的性质。

最后，社会主义核心价值观是通过合乎理性的过程而形成的价值共识。中国传统的价值共识的达成大多采用“外推式”的方法进行，这种方式的运用无意识地跳过了对不同人的具体实践的考察，而预先设定了自身与他人性质的一致，忽视了不同人所处的具体处境的不同，更忽视了价值的主体性，在理论与实践上遇到了种种问题。②但我们同时也要看到，“外推式”也有其可取之处。③在纯粹理想的交谈环境缺失的状况下，一味地追求考虑和征求所有人的意见是不现实的，而且也会遇到同哈贝马斯的“商谈伦理学”相同的问题。社会主义核心价值观作为由权威提出的价值观念，其作为普遍认同的价值共识的可行性就在于，它扎根于中国人民的现实的历史的生活实践当中，尽可能地反映了人民的需要和权益，维护着人民的现实利益，指向最广大人民群众的共同利益。社会主义核心价值观有其“内生”的现实因素，这些因素被整合、理顺、凝练为一种价值共识，以“外推”的方式普及到有共同的历史背景、生活境遇、实践基础的人们心中，成为一种合理、实际、有效的价值共识。

【执行编辑：刘　冰】

---

① 《马克思恩格斯选集》第一卷，人民出版社 2012 年，第 411 页。

② 参见李德顺：《价值论》，中国人民大学出版社 2007 年，第 476—478 页。

③ 参见孙伟平：《价值哲学方法论》，中国社会科学出版社 2008 年，第 245—249 页。

价值论基础理论研究

Research on Basic Theory of Value

价值的基础与生成

江 畅 魏 敏*

【摘 要】宇宙中任何一事物的存在都需要他事物提供的价值，同时也会给他事物提供价值。万物的生灭变化过程实质上就是一个一事物在与他事物相互作用的过程中获取价值和贡献价值的过程。人类像宇宙万物一样既需要他事物提供的价值，又能够给他事物提供价值，但人类对更多层次事物的依赖使人类价值的基础更为深厚，对同类更强的依赖使同类之间的价值关系成为现实的价值基础，而人类特有的自为性使人类成为价值主体并因而成为价值源泉。与宇宙不同层次的事物不同，人类不仅有自己的需要，而且能够使自己的需要对象化。需要对象化推动人类文明的整体进步，使人类朝着一体化、现代化、科技化方向加速迈进。事物之间的价值关系一旦建立起来，一事物就获得了价值，他事物就贡献了价值，也有可能双方同时既获得价值又贡献价值。这种价值关系形成的过程是一个从潜在价值到现实价值的过程，实际上也就是价值生成的过程。

【关键词】 价值基础；价值生成；价值关系；需要对象化；潜在价值

在宇宙中，为什么一事物会对他事物有价值？或者说，为什么事物之间会普遍存在价值关系？这个问题就是价值的基础或根据问题，也可以说是价值的源泉问题。人类的价值基础与万物是相通的，但有其特殊性，即人类能以需要为尺度衡量价值，并能使需要对象化。事物具有的价值基础使事物具有潜在的价值，但

* 江畅，华中师范大学政治学部教授，湖北大学哲学学院教授、博士生导师，教育部长江学者特聘教授，研究方向为西方价值论和伦理学；魏敏，湖北大学哲学学院博士研究生，研究方向为价值论。

使潜在的价值变成现实的价值，既需要条件，也需要动力。价值的基础和生成问题不单纯是一个价值的形而上学问题，也是一个对于人类有实际意义的问题。弄清楚这些问题可以增强人类作为价值主体的自觉性。

一、万物价值的基础

宇宙万物从生成开始到消亡都需要来自他事物的价值，而它的存在也会给他事物提供价值，整个宇宙中的万物都处在这样一种十分复杂的价值关系网络之中。这就提出了宇宙中的事物既需要他事物的价值，又能够给他事物提供价值的价值基础或根据问题，或者更一般地说，提出了宇宙中事物具有的价值来自何方的价值源泉问题。价值的基础问题，国内价值论界多有讨论，但较多局限于人类价值，较少涉及万物价值；较多关注事物本身，较少关注事物之间的关系。我们认为，价值论谈价值的基础必须着眼于宇宙万物，着眼于万物之间的相互作用关系。从理论上看，它涉及三个问题，即万物何以需要价值、万物何以能提供价值、万物何以在这种需要价值与提供价值之间形成有效的价值关系。这三个问题又可以归结为这样一个问题：万物何以会生成、存续和消亡。从价值论的角度看，万物的这样一个生灭变化过程实质上就是一个一事物在与他事物相互作用的过程中获取价值和贡献价值的过程。

对于这个问题，哲学特别是古代哲学通常从本体论的角度间接地做出过不同回答。比如，老子认为，宇宙万物源自“道”，即所谓“道生一，一生二，二生三，三生万物”(《老子》四十二章)。万物都生于道，在本性上是相通的，而本性得到实现就是“德”，万物因“道”和“德”而相互有利而不相害，从而构成和谐的宇宙。苏格拉底把“善”视为宇宙的本体，万物都追求善。柏拉图则在此基础上把善理念作为终极实在，它是其他一切理念及一切现象的终极追求。根据他们的构想，宇宙因为万物追求善而普遍和谐。有些宗教也承认宇宙中的事物彼此存在着有利性。基督教就认为，人类是上帝的宠儿，上帝创造了人之后又创造了宇宙万物，上帝创造宇宙万物是供人驭使的。在哲学史上，对于万物何以会生成、存续和消亡问题做出最充分回答的是中国传统的气论。

气论是中国传统哲学的一种本体论（本根论），也可以说是中国传统本体论的一个部分。张岱年先生说："最早的本根论是道论，以究竟理则或究竟规律为宇宙本根。继之者为太极论，以阴阳未分之体为宇宙本根。其后乃有气论，以无形物质解说一切。气论是太极论之发展，而其气的观念，则可以说出于道论。"[①]张先生实际阐明了三种中国传统本体论之间的关系。气论的思想源头应在《易经》。《周易·系辞上》有一个著名的说法，即"一阴一阳之谓道"。这里所说的"阴""阳"实质上就是气。这一点在《老子》四十二章可以得到证实："万物负阴而抱阳，冲气以为和。"按这种说法，阴阳就是两种气，它们交冲、激荡就使事物达到和谐状态。

气论直接源自太极阴阳论。《周易·彖传》以乾元与坤元为宇宙万物之本根，乾元即阳，坤元即阴。"大哉乾元，万物资始，乃统天。""至哉坤元。万物资生，乃顺承天。"这话的意思是，乾为天之本性，万物所资以始；坤之象为地，万物所资以生；有乾元坤元，乃万物生。《周易·系辞上》则进一步在阴阳之上统以太极："易有太极，是生两仪，两仪生四象，四象生八卦。"这里的"易"指宇宙变化的历程，"太极"指至高无上的本始。这句话是说，宇宙的变化过程是由太极而始，太极生阴阳，阴阳生四时，四时生天地雷风水火山泽（乾坤震巽坎离艮兑）。北宋周敦颐的《太极图说》将其发展成为一种以太极阴阳为主要观念的本体论。其基本观点认为，宇宙最初只是一无极，由无极而太极，由太极之动静而有阴阳二气，阴阳变化乃生五行，由阴阳五行乃生出万物。北宋的邵雍则进一步明确将道与太极关联起来，认为太极就是道。"道为天地之本，天地为万物之本。"（《观物内篇》）"道为太极。"（《观物外篇》）

气论的集大成者是张载。他认为气是最根本的，气即是道，非别有道。他所说的道与老子所说的道意义不同：老子所谓的道，指天地万物的本根、本原；张载所谓的道，则指存在或变化的历程。[②]"由气化，有道之名。"（《正蒙·太和》）在他看来，宇宙一切皆是气，更没有外在于气的；气自本自根，更没有为气之本的。总合未分之气，名为太和，即气之全。太和之气变化流行之历程即是道。当

① 张岱年：《中国哲学大纲》，中国社会科学出版社 1982 年，第 90 页。

② 参见张岱年：《中国哲学大纲》，中国社会科学出版社 1982 年，第 42 页。

气聚时，有形而可见；气不聚时，无形而不可见。有形固是气，无形亦是气，显明而隐幽皆是气。气推荡不已，而聚散不定。张载把气未聚而无形的状态称为太虚。太虚就是天。太虚虽无形无状，但却是实有。太虚就是气之原始，气之本然。气之本然而恒常状态是太虚，气之聚散倏忽不定是客形。太虚凝而成气，气聚而成物；物散而为气，气复散而为太虚。虚气物三者，虽有差异，但实质上是同一的。宇宙皆是气，而气有其内在的本性。此本性乃浮沉升降动静相感之性，实际上就是能变之性。因有此性，乃发生无穷之变化，其初虽几微易简，最终则生成广大坚固之一切形态。总之，按照张载的气论，气本为太虚，而其中含有变化之性，于是屈伸升降，而成阴阳二气，阴阳交感，聚散屈伸，乃生万物。

中国传统的气论实际上是一种宇宙生成演化论。从价值论的角度看，它是把气作为一种本原价值或绝对价值，万物因气聚而获得其存在价值，因气散而丧失其存在价值。事物生灭变化的动力来自气之能变之性，这种性作为一种能量，实际上也是一种价值。气论解释了事物价值的获得和丧失，但没有解释事物之间的价值关系，这是气论的最大局限。西方的各种本体论虽然也都对世界万物的生灭变化作了各种解释，从不同角度阐释了万物的价值源头，但也没有解释万物彼此之间的价值关系。近代的机械唯物主义虽然注意到了宇宙中物体之间的关系，但把这种关系看作是单纯的因果必然关系，既没有看到它们之间的相互作用，更没有看到它们之间在价值上的彼此依赖关系。由此看来，人类哲学史上各种哲学理论实际上都没有解决，甚至根本没有注意到这样一个问题，即宇宙事物之间由一事物从他事物获取价值的同时又为他事物贡献价值形成的价值关系。与哲学和宗教相比，现代科学也许能够对这个问题提供较令人信服的回答。

现代宇宙学认为，宇宙的本源是一个致密炽热的"奇点"，奇点发生大爆炸后开始了宇宙演化的过程，经过约137亿年，宇宙演化成了今天我们看到的面貌。在这个演化过程中出现的一切事物都在宇宙系统中有自己的位置，成为宇宙系统中的不同个体。个体构成了不同层次、不同类型的系统，个体本身也是系统。现代耗散结构理论认为，一个系统要存在下去，必须是远离平衡态的开放系统，也就是必须不断地与外界交换物质和能量。而且，在外界条件变化达到一定阈值时，系统可以通过内部的作用产生自组织现象，使系统从原来的无序状态自发地转变为时空上和功能上的宏观有序状态，形成新的、稳定的有序结构。根据耗散结构理论，不同系统之间存在互利关系，离开了互利，既不能产生新的有序系统，也会使原有的系统从有序走向无序。现代宇宙学、耗散结构理论以及系统论、协同论等现代科学理论都告诉我们，宇宙中所有事物都会不同层次、不同方面、不同程度地满足其他事物的需要，具有对他事物的有利性，因而也就成为价值载体（价值物）。从这个意义上看，宇宙中的一切事物都具有价值属性，就是说价值属性是普遍存在的。宇宙事物的价值属性归根到底是宇宙演化造成的。宇宙的演化产生了宇宙间的各种事物，而产生它们的时候就使它们彼此处于价值关系之中，每一事物对他事物都具有有利性。于是，宇宙万物实际上就是由价值关系联结成的一个立体的庞大系统。

现代科学理论在一定意义上印证了老子道德论的正确性，“奇点”就类似于“道”，不仅是宇宙万物的始点，也是它们的本性或根脉。这就决定了宇宙万物就像血缘相同、血脉相通的兄弟姊妹，它们之间的关系原本是“手足”关系，也许正是基于这种认识，孟子要求“亲亲而仁民，仁民而爱物”(《孟子·尽心上》)，张载主张“民胞物与”(《西铭》)。如此，价值论与本体论就贯通了。从本体论上看，宇宙万物既有共性，又有个性。演化程度越高的事物，分享的共性层次越多，如人类就分享了物性、生物性、动物性几个层次的共性。但有两点是值得注意的：一是宇宙中任何一个事物都具有同一个共性，即物性，哲学上称之为存在性。二是宇宙中每一个高层次的共性都以低层次的共性为基础，个性则以共性为基础。根据这种本体论的看法，事物不仅存在着科学意义上的相互联系，而且存在着本性之间的内在联系。

从价值论上看，事物的这种本性之间的内在联系并不是纯粹抽象的，更不是空虚的，而是有实质性内容的。这种实质性内容就是每一事物的存在在本性上是对他事物有价值或有利的，在这种有利性的基础上，高层次本性与低层次本性之间基于最低层次本性相通而存在着相互依赖性，同一层次不同本性之间也存在着相互依赖性。这两种依赖性都是相互的，这种基于事物本身有利性的相互依赖关系就是事物之间的价值关系，也是每一个事物能够贡献价值又需要获得价值的根据。不可否认，宇宙中客观上存在着一事物对他事物的伤害，但这并不是由事物本性决定的，而往往是事物自发活动导致的消极结果，即使有意所为也是与其本性相违背的（如人的犯罪行为就违背了人的本性）。

二、人类价值基础的特殊性

人类像宇宙万物一样，既需要他事物提供的价值，又能够给他事物提供价值。就其价值基础而言，人类也像万物一样，其独特本性存在着对其他低层次事物本性的依赖性，以及同一层次本性之间也存在着相互依赖性。但人类这两个方面的依赖存在着特殊性，人类的价值基础因而也与万物有很大的不同。

首先，人类对更多层次事物的依赖使人类价值的基础更为深厚。我们把宇宙事物划分为无机物、低等生物界（包括原生生物界、原核生物界、真菌界）、植物界、动物界和人类五大层次。人类价值对前四个层次的每一个层次都存在着依赖关系，而前四个层次只有在某种程度上依赖人类，这是人类价值基础与其他层次事物的显著不同。

人类是宇宙所有事物中依赖性最强的种群。无机物的本性是存在性，不存在对低层次事物的依赖；低等生物的本性是自养性，它要依赖作为低层次事物的无机物；植物的本性是自成性，它的需要的满足要由无机物和低层次生物提供；而人的本性包含存在性、自养性、自成性、自寻性，它所需要的价值来自无机物、低等生物、植物和动物。其中任何一个层次的事物发生问题，人类的生存就会受到威胁。比如，人类需要阳光，而阳光是一种来自无机物的价值物。假如人类没有阳光，就会像万物一样不能存活。动物、植物、低等生物没有人类照样能够生存而且会生存得更好，但人类却离不开宇宙中每一层次的事物，它们都是人类生存的价值物。这是人类价值迥然不同于宇宙中其他层次事物的地方。

人类对无机物、低等生物、植物和动物的依赖既有直接依赖又有间接依赖。人类直接依赖日地月系统，也直接依赖所有层次的生物。比如，在新冠病毒肆虐期间，各国都注意到疫苗的重要性，抗御新冠病毒的疫苗就是生物制剂。历史上，青霉素的发明不知挽救了多少人的性命，如果没有这些抗生素，人类不知道是否能继续存在下去。人类对动植物、矿物等的依赖更不用说了。人类依赖每一个层次的事物，其他每一个层次的事物也依赖于更低层次的事物。人类依赖动物，动物依赖植物。没有植物作为食物，即使是肉食动物，其存在就很快维持不下去。那些寸草不生的沙漠动物就极难生存。

人类对低层次事物的依赖在相当大的范围是人类自己造成的，是人类作为价值主体作用自然的结果。与其他层次的事物不同，人类对低层次事物的依赖并不全是人类一诞生就是如此的，而是人类作为的结果。人类最早居住在山洞里，没有任何房屋。如果人类一直满足现状，世界上就不会有今天这样如此之多的建筑。人类不愿长期在山洞住下去，而要努力建造住房。盖住房就需要木材，就需要土壤，需要有机化的土地。人类因为自己需要的范围不断扩大、程度不断加深而去推动人与自然环境建立更广泛、更有深度的联系。假如人类像动物一样凭四肢出行，那就不需要汽车，也就不需要钢铁，也就不会有对无机物铁矿的依赖。人类在拓宽和加深与自然对接的同时，也就强化了人对自然的依赖，对低层次价值的依赖。

其次，人类对同类更强的依赖使同类之间的价值关系成为现实的价值基础。宇宙事物每一大层次都对同类存在着依赖，但人类对同类具有极大的依赖性。人的社会性就是这种依赖性的集中体现。无机物也存在着对同类的依赖，如地球对太阳就存在着依赖。低等生物、植物、动物都存在对同类的依赖，这种依赖既体现在繁殖抚养等方面，也体现在食物链的关系上。但人类的依赖具有根本性和广泛性。人类原本是群居动物，原始人群、氏族依靠血缘关系联系在一起，离开了血缘纽带联系在一起的群体，单个的个体就无法生存。人类在漫长的进化过程中，特别是随着智能的发展，逐渐意识到群体的力量可以更好地保障生命安全和存续。于是，人类对同类的依赖逐渐从血缘群体（氏族部落）扩展到非血缘的共同体（国家），今天又在进一步扩展到整个世界。到了当代，任何一个开放国度的个体都已经离不开全人类共创的现代文明。

宇宙中其他层次的事物对同类的依赖比较单一，通常也比较短暂，而人类对同类存在的依赖体现在许多方面，且贯穿人生的全过程。一个人生活在世界上，衣食住行无不依赖他人和社会，而要生活得幸福，要取得人生的成功，对他人和社会的依赖程度就更深。没有病人，就没有医生；没有臣民，就没有国王。这些道理显而易见。全球一体化使人需要的一切价值都与整个人类联系起来。在历史上一个人脱离了群体尚且能成为野人，但今天这种可能性几乎没有了。人类对同类的依赖，不仅体现为对他人（如父母、子女）的依赖，也体现为对不同层次的共同体的依赖（如家庭、社区、国家、世界等）；不仅体现为对同类提供的物质、能量、信息的依赖，而且体现为对同类提供的各方面服务的依赖。

虽然人须臾离不开同类提供的价值，但人们常对此缺乏意识，他们看到的往往是同类之间的竞争，许多人还卷入了同类之间的血腥倾轧和战争。这种情形不仅发生在陌生人之间，而且发生在熟人甚至朋友、亲人之间。人类历史上发生的无数手足相残、弑父杀兄的事例有力地说明了这一点。同类之间手足相残在动物世界也存在，人们称之为“丛林法则”，但在人类中达到了惨绝人寰的程度（如纳粹屠杀犹太人、两次世界大战）。人类先贤早已指出过“四海之内皆兄弟”(《论语·颜渊》)、“亲亲而仁民，仁民而爱物”(《孟子·尽心上》)，但直到今天社会仍然普遍盛行所谓的“丛林法则”。这是一个值得高度重视的问题。

最后，人类特有的自为性使人类成为价值主体并因而成为价值源泉。人类依赖性虽然增强了，但通过进化获得了日益发达的智能，因而成为自然界的价值主体和人类价值的创造者。

在宇宙演化的过程中发生了两次并非必然的大事件：一是生命的出现，二是人类的诞生。在一定意义上可以说，生命的出现类似上帝为人类创造的生存环境，其真正的意义是孕育人类并为人类不断进化提供源源不断的滋养。经过数十亿年的进化，生物系统为人类诞生创造了条件，而人类诞生的标志就是人类创造了自己获取价值的工具——石器。经过300万年左右的进化，人类创造了无数种类的工具，并运用工具创造了人类所需要的其他价值。这样一种生物进化过程中发生的革命性变化使人类从自然的产儿变成了自然的主人。今天，生物进化不再是“自然选择”的过程，而是成为由“智能设计”(赫拉利语)控制的过程。

人类源自生物但高于生物，这已是不言自明的事实。无论今天动物权利主义者如何强调动物应享有与人类平等的权利，但即使动物真正享有这种权利，也只能由人类来赋予。人类之所以会高于生物，主要是因为人类在诞生后逐渐获得了加速度发展的智能。人类有了智能才在生物的自生性之上衍生出了自为性，并且伴随着智能的增强，人类的自为性也不断增强。人类的自为性是在社会中获得的，自为性与社会性相伴相随，水乳交融，由此人类获得了主体性，成为宇宙中的价值主体。当然，这里所说的宇宙并不是宇宙学意义上的宇宙，而是人类生活的宇宙，最大的范围不过在日地月系统之内，实际上就是我们通常所说的自然界。这里说的“价值主体”是指在宇宙范围内唯有人类可以根据自己的需要衡量价值、利用价值并创造价值。

人类作为价值主体，不再像宇宙万物那样顺其自然，而是不断改造自然，创造能够满足自己需要的事物，从而成为人类所需要的价值的最重要源泉。人的主体性或自为性以及社会性实际上就成为人类价值的主要基础。不可否认，人类价值离不开自然万物，自然万物也是人类价值的源泉和基础，但它们都是被动的、惰性的，它们的价值实现完全取决于具有主体性的人类。到了当代，人类的需要与满足需要的价值物之间的价值关系完全是由人自觉构建起来的。离开了人的主体性作用，这种价值关系就会崩溃，人类与自然万物的那种原初价值关系也不可能恢复。就是说，今天人类如果不发挥价值主体的作用，其生存就会陷入绝境。这是生物进化不可逆法则或多罗法则决定的。这一法则告诉我们，当人类进化到了成为自然的价值主体的阶段，就必须通过充分发挥主体作用来解决自己所需要的价值问题，也必须对自己构建的价值关系及其后果负责。

以上人类价值基础的几种特殊性都会对人类价值产生正反两方面的效应。人类对更多层次事物的依赖，一方面使人类成为高贵者，成为宇宙万物的价值主体，成为自然环境的控制者；另一方面也使人类的价值更为脆弱，任何一个低层次事物发生大的问题都会直接威胁人类的生存和价值。2020 年的新冠病毒感染就是处于生物最低层次的病毒大暴发导致的全人类灾难。人类对同类的依赖性更强可以使人类形成合力，这种力量远远超过一定社会范围内所有人力量的总和。例如，长江三峡大坝不可能是由任何个人建造的，也不是中国所有人的单个力量加在一起所能建造的，它是作为整体的中国调动各种相关力量有组织地建造的结果。但是，在人类基本共同体分离甚至对立的条件下，人类对同类的依赖性越强，越有可能导致不同共同体之间的价值冲突频发和加剧，进入文明社会以来的人类历史已经清楚地证明了这一点。人类特有的主体性可以使人类创造更多能够更好地满足自己的价值的事物，从而使人类更美好地生活。但是，主体性不断增强也有可能使人类忘乎所以，肆意妄行，自毁根基，忽视甚至破坏自己对低层次事物的依赖。今天面临的生物多样性迅速减少、重大瘟疫大范围流行、环境污染日益严重等问题，主要就是由于人类成为自然的不受约束的主人和人类价值的主体而导致的。

三、需要对象化及其意义

宇宙不同层次的事物都有自己的需要，但人类之外的事物没有意识，也缺乏自为性，不能使需要对象化。与所有其他事物不同，人类有意识和自我意识，既有自为性也有社会性，因而人类能够使自己的需要对象化。能使自己的需要对象化，使对象变成满足自己需要的价值物，这是人类成为宇宙的价值主体、成为人类价值的创造者的主要标志。人所需要的价值物只有少数是纯粹自然的，如空气、阳光、雨水、大地、天空等，而绝大多数要通过人的主体性活动使之对象化来获得。从人类历史的发展看，人类需要对象化的范围越来越广，无需对象化的价值在其中所占的比重越来越小。需要对象化对于人类价值和幸福的实现具有极其重要的意义。

什么是需要对象化？需要对象化就是人根据自己的需要并以需要为尺度去利用、改造和创造事物，使之成为能够满足自己需要的价值物。这里涉及四个方面的问题：一是人类为什么要使自己的需要对象化，二是谁来将需要对象化，三是对象化的需要是什么样的需要，四是人怎样使需要对象化。

人类原本像其他动物一样是自然进化的结果，环境能够给人类提供基本给养。如果人类像其他动物一样安于现状，也就不会有需要对象化的问题。然而，生物进化到出现人类这一物种时，基因发生了突变，人不仅要像其他动物那样生存下去，而且要生存得好，生存得更好。于是，谋求生存得更好就成了人的本性。人的这种本性要求有更多更好的事物来满足自己的需要，在追求需要满足的过程中又不断地扩展和深化自己的需要。随着人口的不断增长，人类的需要总量也相应增长。然而，自然界给人类提供的满足需要的事物却非常有限，而且大多是人类不能直接消费的。这样，随着人类的进化，资源和需要之间的剪刀差就越来越大。

针对这种情况，人类通常采取两种方式：一是采取各种措施扼制人类及其需要的增长。历史上各民族都倡导节俭，中国曾实行的计划生育，历史上连绵不断的战争，都是人类自觉或不自觉地控制人口及其需要增长的措施。二是在利用自然事物之外改造自然事物，并创造宇宙中不存在的事物，以更好地满足人的需要。传统社会通常采取第一种方式，其中，战争的主要目的是攻城略地，也就是争夺资源，但战争会导致大量的人口减少，这样客观上缓解了需要与资源之间的尖锐矛盾。传统社会在采取第一种方式的同时，也使用第二种方式。世界上各个古老的民族都有对自然事物的改造，也创造了许多自然界本来没有的东西。中国历史上的大禹治水就是对自然事物进行改造的典型事例，而万里长城则属于人类的创造物。近代以来，市场经济、产业革命和科技革命的交互作用极大地提高了人类改造自然事物和创造人为事物的能力，需要对象化便成为当代人类解决资源和需要之间矛盾的主要方式，在一定意义上也可以说是人类为了更好地生存而不得不采取的方式。

人类需要对象化的主要内容或任务是改造和创造事物，其主体通常不是个人，而是由一些人构成的集体或团队。随着市场经济的兴起和发展，企业逐渐成为需要对象化的主体。在传统社会普遍存在着个人改造事物和创造事物的情况。传统社会工匠所从事的劳动就是改造和创造事物的活动，如木匠做家具就是对木材进行的改造，陶匠制作陶器则是一种创造性的劳动。在现代社会，个人从事改造和创造事物的活动已经越来越少。在实物领域单个人的改造和创造几乎没有了，只有文化领域的个人改造和创造还普遍存在。比如，小说家写小说、画家绘画等都是创作作品，属于从无到有的创造事物范畴；剧作家将小说改编成电视剧可视为对事物的改造。集体尤其是企业作为需要对象化的主体，其重要特点是分工合作，不仅大大提高了人改造和创造事物的效率，更大大增强了人改造和创造事物的能力，从而能够改造和创造许多靠单个人或无组织的众人不能完成的事物。

需要对象化的尺度是人的需要，作为需要对象化结果的事物只有在能够满足人的需要时才能成为真正的价值物。人利用事物也好，改造和创造事物也好，都是有目的的，而这种目的所反映和体现的就是人的需要。改造和创造事物的目的实现了，需要也就对象化了。人的需要不断丰富和深化，特别是需要欲望化之后，欲望呈现出无限增长的趋势。人的欲望很多，而且经常会发生冲突，需要对象化不可能使每一种欲望都对象化，而只能将重要的、紧迫的需要对象化。人的需要可以划分为生存、发展和享受三大类，每一类又包括不同的方面。在人的这三大类需要中，生存需要属于最紧迫的需要，无论是社会还是个人都必须将生存需要的对象化放在首位。一个社会如果不能将其成员的吃穿住行需要充分对象化，社会就会陷入生存危机。随着人类文明的进步，人的发展需要也成了对象化的重要内容。今天，一个国家越是发达，越是重视人的发展需要的对象化。相对而言，人的享受需要的对象化是强度最弱的。但是，自 1929—1933 年第一次世界性经济危机以后，西方世界在“三高”政策的刺激下，开始盛行消费主义、享乐主义，在经济领域出现了以客户需要为中心组织生产和提供服务的市场营销观念。这种观念不仅考虑客户的生存发展需要，还考虑客户的享受需要。于是，享受需要对象化成为需要对象化的重要维度甚至主要维度。

人类使需要对象化有各种各样的具体方式，今天世界上的每一个企业都是以自己特有的方式使人的需要对象化。但总体上，需要对象化的方式无非三种，即利用自然事物、改造自然事物和创造人为事物。利用自然事物是人与其他生物共有的获得价值物的方式，但人与其他生物不同。其他生物是凭借本能利用自然事物，而人是按照自己的目的利用自然事物。人在利用自然事物的过程中还有智能的参与，不仅会做出选择，而且通常会尊重自然事物本身的规律，考虑人整体的、长远的需要，对自然事物取之有度、用之有节。因此，人对自然的利用是一种以自己的需要为尺度对待自然事物的方式，这实际上也就是使需要对象化的方式。有许多自然事物虽然对人有价值，但并不能直接满足人的需要，必须对它们进行改造之后才能适合人的需要或更好地适合人的需要。对事物进行改造是需要对象化的重要方式，在今天这种方式已经远远超出了直接利用的方式。改造的对象主要是自然事物，也有少数人为事物。许多制造产品更新换代可被视作改造，但改造的主要对象还是自然事物。例如，农业中的育种、嫁接、转基因、水利工程，工业中的煤、石油、天然气等部分矿产的加工，食品加工、皮革加工，等等。创造的实体事物主要有两类：一是制造品，如日常的用具；二是建造物，如房屋、桥梁、水坝等。自工业革命开始，人类创造的人为事物越来越多，今天人类使用的创造物可能占人们所使用物品的90%。从人类文明的发展趋势看，创造已经成为需要对象化的主要方式，创造的人为事物在需要对象化的结果中占据越来越大的比重。不过，创造也许永远不可能完全取代利用和改造而成为需要对象化的唯一方式。

需要对象化是人类特有的实践活动，这种活动之所以在人类进化中出现并不断发展，是因为它对于人类需要的满足和人类生活的不断改进都具有极其丰富而重大的意义。

第一，需要对象化是人类生活得越来越好的有效途径。人类自制造第一件石器起就开启了需要对象化的历史进程，也就开启了追求生存得更好的历史进程。人类诞生是以创造事物（石器）开始的，通过创造人为事物更好地利用和改造事物，使三者有机统一，相互促进。这三种需要对象化的方式都依靠人类发明、创新，通过需要对象化的三种方式的分别使用、交互使用和协同使用，人类获得了越来越多能够更好满足自己需要的事物。凭借这三种方式，人类不仅逐渐能够最大限度地利用自然界的现代资源，多方面、多层次地改造自然界具有潜在价值的事物，而且利用自然规律创造了许多自然界中原本不存在的许多能更好地满足人类需要的事物。事实证明，需要对象化已经使人类的生活越来越好，而且还将朝着更好的方向进步。正是通过这三种方式有效地开展需要对象化活动，人类不仅告别了茹毛饮血的历史，过上了有保障的温饱生活，而且不断向着方便化、舒适化、享受化的生活方向前进。今天的世界虽然存在着贫富差距，但生活得最好的那一部分人的生活预示了整个人类都将会过上美好生活的光明前景。所有这一切可以说都是需要对象化的功劳和效益。

第二，需要对象化在利用、改造和创造事物的过程中不断提升人的智能水平和综合素质。人们“在改造客观世界的同时改造主观世界”[①]，这一说法深刻揭示了人类在使需要对象化的同时，也在不断提供使需要对象化所需要的智力水平

① 《十五大以来重要文献选编》，人民出版社2001年，第1508页。

和综合素质。以创造人为事物为例。人类最初只能创造粗陋的石器，那是因为那时人类的智能水平很低。在漫长的历史过程中，人类谋求生存得更好的本性促使要制造出更好的工具，而要制造更好的工具，人就不得不想方设法提高自己的制造能力。久而久之，人类的智能水平逐渐得到提高。在人类智能水平提高的过程中，群体间的相互学习、交流和协作十分重要，从远古只能制造石器到今天能够制造北斗卫星导航系统。人类智能水平并不是单个人独自提高的，而是在人们共同劳动中通过相互作用、相互促进而得到提高的。人的智能本身有不同的方面，而智能又是人的心理、人格之中的一个要素，它会受到观念、知识、品质等要素的影响。人要提高智能水平，也必须使心理和人格中的其他要素得到相应提高，这样人类的综合素质也就得到了整体的提升。

第三，需要对象化为人类积累了大量的资源，为人类进一步将需要对象化从而更好地生存准备了越来越充足的条件。需要对象化是需要条件的，既需要客观条件也需要主观条件。即使是最初制造石器，也需要人类制造石器的意识和能力，需要适当的石材。人类需要对象化在给人类更好地生存提供所需要的价值物的同时，还积累了需要对象化需要的资源，包括主客观条件，而且随着人类文明的进步，所积累的资源越来越多。具体而言，需要对象化至少为人类需要进一步对象化提供了三方面的资源：一是硬件资源，如今天的工厂、铁路、公路、图书馆等设施，以及各种机器设备等；二是软件资源，如各种技术资料、图书、软件等中包含的知识，以及再生产知识和能力的教育等；三是人力资源，如科研人员、工程技术人员、人文学者、工匠等。随着文明的进步，需要对象化给人类积累的资源越来越丰富、越来越尖端，而且这些资源的积累与需要对象化水平的提升、美好生活水平层次的提高交互作用，为人类需要进一步对象化奠定了坚实的基础和良好的主客观条件。

第四，需要对象化推动了人类文明的整体进步，使人类朝着一体化、现代化、科技化方向加速迈进。需要对象化为人类文明进步所积累的资源，实际上也是人类文明进步的标志。人类文明就是人类在通过需要对象化实现人的美好生活的过程中实现发展的。近代以来，在市场经济、工业革命、科技革命等的强有力推动下，人类需要对象化加速度地朝着现代化、科技化的方向发展，而以资本扩张为强大动力的现代化和科技化又带来了人类一体化的重要结果。今天的人类文明已经不是几千年前星星点点地分布在地球各地的隔离化的古代文明，而是一体化的现代文明。这种文明时代的到来会进一步增强人类需要对象化的能力，而需要对象化能力的整体增强又将强有力地推动文明的进步。需要对象化以往最多只能聚一国之力，而今天可以聚全人类之力。今天的人类总人口多达 75 亿，如此海量人口的智慧如果能汇聚起来，必定会形成排山倒海的磅礴力量。如果把这种力量用来实现人类需要对象化，同时促进人类与自然的和谐共生，那么人类将会过上普遍而永久的幸福生活。

四、从潜在价值到现实价值

价值的基础在于事物本身有利性的不同层次和同一层次事物在本性上的相互依赖关系。这种关系在宇宙中是普遍存在的。一旦建立起来这种关系，一事物就获得了价值，他事物就贡献了价值，也有可能是双方同时既获得价值又贡献价值。那么这种关系是如何形成的呢？它的形成过程就是一个从潜在价值到现实价值的过程，实际上也就是价值生成的过程。事物的价值从潜在到生成的过程实际上与事物的生成过程相一致。因为事物的生成过程形成了一事物与他事物的关系，这种关系中包含着价值关系，甚至其实质内容是价值关系。

关于事物的生成过程，亚里士多德曾作过系统的阐述。在亚里士多德看来，宇宙中的个体事物就是实体，后来他又相对于构成事物的“形式”称之为“第一实体”，而把构成事物的“形式”称为“第二实体”。他认为任何个体事物的生成都有四种原因，即质料因、形式因、动力因和目的因。但这四因只有在人为事物中是彼此区别的，在自然事物中动力因和目的因都可以归结为形式因。于是，他又将四因归结为形式因和质料因这两个最基本的原因。形式因规定事物的本质，包含着事物发展的动力和目的，因此是积极的、能动的和决定性的因素，而质料因则是消极的、被动的因素。亚里士多德进一步认为，任何实体或个别事物都处于从潜在状态（潜能）到现实的运动过程中。潜能与现实的关系对应于质料与形式的关系。任何事物都是由质料和形式构成的，当质料尚未获得该事物的一定形式时，它就是处于潜在状态的事物，只有当它获得了这种确定形式之后，才成为现实的事物。潜能与现实并不是截然分割的，而是同一事物的两种不同存在状态，潜能不过是还没有实现或完成的状态。事物的生成过程就是从潜能向现实的转化过程，这个转化过程就是运动，是作为现实的形式吸引作为潜能的质料向自身的运动，形式就是运动动力。运动是正在进行的实现过程，现实则是已经完成了的运动结果。亚里士多德称之为“隐德莱希”（entelecheia，又译“圆成”）。现实不仅是运动的动力，也是运动所要实现的目的，当潜能通过完全的实现过程（运动）而成为现实时，运动也就达到了它的目的，从而一个实现了自己的形式的实体或个别事物也就形成了。

亚里士多德的实体说、四因说和潜能与实现说是关于事物生成的最有影响力和说服力的学说，为我们思考事物从潜在价值到现实价值的关系问题提供了启示。不过从价值论的角度看，它存在几个明显的局限或不足。其一，他只讨论个体事物，而没有考虑系统事物。实际上，宇宙中存在众多个体，也存在众多系统，个体都存在于系统中。个体是实体，系统也是实体，它们之间的区别只在于个体是终极实体，而系统是次级实体。其二，他只考虑了事物形成的内因，而没有考虑到外因，没有意识到如果没有外因就不可能有内因。无论是从现代宇宙学的观点看还是从本体论的观点看，任何事物（个体和系统）都与外界存在着相互作用，这种相互作用是事物生成和存在的根据。例如，没有太阳和月亮，地球就不能生成，也不能存在；没有社会，个人也不能成为人，不能作为人存在。其三，他只考虑了事物生成原因的事实因素，而没有考虑事物生成原因的价值因素。一事物只有从他事物那里获得所需要的价值，它才能生成，也才能存在下去；而他事物满足了一事物的需要，它的价值也就实现了。一事物如此，他事物亦如此，因此宇宙所有事物都处于相互联系之中，不同层次的事物之间、同一层次的不同事物之间存在错综复杂的相互依赖关系，而其实质内涵是彼此之间的有利性。

从事物生成的角度看，事物的价值从潜在到现实的过程，实际上是一个从本性到本质的过程。事物的本性类似于亚里士多德所说的形式，它包含事物生成的动力和目的（无机事物自身没有目的），以形体为载体，形体相当于亚里士多德所说的“质料”，而事物的本质是实现了的本性（未必是充分的实现），也就是事物的现实规定性，相当于亚里士多德所说的实现或现实。一事物对他事物的需要包含在事物的本性之中，而事物的本性是大自然赋予的。事物开始生成就在从他事物中获得所需要的价值，当本性得到实现的时候，事物就获得了它生成所需要的价值，也就获得了它自身的本质。这是一方面。另一方面，从本性到本性的实现即本质的获得过程中，以及在维护其本质和生存直至灭亡的过程中，一事物在接受他事物的同时，也在给他事物提供所需要的价值。从这种意义上看，一事物获得其本性、获得其本质（使本性变成本质），也就是一事物的价值从潜在变成现实的过程。当然，事物要存在下去还需要不断地从他事物获得维护其本质所需要的价值，直到事物衰败死亡。而事物维护其本质的过程也是给他事物提供价值的过程。

以上分析表明，事物的价值从潜在到现实的过程，实际上是一事物在与他事物交互作用的过程中发生的价值交互生成或双向生成过程。一事物从他事物获得所需要的事物，它就使他事物的价值生成，而它自己的生成过程又会给他事物的需要提供满足，他事物也就因它的价值得以生成。这是在一般意义上看的，实际上宇宙中不同层次的事物的价值生成有所不同。

首先看看无机物的价值从潜在到现实的过程。按照现代宇宙学的观点，今天宇宙中天体（个体无机物）和天体系统（系统无机物）的基本格局，是在约 137 亿年前“奇点”爆炸后逐渐演化形成的。无论是天体系统还是天体个体（可统称为“天体事物”）都是自然天成、自生自灭的，一些天体在生成，另一些天体在消亡。现代宇宙学对天体在演化过程中的生灭变化有种种假说，其中代表性的有弥漫说和超密说。

弥漫说认为，星系际的弥漫物质逐渐集聚成很大的星系际云，然后分裂成较小的云，形成各种大小不同的星系集团。这种说法能够较合理地说明银河系的自转、各星族的空间分布和空间运动及化学组成等方面的差别。超密说与大爆炸宇宙说相适应，认为可见宇宙大爆炸过程中抛射出许多超高密度的物质块，每个块形成一个星系。超密块爆发从核心再向四周演化，星系核心为残留的超密块，因此爆发作用尚未止息。这些假说虽然存在着分歧，但它们都肯定天体及其系统都是宇宙中的物质在演化中生成的，它们在生成的过程中与其他天体及其系统形成了相互作用关系。从价值论的角度看，天体及其系统都是一个从他事物获取价值的过程。按照弥漫说，天体宇宙星系际中获得所需要的价值（物质和能量）。超密说则把宇宙大爆炸作为所有天体产生的源头，实际上是说天体生成所需要的价值是由大爆炸提供的。

无论哪一种学说，它们实际上都肯定天体在形成过程中就已经与他事物形成价值关系了。星系际的物质或大爆炸抛射的物质在生成天体的同时，也使自己融入生成的天体之中，满足了自己生成天体的需要。因此，这个过程的价值关系是双向的。当然，在这个过程中还有其他天体事物发挥作用，为新天体事物的形成贡献了价值。天体形成后又会与其他相关星体形成相互作用，它们之间也就形成了新的价值关系，进入了彼此价值的双向生成之中。

无机物的价值从潜在到现实的过程，在很大程度上是物质（弥漫物质或超密块）在外力作用下形成天体事物的过程。天体事物形成则真正获得其本性，同时也获得其本质，它们的本性和本质是在天体事物生成的同时获得的。与无机物不同，人类之外的生物的价值从潜在到现实的过程不是一种物质在内外力作用下聚集的过程，而是一种繁殖的过程，它需要从母体获得基因，还需要母体孕育甚至养育。基因包含了生物本性的信息，生物本性得到正常发挥才能获得生物的本质。因此，生物个体及其价值从潜在到现实的过程，是生物本性得到开发或发挥并转化为本质的过程。生物个体是自生个体，自生是其本性，这种本性使生物个体具有程度不同的能动性，能够通过本能从他事物中寻找所需要的价值物，使自己成长并维持自己的生存。生物个体本能包含在其本性之中，其本性是从母体中获得的，最初母体的自生本性则是生物进化的产物。

除了哺乳动物在繁殖出来后一段时间内还需要母体提供养分之外，其他生物从一出生就开始了与他事物交互作用的过程，既从他事物获取自己所需要的价值，也为他事物提供价值。这样一种价值关系一直维系到生物的死亡。

生物个体只能被动适应环境，不适合的环境以及残酷的生存竞争会导致大量生物个体夭折。因此，母代为了子代能够生存下去，就没有止境地大量繁殖后代。生物的这种本性导致不同物种逐渐形成不同种群，而这种种群由于自然的原因，会逐渐向地球各地扩散。在遗传变异规律的作用之下，新的种群在不同的环境下会形成变异的种群（亚代）、再变异的种群，如此不断延续下去。不同物种都如此，地球上就形成了不同的生物系统，整个地球也变成了一种大的生物系统即生物圈。从价值论的角度看，这种生物圈就是一种同物种的生物个体之间、生物个体与种群之间，以及不同物种的个体、种群之间的价值关系的形成。生物系统中的食物链是这种价值关系最明显的体现。正是在这种价值关系中，生物个体和生物系统的价值实现了从潜在向现实的转化，它们在从其他个体和系统获得需要的价值的同时，也在为其他个体和系统做出贡献。

人类是最高级的生物，它一方面要遵循低层次生物的一般规律，另一方面又有不同于低层次生物的特殊性，而其特殊性突出体现在人性上。人性体现为自为性和社会性两个方面。从人类个体看，人是从母体获得本性的基因的，但人性要形成离不开成长过程。人性的基本形成与父母、家庭和社会的影响有着密切关系，没有这些因素的影响，人性就不可能得到充分孕育。狼孩的事例表明，刚出生的孩子只有人性的胚胎，要使之成熟需要环境的孕育。人在孕育人性的过程中就开始了将人性转化为人格的过程。人格是人性的现实化，人格的基本形成要比人性的基本形成晚一些。人格这一个人成长的层次是任何其他生物都不具有的。人格的存在表明，从人性到人生（现实的人）的过程更复杂、更漫长。人性是人的潜在可能性，人格则使这种潜在可能性变成现实可能性，而人的作为（即“自为”，亦可相应地称为“人为”）则使这种现实可能性变成现实生活。在这整个过程中，环境的影响特别是家庭和学校教育发挥着重要作用，但个人作为（“人为”）具有决定性的影响。一个人成长为一个正常的人的主要标志就是将人性中潜在的自为性转变成了现实的自为性即自为能力。有了这种现实的自为性，人就成为价值主体，他就不再像动物那样凭本能被动地寻找所需要的价值物，而可以有意识、有目的地根据自己的需要去利用和改造自然事物、创造人为事物，以满足自己的需要。

人的自为性不仅是在社会中形成的，也是与社会性相伴随的。离开了社会（包括家庭），个人就不可能形成自为性。人是在从他人那里获得所需要的价值成长起来、获得其自为性的，他也要为他人做出贡献来成就自己的自为性，使自己成长并生存下去。从社会学的角度看，人性和人格形成的过程就是社会化的过程。从哲学的角度看，社会化的过程也就是人获得社会性的过程，而这个过程也是获得自为性的过程，两者紧密联系。在一定范围内，人人都如此，于是就有了社会。社会作为系统本身也有一个价值从潜在到现实的过程，而这个过程就是社会与其成员相互作用的过程。到目前为止，人类并不是生活在同一个社会之中，世界上存在着两百多个国家和地区，它们之间还存在着相互作用的关系。因此，对于整个人类来说，其价值从潜能到现实的关系极其复杂；从个体看，有从禀赋人性基因到人性基本形成、从人性到人格、从人格到人生的漫长过程，这整个过程就是个人的价值从潜在到现实的过程。这个过程是与社会紧密联系在一起的，而社会也有一个从潜在价值到现实价值的过程，在这个过程中与其社会成员存在着错综复杂的价值关系。

当然，人类的价值从潜在到现实的过程，也是人类个体和整体相互之间提供价值的过程。个体和社会彼此之间都会做出贡献，只有做出这种贡献，他们自己的价值才能得到实现。不过，人类能够为自然事物贡献价值是一个不定的问题。人类不论是利用、改造自然事物还是创造人为事物，都离不开自然提供的物质、能量和信息，自然是人类的无偿价值贡献者。但是，人类由于自私、狭隘和短视长期忽视对自然的回报，导致人类与自然之间关系十分紧张。目前，人类正试图改变自身与自然的这种单向度价值关系，但这将是一个十分漫长的艰难过程。因为自然被人类破坏得太厉害，短期内难以得到恢复，而且这种破坏还在一定时期内长期存在。

【执行编辑：张艳芬】

评价论研究

Research on Evaluation Theory

论个体认同中的两种基本评价形式及其作用*

尹　岩**

【摘　要】个体认同是个人的价值选择行为，评价在个体认同中起着“枢纽”的作用。其中，个人（个体）对“与个体认同相关”的价值的肯定评价和国家权威机构对个体、个体认同的评价是对个体认同的实现具有决定性意义的两种基本评价形式。前者包括对个体的价值、个体认同价值和个体生活世界的价值等的评价，对从个体理性到个体实践理性再到个体的自我确证的发展过程具有重要的意义；后者是对个人的个体认同具有最现实意义的评价，在促进或否定个体认同方面具有明显的优势。

【关键词】个体认同；评价；个体相关价值评价；国家权威的个体评价

评价是个体认同建构与发展极为重要的中介。“评价是人的各种意识形式综合地反映客观世界的肯定及其结果。它是一定认识过程的终点，又是一定创造活动的起点。评价是从实践转化为认识、从认识转化为实践的必要中介和环节。人们的实践在形成人们的经验时，就在开始产生评价。从实践中产生认识的过程，往往同时也是由活动中本能的评价、情感心理的评价逐步上升为意志的和观念的、理论的评价过程，而且正是这种上升的评价过程，引导人们的意识从感性上升到理性，从认知、知识发展成为目标、理想和方案。正是在评价的基础上，主体才可能从知识和认知中产生新的目的、意向、联想、设想、计划、方案和决策，也

* 本文系国家社会科学基金一般项目“信息时代个体认同的哲学研究”（20BZX017）的阶段性成果。

** 尹岩，上海大学哲学系教授，研究方向为价值哲学，主要研究问题为“个体认同”。

就是意识从反映世界向改造世界过渡，从认识向实践飞跃。没有评价，认识就可能仅仅停留在反映阶段；有了评价，认识就有了引起实践行动的重要动机和条件。”[①] 个体认同在最一般的意义上可以理解为个人对个体的认同，在现实性上，就是个人自觉地把自己变成个体，因而是个体认同系统的建构和发展过程，亦是个人对个体从实践到认识再到实践的过程，评价是这一过程的重要“枢纽”。

一、评价的本质、特点以及作用于个体认同的一般机理

人类的存在和发展、人生在世，要化“自在之物”为“为我之物”，构建“为我关系”。建构“为我关系”，就要将这种关系“内化到主体的意识中”，从而形成“为我关系的意识活动”即“评价活动”。[②]“评价，是一定价值关系主体对这一价值关系的现实结果或可能后果的意识”，“表明在主客体之间一定的价值关系中，客体是否能够或已经使主体的需要和愿望得到满足，客体是否适合主体的需要并使主体意识到这种适合”。[③] 评价“是一种以把握世界的意义或价值为目的的认识活动”，它所要揭示的是“世界对于人意味着什么，世界对人有什么意义”。[④] 在评价活动中，主体以自身结构、规定性和规律等内在尺度来看待客体及其属性对于满足主体需要的意义，从而实现对于自身利益的把握，因此被认为是“为我关系的意识活动”。

评价活动是一种特殊的认识活动，从结构上看，评价活动包括评价主体、评价客体和评价标准。评价总是与价值关系紧密联系在一起，评价的主体同时也是价值关系的主体，评价的客体是这一价值关系及其运动的结果即价值事实。“在价值关系中，主客体相互作用的客观效果和后果及其对于主体的影响，以主体本身存在、结构、功能的活动变化的方式存在和表现出来，就是主体性的事实或价值事实。”[⑤] 在评价活动中，主体总是以一定的评价标准判断价值事实对于主体的作

① 李德顺：《价值论》，中国人民大学出版社 2007 年，第 233 页。

② 陈新汉：《评价论导论——认识论的一个新领域》，上海社会科学院出版社 1995 年，第 3 页。

③ 李德顺：《价值论》，中国人民大学出版社 2007 年，第 231、224 页。

④ 冯平：《评价论》，东方出版社 1995 年，第 30 页。

⑤ 李德顺：《价值论》，中国人民大学出版社 2007 年，第 241 页。

用是肯定的还是否定的，以及这种作用的大小。评价标准并非一般的度量衡，而是主体的价值意识，评价有肯定和否定两种基本结果，主体的满意、满足、接受等是肯定的评价；主体不满意、不满足、拒斥等是否定的评价。

评价是主体存在和发展的内在需要。人是有需要的存在，是通过有目的的对象性活动满足其生存和发展需要的存在，人在有目的的对象性活动中满足生存和发展的需要而成为现实的人——能动地认识世界和改造世界的主体性存在，因而，人生存和发展的需要也是主体需要。"有了主体需要就有了在主体需要直接或间接推动下的评价活动。评价活动的重要性和人类长期进行的评价活动，使评价活动本身积淀为一种主体需要，这种主体需要，主体可能自觉地意识到，也可能没有自觉地意识到，然而这种主体需要是确实地存在着的。满足这种主体需要，以克服主体在这方面的匮乏状态，决定了主体总要进行评价活动"①，因而，评价是主体生存和发展的内在需要。评价在人的现实生活中的作用表现在三个方面。

其一，评价为主体的价值选择和决策服务。"评价活动直接指向实践，直接为主体的选择、决策（决定）活动服务。"②人依赖外部世界来满足自身的需要，但是外部世界不会自动、直接满足人的某些需要，人要以其现实能力把各种事物当作客体进行认识和改造，使之为人服务。就能够成为人的活动的客体的各种事物而言，它们与主体的关系存在多种可能性、多维多重性和多种因果关系，这将对主体产生不同性质的、多方面的意义，因此，人必须通过有效的选择才能利用外界事物满足自己的需要。选择是人自由自觉的活动特点、主体性活动的本质特征，客体尺度和主体尺度共同对主体的选择起作用。马克思指出："对象如何对他来说成为他的对象，这取决于对象的性质以及与之相适应的本质力量的性质；因为正是这种关系的规定性形成一种特殊的、现实的肯定方式。"③但是，这两个尺度对主体的选择起作用必须为主体所意识到，即体现为真理和评价。真理是以客体为尺度的主客体统一的意识形态，是人的观念中不依赖人的意志为转移的客观内容，

① 陈新汉：《评价论导论——认识论的一个新领域》，上海社会科学院出版社 1995 年，第 111—112 页。

② 李德顺、马俊峰：《价值论原理》，陕西人民出版社 2002 年，第 278 页。

③ 马克思：《1844 年经济学哲学手稿》，中共中央马克思恩格斯列宁斯大林著作编译局译，人民出版社 2000 年，第 86—87 页。

为主体活动提供规范化客体，代表着主体活动中不可缺少的客体性要素，主体的行为必须服从真理。评价则是对“客体的存在、属性和合乎规律的变化与主体尺度相一致、相符合或相接近的性质和程度”，即价值的主观评量、“价值意识朝向客体的活动”。一方面，在评价中“总有价值主体的‘我’在内”，“包含着并表达着主体的‘态度’、选择、情感、意志等”；另一方面，“总是包含着对一定价值关系可能后果的预见、推断”，即“以决定论为前提的预见”。① 因此，主体的任何选择和决策活动必须基于主体对于客体价值明确、清晰的具体评价才能进行。作为评价活动核心的评价标准由主体自己选择，因而总能在一定方面、不同程度地反映主体的需要和利益，从而使主体基于评价做出的选择和决策合于主体的目的性。在这个意义上，评价是为人们的价值选择、决策提供服务的意识活动。

其二，评价是价值关系与价值意识彼此贯通、相互转化的中介。评价、价值关系和价值意识之间有着内在的逻辑关联，这一点从三者的内涵体现出来：价值关系是“一种以主体尺度为尺度的主客体关系”，其运动的结果、现实效果是“通过主体本身的存在和变化而表现出来的价值事实”；价值意识则“是一种主体性的、体现着主体内在尺度的意识，它以价值判断或评价为主要形式”；评价是“以一定价值事实为对象的反映”“价值意识在主客体价值关系中的现实表现”。② 从价值关系和价值意识概念的内涵即关于两者是什么的命题来看，它们的共同点是以主体为尺度，但是并没有一个共同的概念把两个命题联系起来，而评价这一概念的内涵，即关于评价是什么的命题却有两个概念分别与价值关系和价值意识这两个命题相联系。这意味着，对于同一个主体而言，价值关系和价值意识之间有着相互联系的基础（以主体为尺度），而且通过评价产生了内在的逻辑关系。首先，价值关系向价值意识转化。价值关系总要对它的主体发生作用，在其身上造成价值事实。价值事实是评价的对象，评价主体亦是价值主体，总是要以一定的评价标准（价值意识）对以其自身变化体现出来的价值事实做出评价，形成一个肯定的或否定的评价结果，这个评价结果是价值意识。一旦这个评价结果在现实中被证明，甚至一再被证明是实事求是的、合理的，那么根据这一评价

① 李德顺:《价值论》，中国人民大学出版社 2007 年，第 82—83、79、231、232 页。

② 李德顺:《价值论》，中国人民大学出版社 2007 年，第 79、241、181、233、223 页。

结果做出的价值选择或决策给评价主体带来确定的利益，就将对评价主体产生两种后果：一是评价活动的结果向内内化为主体的价值意识，尤其是那些对评价主体的生存和发展具有根本意义、产生长远和重大影响的评价结果，将内化为评价主体的价值观，上升到理想、信念和信仰的层次，成为新的评价活动的重要标准，由此对评价主体的生存和发展产生深远的影响。二是评价活动的结果外化为作用于他人的意志和力量，对他人以及他人的价值意识等产生影响，尤其是权威评价活动借助其权威性，对与之具有和可能发展为现实价值关系的人长时间、反复施以作用，其评价结果将向被施以作用的人转化，成为他们价值意识的有机内容，如：家长奖与惩的评价形成一个小孩子的情感和是非观念；法律评价确立一个社会成员的社会价值观念。其次，价值意识向价值关系转化。价值意识是评价的标准，评价主体以具体的价值意识作为标准评价价值事实，形成评价结果——一个新的价值意识，这是作为评价标准的价值意识的对象化，因而在新的价值命题中包含、反映和体现它的价值内容、价值原则和价值取向。依据新的价值命题（价值意识）进行价值选择和决策，作为之前评价标准的价值意识随着新的价值意识贯彻到价值选择和决策中。价值选择和决策的根本是价值主体在现实中建立价值关系、在价值关系的运动和发展中得到想要的价值事实。评价为价值主体的选择和决策提供主体性依据，是评价活动的结果对价值关系的作用，但实际上是作为评价标准的价值意识在主导着价值关系的选择、确立和发展，只是经过了评价这一环节实现了价值意识的这一作用。没有评价，价值意识无法直接构建价值关系，有了评价这一环节，价值意识以评价标准这一评价活动的核心要素进入到价值关系的选择、确立和发展中，实现了它的现实对象化，在这个意义上，我们说，价值意识经由评价转化为价值关系。

其三,一致性的评价是社会认同的思想基础和条件。在这里，社会认同是指人与人之间相互承认，彼此间的承诺与认可是其核心内容。一致性评价是指有着共同价值客体的不同评价主体之间或一个共同体主体内部不同成员之间取得的评价共识。只要各种形式的人（个人、群体、社会等）在现实中形成了各安其位、相互依存的关系，他们之间一定是彼此产生了相互承认的关系，即社会认同。人以社会的形式存在着，不同的人有不同的社会地位、不同的需要、不同的价值以及不同的社会关系、社会生活和价值意识，不同人之间产生社会认同的根本原因在于人的社会存在本质。人以其社会性、以社会的活动和力量面对世界才成为超越性存在、成为人自身。人与人之间必须结成一定的社会关系自身才能存在和发展，人与人之间发生现实的依存关系才有人的生产和生命的延续，这是内在于人的生活的内容，因而社会认同是人的基本需要，也是人自由的需要。一个人存在着，必须承认他人的存在意义和价值，只有承认他人的意义和价值，才能获得他人对于自己的存在意义和价值的承认，才能实现自身的存在和发展，由此才有了"为承认而斗争"的追求。[①] 社会认同的需要产生于人的社会性本质、人与人之间的相互需要，社会认同是人的社会本质、人与人之间相互需要这一事实的反映。因此，人们满足社会认同需要的前提是人们正确地认知人的社会本质、人与人之间相互依存、共同发展的关系，由此达成共同的社会认知——我们都知道这一点。这种社会共知并不必然导致社会认同的价值选择，但是却能使人认识到社会认同的需要，从而在思考如何存在和发展、怎样存在和发展得更好等问题时，选择社会认同。但是，人们要在现实中选择社会认同而不是"弱肉强食"的森林法则，需要一种权衡两种存在方式何者更有利于自身的评价活动。社会认同具有社会的相互性，一个人的社会认同是以他人同样的社会认同为前提和依据的，因此，人们权衡存在方式的评价结果必须达成一致，才有可能实现社会认同。一致性的评价意味着人们一定价值意识尤其是价值观念的相同或一致，因为评价的结果如何取决于评价标准，而最重要的评价标准是价值观念。价值观念被称为人的灵魂，它之所以重要，"正在于它对人的思想、感情、言论和行动起着普遍的整合和驱动作用。而这一功能，最重要的就在于价值观念构成了人们内心深处的评价标准系统"，价值观念一旦形成，"就会成为人们心目中用以评量事物之意义、权衡得失轻重、决定褒贬弃取的'天平'和'尺子'。人们用这样的天平和尺子去称量和评价一切人和事物，从而得出自己的态度和选择"，从这个意义上说，"人们用以把握一切价值的有效评价标准就是价值观念"。[②] 价值观念是人们现实生活实践的反映，它所包含的基本内容关于"主体的自我定位和自我意识""关

① ［德］阿克塞尔·霍耐特:《为承认而斗争》，胡继华译，上海人民出版社 2005 年。

② 李德顺:《价值论》，中国人民大学出版社 2007 年，第 222 页。

于社会结构和秩序的信念和理想”“关于社会规范的立场和选择”“关于实践行为的心理模式”“关于首位价值或本位价值认定”等一系列结构性内容，它们“整体性地联系着”“存在于人们的头脑之中，就像一个完整的坐标系，以主体为原点，向四面动态地伸展开来，投射向生活的各个角落，显示出人的精神世界”。[①]一个人与另一个人的价值观念相同或一致的内容、方面越多，他们之间具备建立合作共存关系、共同生活的可能性就越大。相同或一致的价值观，不仅使人们在彼此身上体验自我，把对方作为另一个自我，而且可以通过与对方的紧密关系实现自我。因此有着相同或一致价值观的人彼此之间易产生“己欲立而立人，己欲达而达人”(《论语·雍也》) 的“同理心”，他们对共同的社会关系的价值选择，容易出现一种相互性：站在自己的角度思考问题，相当于站在别人的角度考虑问题，这样更容易把对方看作是“自己人”“同类人”，彼此之间更容易产生共鸣、相互理解、相互包容，从而更容易建立合作、共存的社会关系，更容易就公共性问题取得社会共识、形成社会认同。有着相同、一致价值观念的人们之间并不能直接或自然而然地形成社会认同，因为价值观念的作用“是通过影响人们的评价而实现的”[②]，在共同的现实生活过程和相互关系中，人们相同或一致的价值观念才会在评价这一环节作为评价标准发挥作用，就他们之间共同的价值客体形成一致性的评价。一致性的评价反映了不同主体相同或一致的价值观念，这意味他们的精神世界有更多的共性，而这正是他们之间相互承认的思想基础和条件。在共同需要、共同利益和共同命运紧紧地把人们联系在一起的时候，如果人们之间形成一致性的评价，社会认同将被人们作为最有利的价值选择。

二、个人（个体）对“与个体认同相关”的价值的肯定评价对个体认同系统的作用

“与个体认同相关”的价值即“对于个体认同具有基本意义”的价值，主要包括个体的价值、个体认同价值和个体生活世界的价值等。在个体认同系统结

① 李德顺:《价值论》，中国人民大学出版社 2007 年，第 211、212、213、214、215 页。

② 李德顺、马俊峰:《价值论原理》，陕西人民出版社 2002 年，第 244 页。

构——从个体理性到个体实践理性再到个体的自我确证的发展过程中，对“与个体认同相关”的价值的肯定评价具有重要的意义。

1. 个人对于个体价值的肯定评价是在个体理性发展阶段形成“我想（要）成为个体”这一意愿的必要条件

一个人把个体认同作为价值选择，他需要确定“个体”对他的肯定意义，在对个体的价值做出肯定的评价之后，他才有可能选择个体认同。成为个体、作为个体而存在，是个人主动、自为的主体性活动，如果一个人不愿意成为个体、对个体认同没有好的体验，即使现实社会具备了使个人成为个体的所有条件，他也不能成为个体、作为个体而存在。但是只要在现实生活中，个体进入到一个人的评价领域成为个人评价的客体，并且意识到个体带给他的种种好处、利益和希望，即对于他的存在和发展具有肯定的价值，他的这种意识就会激发他的个体认同的热情和激情，从而把个体认同作为自觉目标付诸对象性活动。

在自由意志的前提下，一个人成为个体的首要条件是他有成为个体的欲望，对成为个体有所憧憬，就是有“我想（要）成为个体”的意向，即他对个体的认同态度。这一态度的前提是他对个体价值的肯定评价。“我想（要）成为个体”并非一般的自我意识，而是个人的主体意识，即个人以自己为尺度产生的关于自己应该成为谁的自我意识。个人的主体意识包括具有同一关系的三个结构性要素：主体、客体和理想客体，它们的承担者是同一个人。理想客体是主体目的在客体身上的对象化。在个人的主体意识中，理想客体是作为目的而存在的，这一目的由个人的动机转化而来，而动机产生的最深刻基础是个人的需要，也就是说，理想客体总是与个人需要的满足有关。个人的需要是个人对于外部世界以及自身活动的依赖性的表现，是人的活动的内驱力。需要是指向对象的，需要的满足总是和有目的的对象性关系和对象性活动联系在一起。需要为主体所意识，就会成为主体建立和推进某种对象性关系、进行对象性活动的真实目的。判断“成为什么样的人”对满足个人的需要具有价值或优势价值，这种评价就成为把“这样的人”作为理想客体的关键所在。一个人把个体作为理想客体进行自我塑造，在于个体能够满足他在现实社会生存和发展的基本需要，而个体能够满足他生存和发展的基本需要正是个人在生活中通过切身体验、通过归因推理对个体的价值做出的肯定评价。

"我想（要）成为个体"是个人的一种心理反应形式，在内容上是"我"对"个体"的态度，其本身是肯定的评价倾向。心理学理论揭示了态度的特性："本质上，态度就是对某种特定目标的评价倾向"，是"我们喜欢什么，不喜欢什么，我们推崇什么，讨厌什么，以及我们评价自己与环境关系的方式"，① 亦即"个人对人、事、物以及周围世界凭其认知及好恶所表现的一种相当持久和一致的行为倾向"②。评价是态度的应有内容，也是产生态度的关键环节。比如，一个人拒绝吃河豚，是因为知道河豚会使人中毒；人见到蛇会恐惧，是因为知道蛇会咬人，甚至有过被蛇咬的痛苦体验；一个人喜欢运动，是因为运动过后身体健康或心情愉快；货币拜物教的产生是因为人们知道货币极大的社会价值和对于自己生活的巨大作用；一个人愿意遵守规则主要是他知道能够从这一价值选择中得到利益或者不被惩罚；一个人怨恨社会，一定是这个社会否定了他的需要、价值、利益，正如舍勒指出的："怨恨首先限于仆人、被统治者、尊严被冒犯而无力自卫的人。"③ 评价与态度紧密关联的内在机制在于人趋利避害的生存本能和需要。人生存，就要求生畏死。求生必然趋利，畏死必然避害。求生的意志和对死亡的恐惧才使人的生命得以延续，因此，人的生存本质就是趋利避害。但趋利避害的前提是知晓利害，人只有根据评价——对利害关系及其结果的判断、权衡，才能采取趋利避害的行动，这就形成了评价与态度之间的因果关联。评价断定价值客体对于价值主体的意义，人们意识到这种意义，就会产生对价值客体的肯定或否定的态度，因此，心理学家才认为"态度是对特定目标的评价倾向"。一个人评价个体，如果得出"个体能够满足我的需要"或"个体能够更好地满足我的需要"的评价，他对个体就有了"想要成为它"的"倾向"。这一倾向最起码表达了个人对于个体的好感，甚至"想要成为个体"的态度，如果条件具备，它将转化为个体认同的实际行动。

---

① ［美］菲利普·津巴多、迈克尔·利佩：《态度改变与社会影响》，邓羽等译，人民邮电出版社 2007 年，第 27 页。

② 沙莲香主编：《社会心理学》，中国人民大学出版社 2006 年，第 217—218 页。

③ ［德］马克思·舍勒：《道德意识中的怨恨与羞感》，林克等译，北京师范大学出版社 2014 年，第 10 页。

2. 对于具有个体认同价值的事物或行为的肯定评价，是个体实践理性形成的重要环节

个体认同价值[①]指的是满足个人个体认同需要的价值。如果一个事物或行为能够满足个人个体认同的需要，那么它就具有个体认同价值。一个人要实现个体认同的愿望，必须形成个体实践理性，这就需要确定哪些事物或行为具有个体认同价值，这实际上就是为实现个体认同这个目的寻找、确定有效的手段。个体认同价值的内涵蕴含了目的与手段的关系。目的是人脑以观念的形式预先建立起来的关于对象性活动所要达到的结果，满足需要本身即是目的。目的在没有实现之前，是主体的主观性，目的的实现是这一主观性取得客观性，即主观性的现实外化、对象化。但是，主观性并不能直接外化、对象化为客观性，它要通过一定的中介来取得客观性，这个中介就是手段。黑格尔指出："目的通过手段与客观性相结合，并且在客观性中与自身相结合。……目的为了它的实现，需要手段，因为目的是有限的。"[②]这就是说，人要实现自己的目的，就必须有实现目的的手段。在目的与手段的关系中，手段是为目的的实现服务的，因而目的决定手段。目的是反映到人的意识中的需要，决定着人的活动的方式和方法，因此，人的意志必须服从他的目的。目的是主体内在尺度的内容之一，目的决定手段，就是主体以其内在尺度选择手段。为实现目的而选择手段正是人作为有意识、自觉的活动主体的特征。不是任何事物或行为都能成为某个目的实现的手段，也不是能够实现某个目的的手段都会给主体带来好的结果，因此实现目的的手段是经过主体的选择才成为手段的。个体认同实践理性构建过程中，实现个体认同这一目的所要确定的手段也需要经过个人、个体的选择。

选择的核心是价值评价。对于实现个体认同这一目的的手段的正确选择，以对事物或行为是否具有个体认同价值、是否具有优势价值的评价为前提，建立在肯定一事物或一行为具有个体认同价值、这一价值是优势价值这一评价结果

① 李德顺提出从主体方面划分价值类型的理论。他指出，以"主体和主体需要的性质及其被满足的情况来标识对象的价值"，这类价值的通常表述形式为"(某事物具有) ×× 价值"，"×× 价值""是指由于满足了主体某一方面('××')需要所形成的价值"(参见李德顺:《价值论》，中国人民大学出版社 2007 年，第 122 页)。"个体认同价值"就是以上述价值类型划分理论为依据提出的一个概念。

② [德] 黑格尔:《逻辑学》(下卷)，杨一之译，商务印书馆 1976 年，第 433 页。

之上。实现个体认同这一目的的手段的选择是否是“应当的”“正当的”与评价事物或行为的个体认同价值的标准是否是“应当的”“正当的”是一致的。手段的“应当”表明手段对于目的实现的肯定作用和意义，体现的是手段合乎“工具理性”，手段的“正当”表明手段为社会所接受、认同的“合法性”，体现的是手段合乎“价值理性”。因此，判断手段的“应当与不应当”“正当与不正当”一般有“主体目标标准”和“社会规范标准”这两重标准。“主体目标标准”是指手段是否有利于达到目的，有利于达到目的的，就是“应当的”，反之则是“不应当的”；“社会规范标准”是指行为是否为社会的各方面规则所允许，被允许的是“正当的”，不被允许的是“不正当的”。评价事物或行为的个体认同价值的标准应当体现这两个标准。依据这两个标准，对事物或行为的个体认同价值做出了肯定评价，这个事物或行为作为个体认同的手段就合于“工具理性”和“价值理性”，因而就是“应当的”和“正当的”，否则就是“不应当”和“不正当”的。保证个体认同手段的“应当”和“正当”才能确保个体认同目的的实现，这意味着以“应当”和“正当”的手段来确立实现个体认同的方案才具有现实可行性，依此构建的个体实践理性才具有现实化和对象化的可能性。因此，以“主体目的标准”和“社会规范标准”对手段的“应当”和“正当”做出肯定的评价，是个体实践理性构建的不可或缺的环节。

个体实践理性的构建也依据对事物的个体认同价值的肯定评价选择个体认同的目的。目的和手段一样也是可以选择的，这取决于主体选择做什么样的人、过什么样的生活。首先，事物或行为是目的还是手段不是绝对固定的，在某个对象性活动中它们可以是目的，在另一个对象性活动中它们可以是手段，这取决于它们在对象性活动中是满足需要本身还是与满足需要的条件和过程有关系，在这个意义上，选择手段也意味着选择目的。其次，需要为主体意识到并反映到头脑中转化为对象性活动的目的，但是对于一定的主体而言，不是所有的需要都能够在现实中被满足，在现实中因种种原因不具备满足条件的需要是不合理的需要，这种需要也会反映在主体的意识中成为对象性活动的目的，但是，这种目的无法在现实中实现。再次，需要具体化为目的，体现为“想要”，但是，不是所有的“想要”都是主体对于自身真实需要的反映，有一些“想要”仅仅是主体的纯粹主观性或自我在精神上构建出来的“自以为是”“实则不是”的虚假需要，或者完全是由商品生产者或心怀某种特别目的的人或群体利用现代媒介、符号意义或其他手段通过广告、舆论宣传从外部强加给人们“似是而非”的虚假需要，“诸如休息、娱乐、按广告宣传来处事和消费、爱和恨别人之所爱和所恨，都属于虚假的需要这一范畴之列”①。建立在虚假需要基础上的目的，是应该被放弃的目的。最后，主体的需要是一个体系，不同的需要对于主体具有不同的意义而且彼此联系在一起，一个需要的满足与其他需要之间及它们的满足之间可能是相互促进的关系，也可能是相悖的关系。多种需要都转化为主体活动所追求的目的时，主体不可能同时实现所有的目的，这使主体必须对其目的进行选择。上述种种情况说明，目的也有“应当”与“不应当”、“正当”与“不正当”之性质，这就使得主体对于目的的价值选择成为一种现实的需要。根据目的与手段的关系可以得出结论，即判断手段是否“应当”、是否“正当”的标准也是判断目的是否“应当”、是否“正当”的标准。如果某个目的是另一个目的的“应当的”和“正当的”手段，那么，它作为目的也是“应当的”和“正当的”。手段是“应当的”和“正当的”，是因为手段可以达到目的而且具有现实的合理性（包括社会的合理性），即它的存在不仅有正价值而且为社会所允许。一个“应当的”和“正当的”手段需要被创造出来，它就成为另一个活动的目的，而作为那个活动的目的，它也应该是“应当的”和“正当的”。除此之外，判断目的“应当的”和“正当的”还有主体需要标准和主体根本利益标准。这些标准在主体选择目的的过程中转化为主体价值评价标准。实现个体认同这个目的看起来是明确的、不需要主体选择的，但事实并非如此。个体认同关联着个人、个体的存在和发展，也关联着社会的存在和发展。个体是有着丰富内容的现实的存在，个体认同包括成为什么样的个体、以什么方式在现实生活中成为个体、个体的意义和价值是什么等诸多内容，而且具体的社会物质生活条件、现实的社会关系对于个人、个体而言是可以选择的，因而，实现个体认同的手段是多种多样的，每一个手段都需要个人、个体在现实生活中创造出来，每一个手段同时也是目的，都需要一定的手

① ［美］赫伯特·马尔库塞:《单向度的人——发达工业社会意识形态研究》，刘继译，上海译文出版社 2008 年，第 6 页。

段来实现。与其他手段一样，个体认同实现的手段有是否“应当”、是否“正当”的性质。选择个体认同的“应当的”“正当的”手段，需要个体认同主体以对事物或行为的个体认同价值的肯定评价为依据。个体认同的各个目的同样有是否“应当”、是否“正当”的性质，“应当的”“正当的”目的的选择同样需要个体认同主体以对事物的个体认同价值的肯定的评价为依据。

3. 对于个体生活世界的肯定的评价是个体自我确证的根据

个体理性经过个体实践理性之后，开始进入到现实化、对象化阶段。个体在自我确证阶段与现实相结合，将按照个体实践理性提供的计划、方案、图景，把个体理性现实化、对象化。个体是现代社会个人存在的现实方式，一个人只有按照“这样的要求去想”“那样的要求去做”才能成为个体、才是个体。“这样”“那样”就是使个体成为其自身，确证自己是个体的那些基本价值、价值关系和价值观念。它们都以共同的社会条件为背景，以个体为核心、以个体的内在尺度为尺度共同作用于个体的现实生活，彼此相互联系、相互作用、相辅相成，形成了一个“为我而在”的价值形态世界，我们称之为个体生活世界（个体本质力量的现实）。价值是“以主体尺度为尺度的主客体关系”所特有的质态，“由价值作为其中要素所构成的体系就是价值形态世界”。①

价值形态世界与自在形态世界相对应，是人特有的生活世界，人出现之前、人的活动之外的世界是自在形态世界。人以实践的方式存在着，实践使世界二重化为自在形态世界和价值形态世界。自在形态世界和价值形态世界的区别在于，前者独立于人的活动之外，自然而然地运动、变化着；后者与人的实践活动联系在一起，体现了人的需要、目的、意志以及审美等。价值形态世界是人对自在形态世界进行改造而形成的，因而是人自己本质力量的现实。实践不仅使自在形态世界和价值形态世界相区别，而且将它们统一起来。人在实践活动中把自在形态世界转化为自己的本质力量并将其对象化为价值形态世界，与此同时，自在形态世界通过人的实践活动转化为价值形态世界，延伸自己的发展。价值形态世界就

① 陈新汉：《论价值形态世界》，《江汉论坛》2015 年第 11 期。

是人本身存在的全部内容，是人自己。价值形态世界一方面是人的本质力量对象化及其结果，另一方面又是人生存和发展的基础和条件。因此，主体能够在他的价值形态世界中直观他自身。

价值形态世界是人的实践的产物，因而是属人世界——为人而在的世界。人是实践活动的主体，属人世界从为我关系的特点来看，是属主体世界，谁是实践的主体，价值形态世界就“属谁”，即“为谁而在”。在个人成为个体之前的传统社会中，个人是社会、群体的组成部分，是社会主体、群体主体的有机成分，在社会、群体的实践活动创造着价值形态世界，这个价值形态世界是“属社会的”“属群体的”，而不是属“个人的”。现代社会个人以个体的方式存在着，价值形态世界发生了分化，产生了“属个人的”价值形态世界即个体生活世界和“非属个人的”价值形态世界。对于某个作为个体而存在的个人而言，“非属个人的价值形态世界”就是个体的活动还没涉及的价值形态世界，但是这个价值形态世界将随着这个个体的能力的增长、社会生活领域的拓展以及社会活动的发展而向他的价值形态世界转化。一个人一出生就生活在价值形态世界中，但是直到他成为个体，他才有了属个人的价值形态世界，即个体生活世界。但是，非属个人的价值形态世界对于个体生活世界是重要的，每个人在这个价值形态世界中获得他成为个体的动机和一切条件，个体生活世界来自于、存在于和发展于这个价值形态世界，同时，作为这个价值形态世界的不可分割的一个部分，影响着这个价值形态的世界。在个体生活世界中，个体是有着独立需要、利益的主体，他以主体的身份与社会、群体、他人建立对象性关系，实现自身对于自身的价值，对于社会、他人的价值，创造一个由自己创造的、为自己而存在的价值形态世界，他把自己的本质力量对象化为这个世界，在社会、群体以及与他人的关系中建立“为我而在”的关系，他既是他的价值形态世界的创造者，也是他的价值世界的享有者、享用者，他以他的价值形态世界成为自身、存在于社会、群体之中。因此，个体生活世界体现个体存在和发展的全部内容，就是个体自身。个体就是在个体生活世界中发现自己是怎样的存在，正在过着什么样的生活，以及未来生活的可能性。因此说，个体生活世界是个体的“存在之镜”，在这里存在着个体存在和发展秘密。

个体的自我确证以个体生活世界的状况为基础。个体确证自己是个体，如何确证呢？他只有在自己的生活中以个体的身份生活，在他的个体生活世界反观他的本质力量，即通过个体生活世界来确证他是个体。以个体的身份从事各种对象性活动，首先表现为个体要求自己以个体的身份从事活动，但这不意味着他就是以个体的身份从事的活动，这就好比一位母亲以好母亲的标准对待子女，但事实上，她可能是一位好母亲，也有可能不是一位好母亲。也就是说，一个人是怎么样的，不取决于他是怎么要求自己的，而取决于他的行为及其后果所具有的意义；更重要的是，他是怎么样的，还要看对谁而言，由谁来说、怎么说。一个人想要成为什么样的人，在他的行动中依据他的信念和理想使自己成为那样的人，最终他要知道他是不是成为他想成为的那个人，以及成为那个人是不是他所喜欢的。这个过程中最重要的是评价。如果得到的是肯定的评价，那么，这个人就确证了自己是一个他想成为的那个人，或实现了他的人生理想。个体自我确证的过程亦是如此，个体确证自己是个体，他以个体的尺度对他的个体生活世界对于他的价值进行评价，如果得到的是肯定的评价，那么他就完成了个体的自我确证，如果得到的是否定的评价，他就没有完成个体的自我确证。

三、国家权威机构对个体、个体认同的评价对于个体认同的重要作用

一个影响他人、群体和社会的事物，尤其是公共性事件将引起利益相关者的价值评价，而且这种评价会对每一个利益相关者产生重要影响。个体是现代社会的结构性要素，是社会关系中个人的现实存在形式，因而，个体处于普遍的社会联系中，与其他主体具有利益关系。因此，与个体相关的主体将对个体进行评价，这一评价将因个体与这些主体之间关系的紧密程度而对个体认同产生不同的影响。一个现实的个体生活在社会中，要与民族—国家意义上的社会（社会共同体）、各种群体、个人主体（包括个体）等主体发生现实的关系，这些主体都将对个体做出评价，从而对个人的个体认同产生影响。对个人的个体认同具有最现实意义的评价是对于个体、个体认同的国家权威评价。

国家权威评价是社会评价的一种现实形式，指的是以国家机构为主体的社会评价。所谓社会评价就是以社会为主体的评价。这里的社会是由国家整合起来

的、有着共同经济生活及经济基础的、具有鲜明民族文化特点的人群集合体——民族—国家意义上的社会共同体。社会评价是“当下一种社会整体性的、对社会意识和社会实践都有实际效力的自觉活动”，其对象是“社会所面对的整个世界和社会生活中出现的一切与社会有价值关系的现象”。[①] 社会由单个的个人依据一定的社会关系集合而成，是一个有着特殊需要、利益、意志和能动性，追求着自己目的的人的活动的主体，因而也是评价的主体。社会作为评价主体，要依靠某种现实形式表达出来其意志，国家权威评价就是这种现实形式之一。“权威机构处在社会群体组织结构体系的金字塔顶端，使得它一般总能直接地以自觉或不自觉的形式感受到社会群体的整体需要，形成关于社会群体整体利益意识；而利益与意志相联系，因而就能自觉或不自觉地体现社会群体主体的意志，从而成为社会群体主体的现实主体。”[②] 通过“层层相叠的组织结构”，权威机构“向社会群体组织内的成员”“发布指令”，以“整合其意志、协调其动作”，“社会群体内的成员”需“服从权威机构的指令，以形成共同的意志、协调各自的动作”，于是，“社会群体的主体作用就集中体现在权威机构的主体作用上”。[③] “国家机器或作为一个社会的组织系统的国家正是建立在社会权威系统之上的，是社会主体现实地行使其主体作用的权威机构”，“对内代表着以国家或以国家形式呈现的社会的意志”，“对外代表着国家或以国家形式呈现的社会主体意志，是社会的法人代表，具有权利能力和行为能力”。[④]

个体认同是国家权威评价的对象。首先，“在一般情况下，国家机构总能自觉地反映社会主体的需要，并把最优势的需要作为评价标准”[⑤]。个体化是现代社会的结构性特征，个体是现代社会的结构性要素，现代社会要通过个人成为个体把社会整合起来，组织社会的生产、生活，因而“把社会成员铸造成个体，这是现代社会的特征”[⑥]。个体认同与个体化程度高度联系在一起，它不仅是个人的需

---

① 李德顺:《价值论》，中国人民大学出版社 2007 年，第 285 页。

②③ 陈新汉:《权威评价论》，上海人民出版社 2006 年，第 71 页。

④ 陈新汉:《自我评价论》，上海人民出版社 2011 年，第 347 页。

⑤ 陈新汉:《自我评价论》，上海人民出版社 2011 年，第 348 页。

⑥ ［英］齐格蒙特·鲍曼:《个体地结合起来》，见［德］乌尔里希·贝克、伊丽莎白·贝克—格恩斯海姆编:《个体化》，李荣山等译，北京大学出版社 2011 年，“序二”，第 21 页。

要，更是现代社会自身存在和发展的需要，而且因为它是现代社会自身存在和发展的需要才成为个人的需要，因此，必然是国家权威评价要肯定的对象。其次，个体是现代社会的结构性要素，是直接影响现代社会组织方式、运行机制的重要因素，存在于现代社会的政治、经济、文化等领域的各种活动中，国家可以通过改善、提高个体化的程度和改变个体化的路径以及模式调整社会发展的状况，实现社会政治的、经济的和文化的发展目标，因此，国家也会自觉地把个体、个体认同作为重要的评价对象，实现社会主体的进一步发展。再次，个体化、个体认同把个人、群体、社会三者联系在一起，国家作为调节社会关系的绝对权威机构，介入到对个体、个体认同的社会评价中，与个体的、群体的、民众的社会评价活动形成良性的社会互动，协调各方面关系，为个体、个体认同提供法律的、社会道德的和行政的保障，确保个体的权益和社会发展一致，从而提高个人对于社会、国家的归属感和社会认同水平，满足社会主体的多方面需要。

国家权威评价对于个体、个体认同的肯定性评价在促进个体认同方面具有明显的优势。首先，在现代社会，国家是唯一拥有全面介入社会生活的权力，国家权威评价活动具有社会权威性，“这种权威性表现在全体国民对通过国家权威评价活动所体现的社会自我评价活动及其结论一定程度的认同和服从”，“尤其体现在国家权威评价活动所体现的社会自我评价活动及其结论由观念形态向实践形态的转化上”，[①] 因此，国家权威机构对于个体、个体认同的评价活动通过国家的权力对个体认同具有强有力的规制作用。其次，国家权威机构利用其垄断性的权力可以调动各种社会资源、组织社会力量，以政治、经济、意识形态等多种方式全方位作用于社会的生产和生活过程，管理整个社会，它比任何一种评价主体有多得多的方式、办法、手段贯彻它的意志和态度，对他人、群体的评价活动施加影响。因此，国家权威机构对个体、个体认同的评价，可以借助一切能够借助的力量影响个体认同的发展和走向，尤其可以在国家政治体制、法治社会建设以及经济社会制度、社会保障等方面采取有力措施，对个体认同起支撑作用，激发个人的个体认同热情。再次，国家权威机构的评价活动具有其他主体评价活动所不

① 陈新汉:《自我评价论》，上海人民出版社 2011 年，第 350、351 页。

可能有的机制来保证它的作用的权威性，这些机制包括赏罚机制、社会舆论机制和良心机制。[①] 没有哪一种社会评价能像国家权威评价那样具有鲜明、不容置疑的赏罚机制，因为它掌握着国家机器和强大的权力，通常情况下，没有什么力量可以轻而易举地与国家机器的强制力相抗衡。国家运用赏罚机制通过利益导向鼓励、推动个体化以促进个体认同。社会舆论是一种普遍的、隐蔽的，以精神强迫为主体的强制力量，具有鲜明的价值取向，具有被引导和被操纵的特点，国家权威评价活动借助现代媒介、人文知识的专门化、信息化生产和传播活动以及专业化的人员队伍，启蒙社会中各种自发的、不自觉的个体认同，矫正不符合社会、国家意志的个体认同，从而把控个体认同的评价活动。“社会评价活动作为社会群体内众多个体的共同认识，积淀在个体心理深处就形成良心”，良心即“社会评价活动在个体的内心形成的某种心理积淀”，“从形成的角度分析，这种心理积淀是由外部影响的反复而形成的积淀”，“从内容的本质分析，这种心理积淀是社会评价活动的内化”，因此，良心本质上是“以个体价值观念形态存在着的社会群体价值观念”。[②] 国家权威机构对于个体和个体认同的评价一旦进入社会实践环节，反复持久地影响个人生活，就会将其将内化为个人的良心而自觉、长久地对其个体认同产生作用。最后，国家权威机构对个体和个体认同的评价深刻地影响群体、他人对于个人的评价，这加大了它对个体认同作用的权重。个人、个体生活在社会中，与群体、他人处于相互联系中，每个人都会对群体、他人进行评价，同时也被群体、他人评价。人与人之间的彼此评价将影响他们之间的关系的价值选择。人与人之间的评价所选择的标准，既包括个人的自我偏好，也包括社会评价个人的社会标准，而且个人的偏好也是在社会中形成的，深受社会的影响，因此，人与人之间的评价标准归根结底是社会评价个人的标准。在现代社会，社会评价个人的活动中，国家权威评价活动占据主导作用，其赏罚分明的机制既形成也反映一个人的社会地位、社会价值和社会利益，而这些恰好是人与人之间交往最重要的、最被关注的内容，因而不可避免地被个人用来作为评价他人的最重要的评价标准。国家权威机构对于个体、个体认同的评价同样渗透到个人

① 参见陈新汉：《权威评价论》第八章，上海人民出版社 2006 年。

② 陈新汉：《权威评价论》，上海人民出版社 2006 年，第 339、342、343 页。

对他人的评价之中，在一个人决定是否与另一个人发展长久的、深层次关系尤其是那些亲密关系时起重要作用，这将从外部对一个人的个体认同起关键性作用，比如，现代婚姻关系男女双方首先要看彼此独立生活的能力、占有的社会资源和社会地位，而这与国家对个体、个体认同的肯定性评价紧密联系在一起，一个不能作为个体而存在的人，甚至没有能力走进婚姻关系。

【执行编辑：陈新汉】

理解不是一种知识：兼论理解的价值

李大山[*]

【摘　要】理解与知识是什么关系？格林姆等人以“理解非透明”与“理解不兼容运气”主张“理解是一种知识”；普理查德等人以“理解是独特的认知成就”与“理解难以通过证言传递”主张“知识不是一种理解”。论证表明，他们都混淆了理解本身与理解的产物。理解是一种创造性的心智活动，产物是心智状态知识与能力。理解的成功条件不是“心智状态融贯”、“符合事实”与“能力适切”，知识作为理解的产物只影响理解的“深度”而不影响“有无”。知识是一种理解，但理解不是一种知识。

【关键词】理解；理解的产物；知识；成功条件；外在的

引　言

理解与知识的关系是最近科学哲学与知识论的一个重要话题。一部分人主张理解与知识有根本区别，如琳达 · 扎格泽博斯基（Linda Zagzebski）、乔纳森 · 卡万维格（Jonathan Kvanvig）与邓肯 · 普理查德（Duncan Pritchard）；另一部分人主张理解与知识没有根本区别，理解是知识的一种，如史蒂芬 · R. 格林姆（Stephen R. Grimm）。

这个问题可追溯至古希腊，《美诺篇》区分了“正确的意见”与“知识”，（柏拉图笔下的）苏格拉底认为在引导行动时，正确的意见不比知识的作用小。①

* 李大山，上海大学马克思主义学院讲师，主要研究方向为元伦理学、应用伦理学、认知哲学。

① ［希］柏拉图：《柏拉图全集》第一卷，王晓朝译，人民出版社 2002 年，第 532—533 页。

卡万维格将之概括为“美诺问题”（problem of the Meno）：知识是否比知识的子部分更有价值？[①]卡万维格独辟蹊径，将“美诺问题”阐释为：理解是否比理解的子部分更有价值，在我们追寻理解的独特价值的途中会收获知识的独特价值。[②]这样一来，理解就成了不同于知识而比知识更有价值的存在。

如果知识比知识的子部分更有价值，那么原因何在呢？一个朴素的直觉是：知识蕴含理解，理解之后才有知识，而知识的子部分未必蕴含理解。这篇文章将沿着“理解未必是知识，但知识一定是理解”的思路来处理理解与知识的关系，核心论点是“理解是知识的必要不充分条件”。其中，“理解是知识的必要条件”的论战对象是普理查德等人，他们主张“知识无须理解”；“理解不是知识的充分条件”的论战对象是格林姆等人，他们主张“理解和知识一样有真假”。

通过区分理解本身与理解的产物（products of understanding），我将揭示当前争论错在何处。知识是理解的产物而不是理解本身，理解的产物非透明、不兼容运气、不代表理解本身也如此。理解就像生产线，知识是生产线生产的质检合格的产品。有质检合格的产品意味着一定有生产线，所以知识在概念上蕴含理解；有生产线不一定有质检合格的产品，所以理解在概念上并不蕴含知识。

一、关于理解与知识关系的四个论证

关于理解与知识的关系，以往的讨论围绕透明性、认知运气、认知成就等话题：（A）理解是非透明的；（B）理解不兼容运气；（C）理解是一种独特的认知成就；（D）理解是“掌握依赖关系”。可分别扩充为四个论证：

第一个论证：（A1）知识是非透明的；（A2）理解也是非透明的；（A3）理解是一种知识。

第二个论证：（B1）知识不兼容运气；（B2）理解也不兼容运气；（B3）理解

① Kvanvig, J. *The Value of Knowledge and the Pursuit of Understanding*. Cambridge University, 2003, p. 185.

② Kvanvig, J. *The Value of Knowledge and the Pursuit of Understanding*. Cambridge University, 2003, pp. 185-188.

是一种知识。

第三个论证：（C1）知识不是一种独特的认知成就；（C2）理解是一种独特的认知成就；（C3）知识不是一种理解（或理解不是一种知识）。

第四个论证：（D1）事物之间的依赖关系是世界的一部分；（D2）理解是掌握依赖关系；（D3）理解和知识的成功条件都是外在的。

这四个论证涉及的内容非常多，如（A1）涉及知识的透明性与非透明性之争，（B1）涉及知识与认知运气的关系，（C1）涉及知识与内在价值、认知成就的关系。这些话题讨论起来颇费周折，需要铺垫大量背景，一篇文章的篇幅肯定不够用；而且这些话题没有直接涉及理解，所以我不打算通过挑战它们来论证我的观点。

直接涉及理解的是（A2）（B2）（C2）（D2）。在第二、三节我将表明，格林姆等人对（A2）与（B2）的论证不成立；在第四、五节我将表明普理查德对（C2）、格林姆对（D2）的论证过度了，认知成就与掌握依赖关系都是理解的产物而不是理解本身，前者接受事实性评价或适切性评价，后者不接受这些评价。

二、区分理解本身与理解的产物

在知识论与心智哲学中一般认为心理状态是透明的。如果一个人拥有一个心理状态，那么判断他是否拥有该状态的标准由他自己决定。心理状态的成功条件内在于能动者。琳达 · 扎格泽博斯基指出，理解是看出不同知识如何整合起来（fitting together），这种整合不是命题形式。[①] 由于"整合"与"看（see）"发生于能动者内部，所以有理由认为理解的成功条件和心理状态一样是内在性的。

我们一般会承认真是知识的必要条件，知识的真假不由能动者决定，真之制造者是外在的而非内在的。相反，根据扎氏，理解的成功条件是内在的，不仅有着内在可通达标准（internally accessible criteria），而且是由某种意识透

① Zagzebski, L. Recovering Understanding. *Knowledge, Truth and Duty: Essays on Epistemic Justification, Responsibility, and Virtue*. Oxford University Press, 2001, pp. 243-244.

明的类型（conscious transparency）构成的状态。[①]这意味着，我们不知道自己对某物拥有知识是可能的，但不知道自己对某物拥有理解是不可能的。甚至，扎氏主张理解是一种能直接意识到理解对象的状态，意识透明性是理解的标准。

这篇文章不打算论证“理解是透明的”，因为这和“理解不是一种知识”没有直接关系，即便搞清楚了理解与透明性的关系，还得搞清楚知识与透明性的关系，才能判断理解与知识的关系，论证战线拉得太长了。本节与下一节的目的是表明格林姆“理解是非透明的”与“理解不兼容运气”两个论证没有涉及理解本身。

格林姆举了一个例子来反对理解是透明的。冰箱停止了工作，小李前后查看，发现插头被拔掉了，小李以为理解了冰箱为何停止工作。其实真正导致冰箱停止工作的原因是电线短路，插头被拔掉只是担心起火而已。[②]按照透明性标准，是否拥有理解由能动者内部决定，但冰箱例子中决定小李是否拥有理解的东西外在于能动者，是世界的一部分，有着和知识一样的成功条件。

我不认为这个例子反驳了“理解不是知识”，甚至不认为反驳到了扎格泽博斯基的论证。冰箱短路的例子只表明了小李关于冰箱为何停止工作的认知是错误的。要区分理解本身与理解的产物，理解的产物“质检不合格”不意味着没有理解。

虽然我们没有正确地理解冰箱停止工作的原因，但仍然有理解，错误的理解也是理解。如扎氏所言，理解的成功条件不是不可错的，理解在错误的情况下仍然可能存在。[③]幻觉、认知、知识、判断、信念，以及意动性的欲望、意图等状态都是理解的产物。今天科学哲学与知识论中大多数学者混淆了理解本身与理解的产物。虽然他们有的将理解还原为知识，而有的坚持理解不可还原为知识，但

---

① Zagzebski, L. Recovering Understanding. *Knowledge, Truth and Duty: Essays on Epistemic Justification, Responsibility, and Virtue*. Oxford University Press, 2001, pp. 246-247.

② Grimm, S. R. Is Understanding a Species of Knowledge? *British Journal for the Philosophy of Science*, Vol. 57, Issue. 3, 2006, p. 518.

③ Zagzebski, L. Recovering Understanding. *Knowledge, Truth and Duty: Essays on Epistemic Justification, Responsibility, and Virtue*. Oxford University Press, 2001, p. 246.

都将理解视为知识的产物，先有知识或能力才能谈论理解。

这篇文章的观点相反：逻辑上先有理解才能谈论知识、能力与状态。理解就像生产活动，由于生产线故障等原因，生产未必得到产品；但如果有产品则一定有生产活动，产品在概念上蕴含生产活动。这个类比有助于把握我的论点：理解不是一种知识，但知识一定是一种理解。产品的质检标准（成功条件）外在于生产活动，生产活动的成功条件既不是生产质检合格的产品（事实性），也不是质检合格的产品归功于生产线（适切性），而是生产线搭建本身，其成功体现在从“不能生产”到“能生产”，包括产业界所谓的“风险试产”。

基于这番区分来重审格林姆等人的论证。扎氏的论证结构是，我们不可能在不拥有理解的成功条件下获得理解，反驳这个论断需要“能动者不拥有理解的成功条件”与“仍然获得了理解”两个条件同时成立。区分理解本身与理解的产物令我们看到，格林姆只论证了理解产物的成功条件外在于能动者而没有涉及理解的成功条件，所以没有满足前一个条件。那么，理解的产物在“质检不合格”的情况下我们获得理解而满足后一个条件了吗？格林姆的回答是：虽然我们对冰箱停止工作仍然拥有某种理解，如冰箱工作需要用电，但这些理解对象也是世界中真实存在的。[①] 所以在他看来，理解的成功条件是外在的。然而，由于“冰箱工作需要用电”作为判断、信念或知识，都是理解的产物，所以格林姆关于“小李仍然获得了理解”的理由是错误的。

三、理解兼容运气吗？

考察理解与知道关系的第二个角度是认知运气。自埃德蒙 · 盖提尔（Edmund Gettier）以来的知识论通常认为知识不兼容运气，[②] 理解是否兼容运气就成了“理解是否是一种知识”论战的其中一个战场。普理查德等人概括了三个立

① Grimm, S. R. Is Understanding a Species of Knowledge? *British Journal for the Philosophy of Science,* Vol. 57, Issue. 3, 2006, p. 518.

② 也有小部分人认为知识兼容运气，如斯蒂芬 · 赫色林顿（Stephen Hetherington）以及笔者。

场：强兼容论、温和的兼容论与不兼容论。①

用乔纳森·卡万维格的一个例子来说，小李理解科曼奇（Comanche）统治北美南部平原的历史，他能正确地回答任何相关问题，再假设他的回答源于史书记载的信息而非臆测与编造。②卡万维格认为，关于科曼奇的历史，小李有理解却未必有知识，因为他的回答可能只是偶然正确（accidentally true），可能大多数历史书都写错了，而他看的那本刚好是正确的，类似于“假谷仓”（fake barn）思想实验，偶然为真的信念没有通过被知识要求的方式得到辩护。③

著名的“假谷仓”反例来自阿尔文·古德曼（Alvin Goldman），设想一片外形和真谷仓一模一样的假谷仓中有一座真谷仓，依据外形难以判断真假谷仓，因为真假谷仓在我们的视觉加工机制下的呈现完全相同。由于运气好，小李看到的那座谷仓刚好是唯一一座真谷仓，于是形成“这里有座谷仓”的知识。一些人会说，小李没有获得知识，因为其视觉加工机制并不确保识别假谷仓，古德曼希望这能说明知识因果论是错的。④

这篇文章不关心知识而关心理解兼容运气与否。卡万维格认为可以，理由是理解没有知识那样的病因学面相（etiological aspects）。⑤我们可以知道许多相互无联系的信息片段，但仅当这些信息性项目（informational items）被某个主题整合起来才实现理解。⑥这和扎氏的观点类似。如果理解是一种知识，那么理解一组信息将涉及知道构成这组信息的大量真理，在卡万维格看来，这超出了理解的要求。内在的看或解释性鉴别（appreciating of explanatory）与其他涉及大量信息

① https://plato.stanford.edu/entries/knowledge-value/#UndeEpisValu. By Duncan Pritchard, John Turri and J. Adam Carter.

② Kvanvig, J. *The Value of Knowledge and the Pursuit of Understanding*. Cambridge University, 2003, pp. 197-198.

③ Kvanvig, J. *The Value of Knowledge and the Pursuit of Understanding*. Cambridge University, 2003, p. 198.

④ Goldman, A. Discrimination and Perceptual Knowledge. *Causal Theories of Mind: Action, Knowledge, Memory, Perception and Reference*. De Gruyter: 1983, pp. 174-194.

⑤ Kvanvig, J. *The Value of Knowledge and the Pursuit of Understanding*. Cambridge University, 2003, p. 198.

⑥ Kvanvig, J. *The Value of Knowledge and the Pursuit of Understanding*. Cambridge University, 2003, p. 192.

的融贯性关系才是理解的重要特征；相反，知识的重要特征是非偶然性成真，超出了信念成真。[①] 在“科曼奇—假谷仓式”反例中，小李对各种信息的掌握是融贯的，这符合理解的特征却不符合知识的特征。

格林姆针锋相对地构造了幻觉问题（veridical hallucination problems）：假设中情局将致幻剂放入阿尔伯特的咖啡，令其产生幻觉，自己的狗撞到桌子导致花瓶落地。阿尔伯特似乎理解花瓶为何落地（因为被狗撞到），但是我们仍然会觉得阿尔伯特没有理解花瓶为何落地，因为他很容易搞错花瓶落地的原因，设想存在一种令其产生猫撞到桌子的幻觉的致幻剂就行了。[②] 格林姆的论证承袭了其外在主义，“这里是否有一座谷仓”“花瓶落地的原因”和“冰箱停止工作的原因”都是世界中不同部分之间的依赖关系。

卡万维格与格林姆的分歧在于理解是否接受外部评价，前者站在融贯主义立场看待理解的成功条件，后者站在事实主义立场看待理解的成功条件。根据上一节的区分，容易看出格林姆的幻觉论证混淆了理解与理解的产物，而卡万维格将理解视为“内在地看”则暗合“理解是生产线”类比。不过，“理解是掌握解释性关系”“理解接受融贯性评价”等观点说明卡万维格仍没有摆脱“理解的产物”思维惯性。

同样混淆了的还有邓肯 · 普理查德。他用认知成功（cognitive success）与认知能力（ability）来界定理解，理解当且仅当认知成功（success）归功于认知能力。区分环境型认知运气（environmental epistemic luck）与盖提尔型认知运气（Gettier-style epistemic luck）。前者认知成功归功于认知能力，兼容运气而有理解；后者认知成功无关认知能力，不兼容运气而无理解。[③] 据此，我们可以评价科曼奇、幻觉等例子。即便小李的科曼奇历史知识来源于一本考证粗糙的史书，也仍然有理解，因为小李将书上的信息整合，获得的认知成功（回答全部正确）

---

① Kvanvig, J. *The Value of Knowledge and the Pursuit of Understanding*. Cambridge University, 2003, pp. 198–199.

② Grimm, S. R. Is Understanding a Species of Knowledge? *British Journal for the Philosophy of Science,* Vol. 57, Issue. 3, 2006, pp. 520–521.

③ Pritchard, D. Knowledge, Understanding and Epistemic Value. *Royal Institute of Philosophy Supplement,* 2009, Vol. 64, p. 39.

归功于认知能力。谷仓问题同样如此，认知成功“这里有一座谷仓”归功于认知能力“看到了谷仓”。[①] 反观幻觉问题，阿尔伯特的认知成功来自幻觉，不涉及认知能力的正常运用，或者说其认知成功来自药物的致幻性，不能归功于能力。

如果普理查德的论证是对的，那么“理解兼容运气”会遭到打击，因为至少在盖提尔型认知运气中，理解不兼容运气。同时，“理解不兼容运气”也会遭到打击，因为在环境型认知运气中，理解兼容运气。这说明认知运气不是一个讨论理解与知识关系的好角度。在我的阐释下，德性知识论“理解是归功于能力的成功”有两处盲点：第一，能力和知识一样都是理解的产物，而不是相反；第二，理解并不要求真，错误的理解也是理解。

四、理解的成功条件

通过以上三节内容不难看出，“理解是一种知识”与“理解不是一种知识”的核心分歧在于：理解的成功条件是否如知识那样外在于能动者。用格林姆的话说，真是理解的必要构成；用普理查德的话说，认知成就是运用足以获得真信念的能力取得认知成功；用宝琳娜·斯丽娃（Paulina Sliwa）的话说，知道是理解的充分必要条件。

支持“理解不是一种知识”无须论证理解的成功条件是内在的，因为“外在于能动者”是一个很宽泛的说法。能力的成功条件适切性（aptness）也外在于能动者，不受能动者控制，而能力与知识显然不同；所以我只需论证理解与知识的成功条件不同即可，无须论证理解的成功条件是内在的。

在我看来，外在主义完全忽视了理解的能动者维度，而内在主义又过分执着于它。理解是能动者创造心智结构（creation of structure of mind）。注意，理解不仅仅是心智结构，而是创造心智结构，创造出的心智结构是理解的产物。需要从两部分内容揭示理解的成功条件：一是心智结构，二是这种心智结构是能动者创造出来的。

① Pritchard, D. Knowledge, Understanding and Epistemic Value. *Royal Institute of Philosophy Supplement,* 2009, Vol. 64, pp. 35–37.

以温度计为例，温度计能够表征温度，是因为水银在玻璃泡内会随着接触对象的温度而热胀冷缩，根据该原理选择特定的材料制作，这就是温度计的表征结构。衡量温度计表征准确性的标准是外在的，需要接受实际温度的检验，偏差越小，说明温度计越好。然而温度计的表征结构并不由实际温度决定，而由科学定律与物理材料决定，可见事实性评价只能衡量温度计好坏的标准，而不决定温度计的本质。

智能生物的表征结构比温度计复杂太多，除了表征客观对象，还涉及情绪等非认知性心智状态的结构，我统称为心智结构。外部刺激对于心智结构而言属于质料，心智结构相当于规定质料的形式。形式显然不是知识，形式与质料结合的产物才是知识。以冰箱停止工作为例，命题“插头被拔了”是我们关于“冰箱停止工作”的表征（认知）内容，命题为真，则表征内容成为知识。诚然，拥有越多知识意味着理解更准确、更深入，但知识只能评价理解的“程度”而无法评价“有无”。即便关于某物的理解全是错的，也不妨碍他创造出特定的心智结构。现代天文学表明古人的“地心说”是错误的，但不能说古人对太阳与地球没有理解。至于如何解释心智结构就不是这篇文章的任务了，我倾向于用心智的计算理论（computational theory of mind）来解释。

理解“理解”的第二个关键在“创造”。和知识一样，心智结构也是理解的产物，没有完整揭示理解之本性。理解意味着能动者从陌生走向熟悉。做一个思想实验：秦始皇穿越到今天不会理解手机，因为他缺乏理解手机的心智结构，经过现代人的讲解，秦始皇突然提问，无线电信号是不是和飞鸽传书差不多？这标志着秦始皇创造出了理解手机的心智结构，尽管该心智结构未必带来关于手机的准确知识。高等智能体如何创造出心智结构是认知科学的探究目标。

回到“冰箱停止工作”的例子。假设小李的儿子认为冰箱停止工作的原因是恶魔神力，那么他多少拥有一点表征该事件的心智结构，尽管该心智结构会导出非常荒谬的信念。小李儿子在动画片中看到过许多类似的基于神力的因果解释，他将这种解释独立地运用到解释“冰箱停止工作”上，创造了表征该事件的心智结构。相反，电工告诉小李儿子“冰箱停止工作是因为短路”，哪怕小李儿子形成了正确的信念，也未必获得了理解，因为不清楚小李儿子是否创造出了特定心智结构。

我对心智结构的阐释听起来很像德性或能力，“独立地运用于新情境”这些说法容易令人将我的理论与格林姆、希尔斯等人的理论混淆。

希尔斯主张“理解一个事件”意味着能够正确地解释这个事件的原因，并且能够正确地解释类似的事件，① 即“举一反三”的能力。格林姆主张理解一个事件是掌握其依赖关系，掌握的实质是一种回答“不这样发生会如何（what-if-things-had-been-diffierent）”的能力，② 不仅描述事物的现状，而且预测系统特定组成部分与其他部分是如何表现的，③ 即“预测复盘”的能力。

如果将知识与理解界定为这些能力，可以排除盖提尔型与环境型两种运气。在幻觉例子中，阿尔伯特有能力知道花瓶摔碎的原因可能是猫咪碰撞，也可能是扫地机器人碰撞，无论是否服用了致幻药，这种能力不会改变。在教科书式例子中，凭借着唯物史观与丰富的史料积累，即便教科书写错了，小李也能够发现错在何处。在假谷仓式例子中，凭借在不同条件下识别真谷仓的能力，即便那是一座假谷仓，小李依然能够识别。我所谓的心智结构乍一看似乎与能力无异。

阿里森·希尔斯认为通过容易出错的认知途径，一个人可以不知道某当权者屠杀百万人的邪恶之举，但理解某当权者为何邪恶。理由是如果他有能力（ability）从类似的实例中推理得到某当权者是邪恶的。④ 然而，能力“知道如何”和知识都是理解的产物而不是理解本身，能力的成功条件是适切性，即运用能力有效率地做正确的事，这是理解达到较高程度甚至一定境界的产物。

对一样事物或一个事件掌握更多的反事实依赖关系的人有着更深入的理解，但不是判断我们有无理解的标准。心智结构稳定、熟练与适切后方称为能力。所以和知识一样，能力蕴含理解，但理解未必是能力。套用扎氏的话说，理解与真

---

① Hills, A. Moral Testimony and Moral Epistemology. *Ethics,* 2009, 120(1), pp. 102-103.

② Grimm, S. R. Is Understanding a Species of Knowledge? *British Journal for the Philosophy of Science,* Vol. 57, Issue. 3, 2006, p. 532.

③ Grimm, S. R. Understanding. *The Routledge Companion to Epistemology*. Berneker, S., Pritchard, D. (Edited). Routledge, 2011, p. 12.

④ Hills, A. Moral Testimony and Moral Epistemology. *Ethics,* 2009, 120 (1), p. 104.

的联系通常是间接的，[①] 我们也可加上一句：理解与适切的联系也是间接的。

五、知识是一种理解

上一节聚焦理解的成功条件论证了“知识不是理解的必要条件”，这一节尝试论证“知识是理解的充分条件”。对此反对者有不少，如扎氏指出，理解加深对已知的认知性掌握，一个人可以知道个别命题却不理解它们。[②] 他们主要有两类理由：一是知识与认知成就分离；二是知识能通过证言传递而理解不行。我将驳斥这两个理由。

普理查德认为，知道一个事件的原因，不意味着理解其原因。他举了一个房子着火的例子，为了文章的一致性与易读性，我根据普理查德的精神改造格林姆“冰箱停止工作”的例子：电工师傅告诉小李冰箱停止工作的原因是电线短路，小李转告了他的儿子。然而他的儿子年龄还小，对短路如何导致冰箱停止工作缺乏概念。在普理查德看来，儿子知道冰箱停止工作的原因是短路，但不理解冰箱为何停止工作。[③] 他的解释是：儿子的知识不构成认知成就，因为难以令其信念之真够格，缺乏支持其信念的反思可通达的基础。[④] 他希望这番论证能与前面他在认知运气上的论证共同揭示一点：知识既不是理解的充分条件也不是必要条件。

反驳这番论证有两条思路：一是小李儿子并不知道冰箱停止工作的原因；二是小李儿子对冰箱停止工作其实拥有理解。如果我对理解与理解之产物的区分正确，无论知识是否构成认知成就，都只是理解的产物而没有涉及理解本身，那么普理查德的论证其实没有涉及小李儿子对“冰箱停止工作”有无理解。

---

① Zagzebski, L. Recovering Understanding. *Knowledge, Truth and Duty: Essays on Epistemic Justification, Responsibility, and Virtue*. Oxford University Press, 2001, p. 245.

② Zagzebski, L. Recovering Understanding. *Knowledge, Truth and Duty: Essays on Epistemic Justification, Responsibility, and Virtue*. Oxford University Press, 2001, p. 244.

③ Pritchard, D. Knowledge, Understanding and Epistemic Value. *Royal Institute of Philosophy Supplement,* 2009, Vol. 64, pp. 38-39.

④ Pritchard, D. Knowledge, Understanding and Epistemic Value. *Royal Institute of Philosophy Supplement,* 2009, Vol. 64, p. 39.

斯丽娃的回应策略兼具二者，她主张理解建立在命题性知识之上。① 小李与儿子有着不同的背景知识，小李知道冰箱停止工作的更多可能的原因，如质量原因；而小李儿子知道得少，如有人故意拔掉插头导致。② 小李与儿子有着不同的理解是因为有着不同的知识。两个人在理解上是否相同取决于他们在知识上是否相同，③ 理解的还原论（即支持"理解是一种知识"）兼容我们的一个直觉：理解有分级。如果对"冰箱停止工作是因为短路"没有理解，那么也没有知识，这个句子只是证言而不是知识。④

在知识是理解的充分条件上我与斯丽娃一致，不过我们的理由刚好相反，她将理解建立在知识上，而我将知识建立在理解上。斯丽娃说小李与他儿子有着不同的背景知识，在我看来，倒不如说二人有着不同的心智结构，小李拥有表征冰箱运行机制的心智结构，而他儿子拥有表征"怪力乱神"运行机制的心智结构。相同的知识可以由不同的心智结构来表征，电工、小李与小李儿子三人都知道冰箱停止了工作，然而他们被激发的行动却大相径庭：电工会用新电线解决短路问题；父亲会付维修费，并提醒自己在下次使用中避免短路；儿子则以为是冰神打盹。知识作为人类理智的特殊产物，以感性、知性与理性官能为条件，而理解就是知性的另一种中文翻译。

于是第二个反对理由我们也能轻松化解。希尔斯认为知识能够像证言那样传递而理解不行，所以知识不是一种理解。⑤ 这忽略了知识的传递需要证言接收者有适当的接收条件才行。虽然电工、小李与小李儿子对"冰箱停止工作的原因是短路"的理解不同，但都接收了。电工有专业的维修知识与经验，父亲有常识物理学，儿子有"怪力乱神"世界观，这些接收条件才使得知识能够通过证言传

① Sliwa, P. Understanding and Knowing. *Proceedings of the Aristotelian Society,* 2015, 115 (1pt1), p. 67.

② Sliwa, P. Understanding and Knowing. *Proceedings of the Aristotelian Society,* 2015, 115 (1pt1), pp. 67-68.

③ Sliwa, P. Understanding and Knowing. *Proceedings of the Aristotelian Society,* 2015, 115 (1pt1), p. 69.

④ Sliwa, P. Understanding and Knowing. *Proceedings of the Aristotelian Society,* 2015, 115 (1pt1), pp. 70-71.

⑤ Hills, A. Moral Testimony and Moral Epistemology. *Ethics,* 2009, 120 (1), p. 96, 121.

递。秦始皇能够辩护"手机能够通话"的信辩，意味着形成了特定的心智结构，从知识的可辩护性可知，知识同样难以单纯通过证言传递。

结　语

本文考察了理解与知识的关系，在透明性、认知运气、认知成就等话题，区分了理解本身与理解的产物，就个体能动者而言，理解是创造心智结构，知识与能力影响理解的"程度"而不影响"有无"，从而反驳了支持"理解是一种知识"的几个理由，对"理解不是一种知识"与"知识是一种理解"给出了正面论证。在其他文章中，笔者将对"理解是创造心智结构""理解不是能力"做出更详细的解释。

【执行编辑：张艳芬】

文化与价值研究

Research on Culture and Value

共同富裕内涵梳理及实践路径研究
——以法制保障为线索

段知壮　陈景昭 *

【摘　要】社会主义的本质是解放生产力，发展生产力，消灭剥削，消除两极分化，最终达到共同富裕。共同富裕不是全社会同时实现富裕，也不是社会成员之间的绝对平均，其实现是社会发展整体向着富裕这一目标不断动态演化的过程。因此，致力于共同富裕的道路上首先要以经济建设为中心，大力发展生产力，进而完成物质基础与资本积累。此外，还要进一步完善分配机制，始终坚持党的领导，坚持中国特色社会主义道路，并且将健全且充分的法律法规保障融入整个动态实践过程，进而才可以更好地实现共同富裕的中国梦。

【关键词】共同富裕；分配机制；法制保障

2021 年 6 月 10 日，中共中央、国务院发布《关于支持浙江高质量发展建设共同富裕示范区的意见》(以下简称《意见》)，基于浙江省在探索解决发展不平衡不充分问题方面已经取得了一定的成效，具备开展共同富裕示范区建设的基础和优势，因此赋予浙江重要示范改革任务。7 月 19 日，《浙江高质量发展建设共同富裕示范区实施方案（2021—2025 年）》(以下简称《实施方案》) 正式发布，方案提出要率先基本建立推动共同富裕的体制机制和政策框架，努力成为共同富裕改革探索的省域范例；率先基本形成更富活力创新力竞争力的高质量发展模

* 段知壮，浙江师范大学行知学院副教授，主要研究方向为法律社会学；陈景昭，石家庄学院经济管理学院讲师，主要研究方向为社会治理。

式，努力成为经济高质量发展的省域范例等内容。

随着社会的不断发展，不同时代背景下对共同富裕这一概念的理解也必然存在着一定差异。从最基础的视角而言，共同富裕是社会全体人民通过不断的辛勤劳动和相互帮助，最终能够达到物质上的丰衣足食，简言之也就是在消除两极分化和贫穷基础上继而实现全体社会成员的普遍富裕。但中国人多地广的客观现实意味着，共同富裕不可能是全体社会成员在某一个具体时间点上的同时富裕，而是需要通过一部分人、一部分地区先富起来，先富帮助后富，最终逐步实现共同富裕。正是沿着这种思路，改革开放以来我国极大地解放和发展了生产力，人民生活水平不断提高。但与此同时，生产力的发展是共同富裕的基础而非归宿，如何在保持生产力发展的同时完善分配制度，实现公平与效率的价值并重成为21世纪前后摆在中国共产党面前的主要难题。特别是在进入新时代后，共同富裕的内涵与外延得以进一步升华，诚如《意见》中提及的："实现共同富裕不仅是经济问题，而且是关系党的执政基础的重大政治问题。"此时的共同富裕已然超越了单纯的经济范畴进而辐射到国家社会生活方方面面。它是经济、政治、文化、社会和生态文明建设五位一体高度协调的综合性发展状态，其中，社会经济物质、社会精神与文化为核心基础前提，民主政治与生态文明环境为必要保障，物质生活的富裕、精神生活的丰富、民主政治的进步、国民文明素质的提高，这几个方面有机结合，才能构成社会主义共同富裕的内容。① 那么实现共同富裕的道路与方式也就随之产生了新的转变，从单纯物质层面的"先富带动后富"，再到社会经济制度以及相配套社会运行体系的完善，共同富裕越来越需要一种全方位的体制机制建构，其中如何更好凸显法制保障之于共同富裕实践的重要作用就成为本文探讨的重点。

一、新中国以来共同富裕理论的历史沿革

"共同富裕"这一概念最早出现在党的文件中是在1953年，按照毛泽东的要

① 参见任立新、陈宝松：《全面理解共同富裕思想的科学内涵》，《中国特色社会主义研究》2003年第5期。

求，中共中央通过了《关于发展农业生产合作社的决议》，其中指出要“使农民能够逐步完全摆脱贫困的状况而取得共同富裕和普遍繁荣的生活”[1]。可见“共同富裕”最初是与社会主义建设相伴相生的，其作为一种目标要求在社会主义发展道路上必须大力发展生产力以提供物质基础。

“文化大革命”以后，以邓小平为核心的党的第二代中央领导集体开始对什么是社会主义、怎样建设社会主义的问题进行反思。1978 年底，邓小平提出要“使全国各族人民都能比较快地富裕起来”[2]，强调高度发达的生产力乃是实现共同富裕的基础，其强调“让一部分人、一部分地区先富起来，大原则是共同富裕。一部分地区发展快一点，带动大部分地区，这是加速发展、达到共同富裕的捷径”[3]。但与此同时邓小平也非常关注贫富差距问题，其指出“社会主义的目的就是要全国人民共同富裕，不是两极分化”[4]。可见邓小平已经有指向性地思考在推动生产力发展与后续分配制度设置之间的公平与效率问题。

此后，以江泽民同志为核心的党的第三代中央领导集体坚持中国特色社会主义道路不动摇，提出“兼顾效率与公平，运用包括市场在内的各种调节手段，既鼓励先进，促进效率，合理拉开收入差距，又防止两极分化，逐步实现共同富裕”[5]。党的十四届三中全会通过《中共中央关于建立社会主义市场经济体制若干问题的决定》，对效率与公平问题做出了进一步阐述：“坚持鼓励一部分地区一部分人通过诚实劳动和合法经营先富起来的政策，提倡先富带动和帮助后富，逐步实现共同富裕。”可见随着社会生产力的大幅提升，如何在保持社会经济稳步向前发展的同时处理好地区发展不平衡、城乡差异大等问题成为这一时期共同富裕道路上的新问题。

进入新世纪，中国特色的社会主义现代化建设也迈上了一个新的台阶。特别是随着改革开放的深入，广大人民群众的物质生活水平得到了极大的提升，富裕程度大大提高。此时以胡锦涛同志为总书记的党中央强调要“妥善处理效率和

---

① 《建国以来重要文献选编》第四册，中央文献出版社 1993 年，第 662 页。

② 邓小平：《邓小平文选》第二卷，人民出版社 1994 年，第 152 页。

③ 邓小平：《邓小平文选》第三卷，人民出版社 1993 年，第 166 页。

④ 邓小平：《邓小平文选》第三卷，人民出版社 1993 年，第 110—111 页。

⑤ 江泽民：《江泽民文选》第一卷，人民出版社 2006 年，第 227 页。

公平的关系，更加注重社会公平”，“在促进发展的同时，把维护社会公平放到更加突出的位置，综合运用多种手段，依法逐步建立以权利公平、机会公平、规则公平、分配公平为主要内容的社会公平保障体系，使全体人民共享改革发展的成果，使全体人民朝着共同富裕的方向稳步前进”。① 可见，此时我国共同富裕发展的道路已然进入到了一个新的阶段，如何在保持经济发展稳步向前的基础上更好地处理分配问题成为重中之重。对此，党的十七大报告在共同富裕的问题上进一步提出：“要始终把实现好、维护好、发展好最广大人民的根本利益作为党和国家一切工作的出发点和落脚点，尊重人民主体地位，发挥人民首创精神，保障人民各项权益，走共同富裕道路，促进人的全面发展，做到发展为了人民、发展依靠人民、发展成果由人民共享。”②

十八大以来，共同富裕理论被进一步发展，其内涵已经演变成一个中国社会发展的目标体系或者说是中国梦。以习近平同志为核心的党中央领导集体强调中国将坚定不移地走共同富裕道路，并且将共同富裕问题的辐射面大大拓展，无论是教育、医疗还是劳动与社会保障，均是衡量社会共同富裕程度的一个标准维度。此时共同富裕已然成为中国特色社会主义的根本原则，“所以必须使发展成果更多更公平惠及全体人民，朝着共同富裕方向稳步前进”③。党的十八大报告还指出：“必须坚持走共同富裕道路。共同富裕是中国特色社会主义的根本原则。要坚持社会主义基本经济制度和分配制度，调整国民收入分配格局，加大再分配调节力度，着力解决收入分配差距较大问题，使发展成果更多更公平惠及全体人民，朝着共同富裕方向稳步前进。”④

简单来说，自新中国建立以来，中国共产党共同富裕理论的实践机制经历了“利益均享”到“利益分享”再到“利益共享”的提升。⑤ 特别是新时代背景下，我国共同富裕的内涵被大大拓展，其目标层体现的是中国不断进行社会主义

---

① 《十六大以来重要文献选编》(中)，中央文献出版社 2006 年，第 604、712 页。

② 《十七大以来重要文献选编》(上)，中央文献出版社 2009 年，第 12 页。

③ 习近平：《习近平谈治国理政》第一卷，外文出版社 2014 年，第 13 页。

④ 《坚定不移沿着中国特色社会主义道路前进　为全国建成小康社会而奋斗——在中国共产党第十八次全国代表大会上的报告》，人民出版社 2012 年，第 15 页。

⑤ 杜奋根、赵翠萍：《论中国共产党在社会主义建设实践中的共同富裕思想》，《求实》2011 年第 1 期。

发展探索的总体目标追求，保障层体现的是政治、经济、社会、文化和生态环境五位一体的高度协调发展。[①] 但与此同时也需要注意到，无论时代背景如何变迁，共同富裕一直是中国特色社会主义制度的本质要求。坚持党的领导、人民当家作主、依法治国有机统一，扩大社会主义民主，加快建设社会主义法治国家，发展社会主义政治文明，是实现共同富裕的坚强政治保证。[②]

二、共同富裕的机理阐释

通过上文对我国共同富裕理论沿革的梳理可见，共同富裕并不仅指经济结果上的富裕，而是一个动态变化的发展过程。换言之，共同富裕理念在整个历史发展过程中其内涵与本质始终贯穿其中，只是在不同阶段、不同历史时间节点上呈现出不同的自有属性与面貌特征，进而在整个动态演化过程中不断向着其终极目标迈进。因此，当下我们对共同富裕的认识也不应仅仅停留在如何构建共同富裕之最终结果的层面上，而要将其视作一个动态演化过程，以具体的路径探索、过程发展以及方案设计来最终促进共同富裕目标的落实。

马克思政治经济学关于经济发展的主要结论可以被称为“无限积累原则”，即资本将不可逆转地不断积累，并最终掌握在一小部分人手中，是一个没有天然界限的过程。[③] 社会生产力发展是资本积累的前提与基础，伴随着社会生产力的发展，资本产生不可逆转的不断积累，这是社会财富扩大的标志。但是我们应高度关注和警惕在这一过程中所产生的资本是否最终掌握在一小部分人手中，因为这一点与社会主义的本质是相悖的。财富的高度集中会导致国民收入差距过大，贫富悬殊现象严重，这不符合中国特色社会主义道路的本质与核心。但与此同时作为一个社会公平的范畴，共同富裕不可能是全体社会成员在财富占有上的绝对平均，而是在生活普遍富裕基础上的差别富裕。[④] 无原则地均贫富之所以是错误

① 中国国际经济交流中心课题组：《我国共同富裕道德问题研究》，中国经济出版社 2016 年，第 4 页。

② 陈建波：《中国特色社会主义共同富裕道路研究》，天津人民出版社 2015 年，第 8 页。

③ ［法］托马斯·皮凯蒂：《21 世纪资本论》，巴曙松等译，中信出版社 2014 年，第 10 页。

④ 彭道伦、王干江主编：《缩小差距与共同富裕研究：以重庆市涪陵区为例》，光明日报出版社 2012 年，第 2 页。

的，是因为它的着眼点不是发展生产，增加社会财富的总量，使整个国家富裕起来，而是仅仅着眼于现有社会财富的平均的、等量的分配，无视不同的人在财富创造中的不同贡献。①

共同富裕中的“共同”更多强调的是生产关系的表现方式，即社会财富应该尽可能地被全体社会成员共同占有与享用；而“富裕”则更多关注生产关系背后生产力的具体发展状况，即全体社会成员所拥有的生产资料总量如何。从马克思主义的“生产力决定生产关系”原理来看，共同富裕代表着一种未来理想型的社会结构，而要实现这种理想型社会结构，就意味着国家需要构建出一种公平合理有效的分配体系以及制度安排。在达到高度的生产力水平之前这无疑能起到最大化人民福祉和充分发挥经济潜力的推动作用，这是以保护私有财产为核心的资本权力所无法实现的。②

也就是说，共同富裕的理论逻辑事实上并不在于结果上的“绝对平等”，而是要强调如何通过分配形式等制度设计实现资源享有上的“相对公平”。改革开放以来，我们党在深刻总结历史经验的基础上认识到贫穷不是社会主义，因此要允许一部分人、一部分地区先富起来，从而推动解放和发展社会生产力。那么在社会经济发展已经取得一定成就的今天，如何用更合理的制度安排在继续推动经济发展的同时完善分配制度，特别是其中的社会保障体系建设就成为新时代背景下实现共同富裕的新任务。

如上所言，共同富裕的最终目标并不是一蹴而就的，它需要一个不断演变的动态历史发展过程，由于先天自然条件以及物质资本积累程度的不同，我国各个不同地区呈现出不同的发展程度，这是客观事实。那么如何通过制度设计引领社会经济发展，并且保证发展结果能够真正地实现人民共享，就要应对共同富裕目标演进过程中的各种潜在制约和外部系统冲突。而在各种制度设计安排中，完善的法制体系无疑能够保持共同富裕实践路径的稳定性，其在明确各方权利义务的基础上以更加具有指引性的方式实现资源分配中的机制公平。

① 贾可卿:《共同富裕与分配正义》，人民出版社 2018 年，第 8 页。

② 张维为编:《中国特色社会主义》，上海人民出版社 2020 年，第 216 页。

三、共同富裕实践路径中的法制保障

1. 坚持中国共产党的领导，坚持中国特色社会主义道路

“改革开放以来我们取得一切成绩和进步的根本原因，归结起来就是：开辟了中国特色社会主义道路，形成了中国特色社会主义理论体系。”① 中国特色社会主义道路是实现社会主义现代化、创造人民美好生活的必由之路，是实现中华民族伟大复兴的必由之路。因此中国的发展必须坚持走中国特色社会主义道路，这也就意味着围绕共同富裕目标而采取的各种社会制度建设除了经济意义下的市场驱动，还必须强调国家发展宏观规划下的战略引导。② 中国经济七十年的发展历程尽管艰难曲折，但建设社会主义的主线始终没有改变。中国经济运行和发展的超宏观因素即中国共产党的领导，稳固地保持了中国七十年经济发展内在逻辑的一致性。③ “只有社会主义才能救中国，只有中国特色社会主义才能发展中国，只有坚持和发展中国特色社会主义才能实现中华民族伟大复兴。”④ “消除贫困、改善民生、逐步实现共同富裕，是社会主义的本质要求，是我们党的重要使命。”⑤《中华人民共和国立法法》“总则”第三条明确规定：“立法应当遵循宪法的基本原则，以经济建设为中心，坚持社会主义道路、坚持人民民主专政、坚持中国共产党的领导、坚持马克思列宁主义毛泽东思想邓小平理论，坚持改革开放。”可见，无论是实现共同富裕的制度设计、法制保障乃至政策激励都必须在中国共产党的领导之下，沿着中国特色社会主义道路行进。

2. 以经济建设为中心的生产力发展

社会主义的本质是解放生产力，发展生产力，消灭剥削，消除两极分化，最终达到共同富裕。这一论断一方面强调社会主义的本质乃是解放与发展生产力，另一方面则指出了解放和发展生产力的手段和目的，即增强以经济建设为中心的

① 《十七大以来重要文献选编》(上)，中央文献出版社 2009 年，第 45 页。

② 胡鞍钢、鄢一龙、魏星：《2030 中国：迈向共同富裕》，中国人民大学出版社 2011 年，第 17 页。

③ 金碚：《中国经济 70 年发展新观察》，《社会科学战线》2019 年第 6 期。

④ 《习近平新时代中国特色社会主义思想学习纲要》，学习出版社、人民出版社 2019 年，第 21 页。

⑤ 习近平：《习近平谈治国理政》第二卷，外文出版社 2017 年，第 83 页。

生产力发展是达到共同富裕的重要手段与前提基础。共同富裕是一个理想的全体人民共同享有高度的物质财富和精神财富的终极社会形态，其前提必然是在这样一个社会形态中可以创造出高度发达的财富水平，然后才会涉及分配的方面。①新时代背景下，我国社会生产力、经济实力、科技实力迈上了一个大台阶，人民生活水平、居民收入水平、社会保障水平迈上了一个大台阶，综合国力、国际竞争力、国际影响力迈上了一个大台阶，国家面貌发生新的历史性变化。②这一切均得益于我国经济建设的不断发展，社会生产力的进一步提升，这些共同为我国最终走向共同富裕的目标奠定坚实的物质基础与资本积累。历史发展的实践经验也再次向我们证明，没有生产力的持久大发展，就不可能最终实现社会主义本质所要求的社会公平与正义；不随着生产力的发展而相应地逐步推进社会公平与正义，就不可能充分地调动全社会的积极性和创造活力，因而也就不能持久地实现生产力的大发展。③

一个健全的法制保障体系对于经济发展的重要作用不言而喻，以深圳经济特区为例，一直以来，特区的经济发展都离不开特区立法的保障和推动。④如早在1987年2月深圳市人民政府就出台了《深圳市人民政府关于鼓励科技人员兴办民间科技企业的暂行规定》。此后短短一年时间里，深圳共批准兴办民营企业104家。1992年7月，全国人民代表大会常务委员会审议通过《关于授权深圳市人民代表大会及其常务委员会和深圳市人民政府分别制定法规和规章在深圳经济特区实施的决定》，这意味着深圳正式获得特区立法权，为改革开放提供了坚实的法制保障。此后深圳率先取消企业行政主管部门、率先依法规范行政事业性收费、率先开展行政审批制度改革，这一系列的举措都在反复强调国家在微观层面不应当过多地以行政力量干涉平等市场主体之间的经济交流，相反其应以一种服务性的角色为经济活动提供便利，甚至在一些经济乃至行政合同纠纷的处理中行政机关要将自身视为一个平等主体身份来参与解决，而在这种思路下的社会制度

① 杨威：《共同富裕理论》，吉林出版集团有限责任公司2014年，第21页。

② 王桂枝：《共同富裕实现机制研究》，社会科学文献出版社2018年，第85页。

③ 贾可卿：《共同富裕与分配正义》，人民出版社2018年，第11页。

④ 何家华：《经济特区立法权继续存在的正当性论证》，《地方立法研究》2018年第2期。

设计无疑极大推动了经济蓬勃发展。2013 年 3 月《深圳经济特区商事登记若干规定》出台，在商事登记领域进行大刀阔斧的改革，将商事主体登记与经营项目审批进行一定程度上的分离，极大地促进了商事主体在经济活动中的自主空间。在解决以往申办营业执照诸多麻烦的同时为商事主体在经营项目上提供配套的指导服务，这一规定的出台在深圳掀起了一股史无先例的创业热潮。再如 2020 年 8 月《深圳经济特区科技创新条例》经市人民代表大会常务委员会审议表决通过，作为我国首部覆盖科技创新全生态链的地方性法规，在股权设置中作出重大创新，允许在深注册的科技企业实施"同股不同权"。习近平总书记在 2014 年中央全面深化改革领导小组第二次会议上的讲话中曾指出："凡属重大改革都要于法有据。在整个改革过程中，都要高度重视运用法治思维和法治方式，发挥法治的引领和推动作用，加强对相关立法工作的协调，确保在法治轨道上推进改革。"① 深圳通过立法或法制变革的方式来积极推进特区的改革与发展，善于发挥立法引领和推动作用，用法制的"立"来为改革发展的"破"保驾护航，从法律制度上进行改革的顶层设计。② 稳定的制度环境可以为人们提供长期合理的行为预期，是长期投资和持续经营的保障。制度和政策上的优势，是经济特区制度赖以存在并区别于其他行政区域的基础。在经济特区内，往往是制度先行，发展紧随其后，制度的设计者通常是借由制度铺路，改革体制机制中不符合生产力发展的内容和方面，以将生产力不断地从制度的束缚中解放出来，进而推动特区乃至国家的经济发展。③

良好有序的市场环境一旦形成，就能为市场主体提供良好的活动空间，加速生产要素的自由流通，促进供给和需求的平衡，从而有利于市场体系的规范化；而市场无序，规则紊乱则会严重阻碍市场经济的正常运行，从而破坏市场体系的完整性和有序性。④ 结合《实施方案》来看，无论是基本形成科技创新新型举国体制浙江路径（聚焦"互联网 +"、生命健康、新材料三大科创高地建设），还是

① 习近平：《习近平关于全面深化改革论述摘编》，中央文献出版社 2014 年，第 153 页。

② 何家华：《特区立法权的实践状况和社会效果——以深圳为例》，《南海法学》2017 年第 3 期。

③ 徐佩华：《经济特区立法研究》，吉林大学博士学位论文 2012 年，第 24 页。

④ 孙居涛等：《制度创新与共同富裕》，人民出版社 2007 年，第 104 页。

大力建设全球数字变革高地（建成以“产业大脑 + 未来工厂”为核心的数字经济系统），抑或加快建设具有国家竞争力的现代产业体系（深入实施制造业产业基础再造和产业链提升工程），无疑都是促进生产力发展的重要举措，而这些措施背后无疑需要系统化的法制支撑。比如围绕国务院《关于积极推进“互联网 +”行动的指导意见》等一系列政策文件，浙江省在全国范围内颁布施行了首部以促进数字经济发展为主题的《浙江省数字经济促进条例》，成为推进数字领域依法治理的里程碑事件。在国家层面立法尚不成熟的前提下，以地方促进型立法形式鼓励、引导数字经济发展，包容审慎对待数字经济发展过程中的新业态、新模式，对推动数字经济高质量发展无疑具有重大意义。因此，作为共同富裕示范区的浙江省理应坚持立法先行的制度设计，围绕具体领域的政策导向进行地方立法，进而为经济的进一步发展保驾护航。

3. 分配领域的公平与效率

改革开放以来，随着我国所有制结构演变和个人收入分配制度改革深化，我国在人民生活水平普遍提高的同时，居民收入分配差距整体上呈现不断扩大的态势，且呈愈演愈烈之势。①究其原因，改革初期“让一部分人先富起来”的政策倾斜使得改革的利益更多地偏向强势者，改革的成本更多推向弱势者。而尽管有“先富带动后富”的理论指引，但经济的趋利性使得强势者受益后并未及时地对弱势者进行补偿、帮助，甚至在以效率为取向的政府运作模式的惯性推动下，市场主体谋求自身利益最大化的行为被在一定程度上扩大了其合理区间，这就使地区之间、企业之间、经营者与职工之间，收入差距与分化加剧，这样共同富裕实现的可能自然就越来越低了。②因此，如何在促进生产力发展的基础上，通过构建及细化实施分配制度在社会生活中的落地就成为共同富裕目标实现的必经之路。

（1）继续完善初次分配机制

市场经济自发运行会出现两极分化，因此社会主义市场经济既需要体现市场

① 孙居涛等:《制度创新与共同富裕》，人民出版社 2007 年，第 129 页。

② 孙居涛等:《制度创新与共同富裕》，人民出版社 2007 年，第 99 页。

对资源配置的作用，也需要政府对经济的干预与引导。一方面，不能同意资本主义把竞争失败完全归咎为个人不努力，从而独享发展好处的做法；另一方面，也不能同意传统社会主义完全无视脑力劳动者主导作用，以牺牲其利益换取社会平等的做法。[①] 换言之，如何提升劳动者在市场竞争中的致富能力才是实现共同富裕的核心所在。此外社会主义国家曾在践行马克思“按劳分配”思想的过程中滑向“平均主义”，背后一个重要的原因在于：计划经济体制虽能以超经济的强力抑制市场机制，使价值或市场价格无从发挥分配标准的作用，但它无法形成社会直接以劳动时间为唯一尺度，在社会总产品中精确计算每一个人提供的劳动量的条件。这使得传统社会主义国家在衡量“按劳分配”的“劳”上陷入困境，[②] 劳动者自身劳动能力的差别和劳动者之间生产要素占有量的差别，都会导致市场经济条件下收入分配的差距。[③]

因此，从法制保障的角度而言，实现充分就业以及在一定范围内调节各分配要素之间的合理比例就成为完善初次分配机制的重中之重。首先，充分就业是经济社会健康持续发展的基本条件。就业是民生之本，社会主义共同富裕必须建立在劳动者收入的增长之上，而就业是增加收入的主要来源。如 2018 年 12 月浙江省人民政府就印发了《浙江省人民政府关于做好当前和今后一个时期促进就业工作的实施意见》，通过支持企业健康发展、鼓励自主创业就业、提升劳动者职业技能、做好失业人员帮扶等政策确保就业局势的持续稳定。此外，上文所阐释的对经济发展的重视本身就是就业保障的应有之义，如 2020 年浙江省颁布施行的《浙江省民营企业发展促进条例》就将促进民营企业发展的举措以地方立法的方式进行了很好的推进。而对于作为民营经济大省的浙江而言，民营经济的发展无疑能够极大地促进就业。党的十八届三中全会强调：“规范招人用人制度，消除城乡、行业、身份、性别等一切影响平等就业的制度障碍和就业歧视。”[④] 因此如何根据浙江省的实际情况，结合国家政策进一步确保公正平等的就业环境也是该

① 余金成：《马克思主义立场——社会主义事业的政治承诺》，《郑州大学学报》2008 年第 3 期。

② 王桂枝：《共同富裕实现机制研究》，社会科学文献出版社 2018 年，第 56 页。

③ 王桂枝：《共同富裕实现机制研究》，社会科学文献出版社 2018 年，第 86 页。

④ 《中国共产党第十八届中央委员会第三次全体会议文件汇编》，人民出版社 2013 年，第 64 页。

项工作中不可忽视的法律问题。

其次，初次分配包括各种要素的收入分配，如资本、劳动、技术、管理、信息等，特别是《实施方案》也明确指出要加快探索知识、技术、管理、数据等要素价值的实现形式。2020年末浙江省人力资源和社会保障厅公布了《2020年浙江省人力资源市场部分职位工资指导价位》，从行政指导的法律意义上为收入分配提供了信息支撑，但与此同时也须注意到该类抽象行政行为对于社会弱势群体的重视仍有很大不足。如在众多初次分配要素中最弱势的往往是劳动，特别是我国尚未形成有效的雇佣双方集体谈判、政府协调管理的工资形成机制，对此政府应在宏观上通过制定行业工资指导政策，合理设定最低工资标准，真正建立工资集体协商机制，并实行工资增长与消费价格指数及企业效益挂钩的制度等。①

这些现实困境已对我国共同富裕目标形成了严重掣肘，同时也更加凸显了完善初次分配机制对共同富裕目标实践的重要性。因此，如何更好地通过行政指导等行政行为辅助劳动者在市场中更全面地掌握相关信息，以实现其在市场经济中的公平博弈就成为政府缩减收入差异、实现共同富裕的重要途径。

（2）加快健全再分配调节机制

根据社会成员的生活进行适当的财富调剂是共同富裕的底线保障，这并不是对部分富裕社会群体劳动成果的剥夺，而是出于全体社会成员的资源共有权以及由之而来的收益共享权的正义要求。②通常来说，社会公共成果主要包括：一是属于社会事业发展的成果，如义务教育、公共卫生和基本医疗等；二是属于基本社会保障方面的成果，如社会保障、社会救济、社会福利、优抚安抚等；三是属于社会运转和组织方面的成果。这些社会公共成果，本身就是人民共享的，以适应人民日益增长的对于公共产品和服务的需求，进而促进共同富裕。③然而从当前我国基本养老和医疗保险的实施效果来看，“富福利”的现象较为明显，即社会保障制度给中高收入群体带来的好处要大于给低收入群体带来的好处，④并没

① 王桂枝:《共同富裕实现机制研究》，社会科学文献出版社2018年，第151页。

② 贾可卿:《共同富裕与分配正义》，人民出版社2018年，第105页。

③ 孙居涛等:《制度创新与共同富裕》，人民出版社2007年，第70页。

④ 王桂枝:《共同富裕实现机制研究》，社会科学文献出版社2018年，第152页。

有完全实现在公平维度上对社会弱势群体的利益倾斜。此外社会公共卫生和教育制度也仍然相对不完善，即便在“优质资源”有限的前提下，医疗卫生和教育资源在城乡、地区布局差异过大，这意味着自由主义平等理论下社会主体之间在机会维度上确实存在欠缺。

社会保障的本质是要创造和维护社会公平，因此其主要的功能应在于化解经济发展不均衡这一客观背景下衍生的社会成员之间的利益失衡，通过制度化调解措施从而比较均衡地满足社会大多数人的需要。通过再分配手段，调节收入分配差距，为社会成员提供基本保障并具有经济补偿功能。[①]因而，在经济发展已经达到相当水平的基础上，国家层面应集中更多财力用于保障和改善民生，也即加大对教育、就业、社会保障、医疗卫生、保障性住房、扶贫开发等方面的支出。通过进一步完善健全再分配调节机制，可以借由对社会物质资本的再分配与再调节，对贫富悬殊现象起到平衡作用，进而从另一方面助力共同富裕的目标，更好地实现并完善共建共享。

2018 年 12 月中共中央办公厅、国务院办公厅印发《关于建立健全基本公共服务标准体系的指导意见》，提出了四个方面的重点任务：一是完善各级各类基本公共服务标准，二是明确国家基本公共服务质量要求，三是合理划分基本公共服务支出责任，四是创新基本公共服务标准实施机制。围绕该指导意见，全国各地均出台了相关政策性文件。浙江省 2021 年 6 月发布的《浙江省公共服务“十四五”规划》中明确提出要创新推进共同富裕的公共服务供给机制，在加快推进基本公共服务均等化部分指出要加强基本公共服务标准制度化建设；缩小基本公共服务区域差距；缩小基本公共服务人群差距；缩小基本公共服务城乡差距，特别是针对一些具体领域的规范性文件也在陆续出台。

如在教育领域，2015 年浙江省人民政府就出台了《浙江省人民政府关于加快发展现代职业教育的实施意见》，提出要统筹各级各类职业院校发展，加强职业教育专业建设，拓宽职业教育人才培养多样化成长渠道，推动职业教育向普通教育、成人继续教育贯通。2019 年 7 月，浙江省政府印发《关于深化教育体制机

① 孙居涛等：《制度创新与共同富裕》，人民出版社 2007 年，第 283 页。

制改革的若干意见》，强调要全面落实省市统筹、以县为主、乡镇参与的学前教育管理体制，建立健全覆盖城乡的学前教育公共服务体系外，还提出要加快建成平等面向每个人的义务教育，确保区域内义务教育公平、均衡发展。这一系列措施无疑有助于缓解教育资源紧张以及优质教育资源竞争激烈的社会现状。在医疗领域，2021 年颁布实施的《浙江省医疗保障条例》作为全国首部医疗保障领域的综合性地方性法规，通过加强顶层设计和制度供给，极大地推进了省域医保治理的现代化。根据该法规，浙江省将统筹推进医保、医疗、医药联动改革，依法建立健全以基本医疗保险为主体，大病保险为延伸，医疗救助为托底，商业健康保险、职工互助医疗和医疗慈善服务等为补充的多层次医疗保障体系。此外，其他领域层面的法律法规保障也都在陆续出台的过程中，如住房保障领域的《浙江省住房保障领域基本公共服务导则》也已进入了专家评审阶段。

综上可知，在再分配调节机制领域，浙江省通过陆续出台相关的法律法规文件为再分配调节提供有效且充分的法律法规依据和保障，对其在实现共同富裕的道路上进一步扫除障碍，保障了再分配这一途径对共同富裕的促进作用。

（3）重视发挥第三次分配作用

相对于以市场为基础根据要素贡献进行初次分配和政府体现国家意志对初次分配进行平衡性调解的再分配，第三次分配则是社会主体根据自身意志主动参与的财富流动。也就是说，相对于更关注效率的初次分配、更强调社会公平正义且具有国家强制性色彩的再分配而言，第三次分配则更能体现社会成员的精神追求，在基于不同社会主体所受差异化的多元因素影响下，社会力量自愿地将自身财富通过民间捐赠、慈善事业、志愿行动等方式反馈于社会整体，这也可以视为是对再分配的有益补充。在国家—个人二元体制逐渐被打破的今天，其是在社会和市场层面自发对社会资源前两次分配之后的结果所进行的再度修缮。需要提及的是，在第三次分配中社会成员的参与在某种程度上依照的是自身的伦理道德观念，无论这种伦理道德观念与社会通行的观念是否相符，只要不触及法律规范，政府均不能通过行政强制的手段驱使所有的社会成员根据社会通行的伦理道德观参与到社会资源的第三次分配中。第三次分配环节或许对前两次的社会资源分配有相当的弥补作用，但绝不能将社会资源的第三次分配视为社会资源分配的最终保证。[①] 因此，在第三次分配领域国家的角色应当是通过不断推动健全的捐赠制度和宽松的政策环境，以及充分发挥税收对社会捐赠的激励作用，进而在社会宣导层面最大限度地激发社会力量的慈善捐赠热情。如自 2016 年《中华人民共和国慈善法》实施以来，民政部及相关部委共出台了 21 项公益慈善领域的政策文件促进公益慈善事业的"规范化"和"可持续发展"。特别随着《中华人民共和国民法典》的出台，公益性非营利法人的法律主体地位更进一步得到了明确。

再以浙江省对志愿服务的制度性规定为例，2018 年新修订的《浙江省志愿服务条例》规定对有良好志愿服务记录的志愿者，县级以上人民政府和省有关部门可以采取有限安排志愿服务、免费乘坐公共交通工具、免费游览旅游景点、免费享受健康体检等措施予以激励。2019 年 12 月浙江省民政厅发布《浙江省志愿服务信用记录与管理办法（试行）》明确规定"志愿服务信用记录"是指民政部门对我省志愿服务活动主体进行行政管理过程中形成或者获取的与志愿服务信用状况有关信息的记录。此后 2021 年 7 月浙江省文明办、浙江省人民政府发布《浙江省志愿者激励办法（试行）》，按照志愿服务记录累计时长给予相应星级评价，并进行配套公共服务方面的礼遇优待政策。这一系列规定无疑对于鼓励广大人民群众参与志愿服务活动，进而实现第三次分配微循环具有重大的指引推动意义。

综上所述，第三次分配是对前两次分配方式的进一步探索与有效补充。浙江省所出台的一系列办法和规定均有效地契合了第三次分配方式。它是对进一步丰富分配方式的重要补充与探索。在对分配方式进行积极探索的同时，不断为其提供法制保障，以法制助力其进一步发展，从而更好地实现共同富裕。

结　语

社会主义的本质是解放生产力，发展生产力，消灭剥削，消除两极分化，最终达到共同富裕。新时代要坚定不移地走中国特色社会主义道路，坚持中国共产党的领导，一切从人民的根本利益出发，向广大人民共建共享的社会主义共同

① 段知壮：《"共享"理念在社会资源分配中的实践》，《未来与发展》2016 年第 6 期。

富裕目标不断迈进。在改革发展社会生产力、完善社会生产关系的同时进一步优化分配制度，继续完善初次分配机制，加快健全再分配调节机制，并在此基础之上，重视发挥第三次分配作用。更为重要的是在各种措施实现的过程中，将其充分纳入法制化轨道，以法治精神和内容为其提供引领和保障。切实做到立法有据、有法可依，突破共同富裕实践道路上的制度壁垒，切实实现《意见》中赋予浙江的重要示范改革任务。最终在更加充实、健全和完善的法律法规体系的保障下，不断向共同富裕的中国梦迈进。

【执行编辑：夏晨朗】

战略思维的价值意蕴

邹安乐 *

【摘　要】战略思维是中国共产党人治国理政的重要思维方法。新时代，在实践中努力提升和培塑战略思维的自觉性，需要从四个统一中科学把握战略思维的价值意蕴：一是坚持战略坚定性与策略灵活性的统一，二是坚持谋事与谋势的统一，三是坚持谋当下与谋未来的统一，四是坚持谋局部与谋全局的统一。这对于应对国内外复杂形势，走好新时代新征程赶考之路，促进全面建成社会主义现代化强国具有重大意义。

【关键词】新时代；战略思维；价值

战略思维作为科学的思维方式，从本质上说是人的一种“主体意识”，但又非“随心所欲”的结果，是尊重客观规律与发挥主观能动性相统一、主观世界与客观世界相结合的理性思维活动。这种活动，坚持辩证唯物主义和历史唯物主义，把握客观事物运动规律，将战略目标与战略路径结合起来，既是世界观又是方法论，既是思想方法又是工作方法。党的十九届六中全会审议通过的《中共中央关于党的百年奋斗重大成就和历史经验的决议》(以下简称《决议》) 从战略高度深刻把握历史发展规律，全面总结党的百年奋斗重大成就和历史经验，特别是对党在百年奋斗历程中不断提出的科学战略策略做了全面总结，体现了我们党重视和善于运用战略思维的高度政治自觉。2022 年 7 月 26—27 日，习近平总书记在省部级主要领导干部“学习习近平总书记重要讲话精神，迎接党的二十大”专题

* 邹安乐，国防大学政治学院副教授、硕士生导师，法学博士，主要研究方向为马克思主义理论、价值哲学。

研讨班上发表重要讲话，要求“以正确的战略策略应变局、育新机、开新局”①，对“战略策略问题”再次进行了强调。新时代中国共产党人的战略思维，继承和发扬了历史上中国共产党人战略思维的丰富理论与实践方法，是中国共产党治国理政的重要组成部分。如何运用战略思维做出战略决策、如何提高战略思维能力并将其运用到各项工作中，这是我们学习贯彻二十大精神、研究战略策略必须回答的重要问题。新时代，需要从四个统一中科学把握战略思维的价值，进一步改进思想方法和工作方法，这对于应对国内外复杂形势，走好新时代新征程赶考之路，促进全面建成社会主义现代化强国具有重大意义。

一、战略坚定性与策略灵活性的统一

一部中国共产党百年的奋斗历程，就是一部中国共产党人运用战略思维解决中国发展前途命运的历史，也是一部坚持战略坚定性与策略灵活性相统一的历史。

战略是从全局、长远、大势上作出判断和决策。战略问题是一个政党、一个国家的根本性问题。中国共产党作为一个拥有9500多万名党员的大党，领导的是一个大国，进行的是具有许多新的历史特点的伟大事业，一贯以来都善于进行战略思维，善于从战略上看问题、想问题。“正确的战略需要正确的策略来落实。策略是在战略指导下为战略服务的。战略和策略是辩证统一的关系，要把战略的坚定性和策略的灵活性结合起来。”②在中国特色社会主义新时代的征程中，我们比历史上任何时期都更接近、更有信心和能力实现中华民族伟大复兴的目标，同时中华民族伟大复兴绝不是轻轻松松、敲锣打鼓就能实现的，前进道路上仍然存在可以预料和难以预料的各种风险挑战。“全面建成社会主义现代化强国、实现中华民族伟大复兴，是新时代中国共产党的历史使命”③，始终坚定实现这一历史使

① 《习近平在省部级主要领导干部“学习习近平总书记重要讲话精神，迎接党的二十大”专题研讨班上发表重要讲话》，《人民日报》2022年7月28日。

② 《习近平在省部级主要领导干部学习贯彻党的十九届六中全会精神专题研讨班开班式上发表重要讲话》，《人民日报》2022年1月12日。

③ 习近平：《在党的十九届一中全会上的讲话》，《求是》2018年第1期。

命和伟大目标，才能不为任何风险所惧、不为任何干扰所惑，以强大的战略定力自觉应对各种风险和挑战。

这就要求我们高度重视战略思维问题并不断提出科学的战略策略，在纷繁复杂的环境下强化战略思维，始终如一地保持战略定力所“定”之方向，自觉在战略指导下行动。我们在确定工作思路、工作部署、政策措施时，要自觉同党的理论和路线方针政策对标对表、及时校准偏差，无条件地执行党中央作出的战略决策，确保不偏向、不变通、不走样。党在百年奋斗历程中就不断提出的科学战略策略做了全面总结，体现了我们党重视和善于运用战略思维的高度政治自觉。

二、谋事与谋势的统一

我们不仅要坚持战略坚定性与策略灵活性的统一，还要坚持谋事与谋势的统一。这里的“事”是棋子、措施、方法，谋事就是谋求方法、掌握技术、寻找立足点；“势”是形势、气势、态势，谋势在于驾驭时局，引导时局朝有利的方向发展，利用时局实现战略目标。谋事一盘棋，需要全面把握和深刻认识客观局势，把坚定不移贯彻党和国家战略作为前提。谋势棋一盘，需要清醒把握世界大势，理性分析中国国情，高瞻远瞩、全面分析、通盘考虑，顶层设计。谋事和谋势的统一，就是要从历史长河、时代大潮、全球风云中分析演变机理、探究历史规律，应因情势发展变化，及时调整战略策略，牢牢掌握战略主动权，增强工作的系统性、预见性、创造性，道术一致，“矢”“的”统一，科学把握国内国际两个大局。

一方面，要准确审视国际发展大局。当今世界，国际和地区热点问题此起彼伏，特别是俄乌冲突，背后涉及地缘政治、军事、经济等多个方面，对国际社会有重要影响，加速了地缘战略调整，将导致全球产业链受到破坏，进而造成全球经济不稳定，还增加了全球的不安全因素。国际社会应尽快通过对话和谈判解决俄乌冲突，维护地区和平与稳定，促进全球的发展与繁荣。我们必须始终坚持祖国统一和领土完整不可分割，充分部署，纵横捭阖，利用战略机遇加快发展。

另一方面，要深刻把握国内发展大局。党的十九大报告指出，我国仍处于并将长期处于社会主义初级阶段的基本国情没有变，我国是世界最大发展中国家的国际地位没有变，我国经济社会持续发展的总态势和基本面没有变，人民日益增长的美好生活需要和不平衡不充分的发展之间的矛盾是当下社会主要矛盾。据此，我们一定要牢牢把握住以经济建设为中心，任何时候都不能偏离这一点；一定要牢牢把握发展是第一要务这个关键，谦虚谨慎、戒骄戒躁、求真务实，继续艰苦奋斗、锐意进取；一定要在不断推进深化改革过程中保持战略定力，始终不受外力左右、坚定不移走自己的路；一定要从战略层面深刻把握治国理政的若干重大关系，科学统筹治党治国治军、内政外交国防、改革发展稳定，思考谋划治国理政一盘棋。

三、谋当下与谋未来的统一

唯物辩证法把整个世界看成是一个相互联系的统一整体，任何事物都是统一的联系之网上的一个成分或环节，都是当下和未来、时间和空间的历史联系。坚持当下与未来、时间与空间的连贯性，既解决当下的现实问题，又考量未来的战略问题，善于战略思维，准确判断和把握形势，制定切合实际的目标任务、政策策略，排忧解困，推动事业发展，这是衡量各级干部领导能力和水平的重要指标之一。战略思维反映社会要求准确与否，实践中发挥作用之大小，不仅同战略家时空视野的深远性紧密相连，而且也与他对当今社会发展本质把握的深刻程度成正比。“以习近平同志为核心的党中央，以伟大的历史主动精神、巨大的政治勇气、强烈的责任担当，统筹国内国际两个大局，贯彻党的基本理论、基本路线、基本方略，统揽伟大斗争、伟大工程、伟大事业、伟大梦想，坚持稳中求进工作总基调，出台一系列重大方针政策，推出一系列重大举措，推进一系列重大工作，战胜一系列重大风险挑战，解决了许多长期想解决而没有解决的难题，办成了许多过去想办而没有办成的大事，推动党和国家事业取得历史性成就、发生历史性变革。”①《决议》总结中国共产党人深刻的战略思维，善用战略思维做出战略决策，体现出我们党立足当下、着眼未来、注重历史经验的高瞻远瞩和深谋远虑。我们要深入学习贯彻《决议》精神，坚持谋当下和谋未来的统一，努力培养

① 《中共中央关于党的百年奋斗重大成就和历史经验的决议》，人民出版社 2021 年，第 27 页。

全局意识、超前眼光、突破常规的思维，对关系新时代党和国家事业发展的一系列重大理论和实践问题进行深邃思考和科学判断。

战略的制定，作为对未来发展过程进行预判的一种运筹活动，本身内含了预见性和创造性，外化表现为运筹力，也是人的政治睿智、科学底蕴、胆略气度和思维境界的展现，也就是运用理性思维对未来进行思考、筹划、决策的能力。

对各级干部来说，不仅要不断提升谋未来的战略运筹力，运筹帷幄，长远思考问题、谋划工作，形成有利的未来发展态势；而且要善于结合本单位、本系统的工作实际，着眼谋当下的战术、策略的执行能力，即根据当下实际情况制定应对的策略，始终坚持把谋“一时”和谋“万世”结合起来。比如，在本轮主要针对奥密克戎的抗疫斗争中，我们积累了大量抗疫的经验，形成了一些关于抗疫的现实思考，能够以更加理性的态度看待疫情，我们党始终掌握着统筹抗疫与经济发展的充裕战略空间。对于当下由于抗疫而导致的经济放缓的现实问题，近日国务院出台了一系列刺激经济的措施，把谋当下与谋未来统一起来，在统筹协调疫情防控与经济发展的问题上，以时不我待的态度加速破题，重新恢复中国经济持续快速增长的势头。

四、谋局部与谋全局的统一

自古不谋万世者，不足谋一时；不谋全局者，不足谋一域。只有立足于“万世”“全局”，而去谋“一时”“一域”，认真分析全局与局部的各种错综复杂关系，才可能有战略层面的高明治国举措。当前内外环境的深刻变化，对传统的“时”“域”观构成重大挑战。地缘政治的空天博弈，军事斗争的无人战场，社会发展的共同富裕，资本特性的社会化，实体经济的虚拟化，初级产品的供给保障，防范化解重大风险，碳达峰碳中和等，给我们提出了一系列重大的理论和实践问题。因此，习近平总书记再次强调要“正确认识和把握我国发展重大理论和实践问题”①。全局与局部既相互区别、相互对立，又相互联系、相互统一，在一

① 习近平：《正确认识和把握我国发展重大理论和实践问题》，《求是》2022 年第 10 期。

定条件下还会相互转化，互为因果。全局是由局部有机结合起来的整体，局部则是构成全局的基础，二者互为存在的条件，缺一不可。全局是事物存在和发展的主导方面，处于统帅地位，对局部起着决定、支配、制约和协调的作用；局部在事物发展过程处于从属地位，对全局具有很强的依赖性，有时对事物的发展起着重要的影响。全局是相对于局部、小局而言的，有全局、大局，才能有大智慧、大思维、大战略，始终坚持谋局部与谋全局的统一。

这就要求我们"要心怀'国之大者'，站在全局和战略的高度想问题、办事情"①，在实践中注重正确处理全局与局部的辩证关系，把握它们之间的有机联系，尤其要从事物的相关性中把握全局，把握平衡。战略决策具有全局性和长远性的特点，需要从全局和长远辩证地观察、思考与处理问题。

各级干部要勇于担当，既要胸怀全局，又要抓住关键环节，既要重视实体经济，也要重视虚拟经济，在更开阔领域、更大的局势下抉择自己关注的重点，善于处理局部与全局的关系，善于处理实体与虚拟的关系，坚持基本底线，坚持统筹协调，坚持稳中求进，体现高水平的战略思维，做出高水平的决策，解决高难度的问题，既支持事业的整体发展，又照顾到局部利益的获取，促进各项事业更加协调发展。从事局部工作的人，无论是负责哪一级、哪个部门、哪个地区和单位的工作，都必须从思想上端正认识，必须以全局为重，自觉在大局下行动，做到局部服从全局，自觉服从和服务于全局。特别是在涉及利益矛盾时，站位要高远，要有战略意识，跳出条条框框限制，从中央、全局、长远利益出发，"一切工作都要以贯彻落实党中央决策部署为前提，不能为了局部利益损害全局利益、为了暂时利益损害根本利益和长远利益"②。注重全方位协同、全方位规划、全方位透视，胸怀天下，从大局、公心出发，克服地方或部门利益的掣肘，把谋局部与谋全局统一起来，科学制定各方面决策、部署工作。

总之，自党诞生之日起，"一百年来，党总是能够在重大历史关头从战略上认识、分析、判断面临的重大历史课题，制定正确的政治战略策略，这是党战

①② 习近平:《筑牢理想信念根基树立践行正确政绩观　在新时代新征程上留下无悔的奋斗足迹》,《人民日报》2022年3月2日。

胜无数风险挑战、不断从胜利走向胜利的有力保证”①。由此也积累了丰富的战略思维经验，形成和发展了具有中国共产党人特色的马克思主义战略思维理论和方法，展现了中国共产党带领中国人民砥砺奋进历程中的战略策略智慧，这是一份非常宝贵的政治和精神财富，值得我们永远学习和践行。

【执行编辑：尹　岩】

① 《习近平在省部级主要领导干部学习贯彻党的十九届六中全会精神专题研讨班开班式上发表重要讲话》，《人民日报》2022 年 1 月 12 日。

对人类中心主义关于“人类中心立场”争论的再思考
——兼谈对弱人类中心主义的肯定

张　霞　王子仪*

【内容摘要】强人类中心主义没有认识到价值判断的主体的内涵是与自然统一的感性实践的人，不属于价值论意义上的人类中心主义。弱人类中心主义认识到了价值判断的主体的内涵是与自然统一的感性实践的人，属于价值论意义上的人类中心主义。非人类中心主义将道德主体扩展为非人类自然存在物不属于价值论意义上的学说，而且其立论基础并不牢固，值得怀疑，但不可否认其作为一种环境伦理学学说的参考意义。在实践中，重新正视价值论意义上的人类中心主义——弱人类中心主义立场，这将对指引人类正确对待人与自然关系的问题有所帮助。

【关键词】人类中心主义；强人类中心主义；弱人类中心主义；非人类中心主义；自我实现

导　言

生态学界目前关于人类中心主义的认识主要有三种观点：走进人类中心主义，走出人类中心主义，兼容并蓄沟通两极的第三条道路。① 在第三条道路中，叶平、邱耕田等学者认为不能完全地否定人类中心主义，而要进一步地分析把

* 张霞，云南师范大学马克思主义学院副教授，主要研究方向为法哲学和思想政治教育；王子仪，云南师范大学马克思主义学院硕士研究生，主要研究方向为环境哲学和生态学哲学。

① 包庆德、王志宏：《走出与走进之间：人类中心主义研究述评》，《科学技术与辩证法》2003 年第 2 期。

握人类中心主义，并提出应该摒弃强人类中心主义，倡导弱人类中心主义的观点。[①] 本文分别考察了人类中心主义中强人类中心主义和弱人类中心主义以及非人类中心主义的核心观点，指出相对于强人类中心主义和非人类中心主义，弱人类中心主义的观点有其合理的一面。

一、对“人类中心主义”的内涵辨析

1．我们应该如何理解“人类中心主义”？

近年来对“人类中心主义”的批判针对的是带来全球性资源、生态和环境等危机的理论困境，即以人类为中心，人与自然是主客二分的主从关系，通过对此加以批判，希望能走出人类中心主义。为此形成很多非人类中心主义的观点，希望构建起与人类主体地位平等的自然（生态或环境）的二元或多元地位。但是这里就存在一个亟待解决的基本问题，即人类的中心地位还需要保留吗?

（1）“人类中心主义”的哲学意义分类

从哲学层次上划分，人类中心主义可以分为：存在论意义上的人类中心主义、认识论意义上的人类中心主义和价值论意义上的人类中心主义。存在论意义上的人类中心主义认为人的存在是世界的中心；认识论意义上的人类中心主义意味着从人的立场认识外在事物；价值论意义上的人类中心主义认为只有也仅有人类才是价值判断的主体，目标是实现人与自然辩正统一。价值判断的主体是价值关系中的主体，而价值关系在人的感性实践中产生，不同于抽象意义上的人，感性实践的人不断地与实践对象（自然）发生着联系。现实的自然可以划分为成为人类实践对象的人工自然和未来会成为人的实践对象的自然。

（2）怎么理解“人类中心”?

那么对这个问题的解决其实最后就变成了我们怎么去理解“人类中心”的问题。以往对“人类中心”的理解大多是在存在论意义上或者认识论意义上的理解。存在论意义上的理解是人类是世界的中心，但是我们仔细思考发觉不能成立，因为

---

① 参见叶平:《“人类中心主义”的生态伦理》,《哲学研究》1995 年第 1 期；邱耕田:《从绝对人类中心主义走向相对人类中心主义》,《自然辩证法研究》1997 年第 1 期。

世界就没有中心，即使有中心也不可能是人类。因为宇宙世界中还有太阳，还有外太空，等等，而且谈到“中心”还得看是什么的中心。因此可能存在论意义上的人类中心实际上并不存在。那么我们经常讨论的人类中心究竟应该怎么理解呢？只能从认识论意义或者价值论意义上去理解，认识论意义上的“人类中心”指的是人是人类认识世界的中心。价值论意义上的“人类中心”的合理解释就是人是人类全部活动和思考的中心，除此之外没有其他。其实质就是人是人类构建自我世界的中心，人是自己的中心。因此我们，包括生态学界很多学者在内，在谈到“人类中心”时更多注意到存在论意义的“人类中心主义”的立场和观点而忽视了认识论或者价值论意义上的“人类中心主义”的立场和观点，或者说是没有价值思维导致的结果。

（3）怎么理解“价值”？

谈到价值论意义上的“人类中心主义”时就不得不去理解什么是价值，价值思维的特点又是什么。那么什么是价值呢？价值范畴主要解决的是与道德、仁义、善恶、美丑、贵贱、吉凶、祸福等有关的内容，跟存在、实体、理性、经验、知识、真理等存在论和知识论范畴不同。中西方学者对此的界定目前可以分为“实体说”“属性说”“观念说”“关系说”和“实践说”五种学说，在此基础上形成主观主义、客体主义和人本主义的流派。其核心就在于要确立价值的本质和界定价值的概念。西方学者中，“观念说”认为价值只存在于人的主观旨趣和意念之中，属于某种精神现象。“实体—属性说”认为价值是某个独立的终极实体，或认为价值是附着于实体的某些要素和属性。“情景—关系说”认为价值是主体与客体相互关系的一种情景和质态。中国学者中主要有两种思路：以儒家为代表的“属性说”，“天地之性人为贵”（《孝经 · 圣治》），认为善恶贵贱是存在者（人）的固有属性，儒家各派还有“性善论”“性恶论”与“性兼有善恶论”。道家近似“关系说”，认为善恶贵贱祸福等价值并不是万物和“道”之“常性”，而是与人们自己选择和行为有关的具体现象。经典论述如庄子说：“以道观之，物无贵贱；以物观之，自贵而相贱；以俗观之，贵贱不在己。”（《庄子 · 秋水》）而在这些众多的关于价值概念界定的学说里，我们认为“情景—关系说”或“实践说”较合理先进。因为这两种学说认为价值因人而异，不同主体因为兴趣爱好、需要能力不同，客体对主体的满足也就不同。价值概念因为主客体关系情景不同而具有不同的内涵外延。因此也只有“情景—关系说”“实践说”能很好解决主客体关系，并认为主客体辩证统一于实践。

2. 生态学界中关于“人类中心主义”的学说和流派

（1）生态学界强人类中心主义和弱人类中心主义的立场和观点

根据是否将自然纳入人道德关怀的对象可以将人类中心主义划分为：强人类中心主义或功利论的人类中心主义与弱人类中心主义或义务论的人类中心主义，生态学界现今所讨论的人类中心主义大多指存在论意义上的人类中心主义，即强人类中心主义，与非人类中心主义的观点和立场相对。

强人类中心主义或功利论的人类中心主义持近代机械论世界观，主张人与自然是机械对立的关系，人类可以征服并统治自然，自然服从于人类。作为唯一具有内在价值的自然存在物，人才是唯一的道德主体，非人类自然存在物只能是人道德关怀的对象。所以此种人类中心主义立场坚持非常纯粹和绝对的“以人类（抽象的人，脱离自然的人）为中心”的立场，在价值上排斥其他非人类自然存在物的存在或者认为非人类自然存在物从属、依附于人，因此这样的认识思维容易将人与自然对立起来，是存在论意义上的人类中心主义。

弱人类中心主义或义务论的人类中心主义虽然同样坚持只有人是道德主体的根本观点，但是他们将非人类自然存在物纳入人道德关怀的对象，并认为人的发展以非人类自然存在物为基础，关爱自然就是关爱人类本身。[①] 弱人类中心主义注意到人与自然的关系，开始试图调和二者的对立。

从价值论视域仔细考察强人类中心主义的内涵可以发现，强人类中心主义所谓的价值判断的主体并不是与自然相统一的人，而是与自然相对立的人。而价值论意义上的人类中心主义的价值判断的主体指的是能与自然相统一的人。因此如果单从人与自然的关系模式看，强人类中心主义其实并不属于价值论意义上的人类中心主义，只有弱人类中心主义接近价值论意义上的人类中心主义。

---

① 壬丑:《应用伦理学》，科学出版社 2020 年，第 102—103 页。

（2）生态学界“人类中心主义”学说大多持存在论意义上的人类中心主义立场观点

全球生物伦理词典认为“人类中心主义把人作为最高的存在，一种唯一具有内在、绝对和无条件价值的存在，近乎教义。它认为人是所有思想和行为的中心（也是起点和终点），其他一切都应该从属于他”①，更多地体现存在论意义上的人类中心主义观点。巴伯对人类中心主义的定义为“人类是存在的中心（the center of existence）”②，体现的是存在论意义上的人类中心主义观点。克拉夫对人类中心主义的定义为“人类是上帝在创造中唯一和排他性的关注点”③，是通过上帝赋予人的特殊存在，体现出存在论意义上的人类中心主义观点。

除此之外，生物学界还有考虑伦理道德、福利倾向的定义，包括：海沃德和基德纳认为人类中心主义是“对人类福利的合法关注”④；卡利科特定义人类中心主义“只有人类才有资格考虑伦理问题”和“其他事物仅仅是达到人类目的的手段”⑤；科普尼纳对人类中心主义的定义为“以人为中心的估价理论的术语”⑥，诺尔特则认为“人类中心主义是一种大利己主义（egoism writ large）或人类的利己主义”⑦。

这些定义中，不管是人类福利还是人类伦理，以及认为其他事物是达到人类的目的和手段，以人为中心的价值评估，还有利己主义，背后都隐藏着存在论意义上的人类中心主义立场和观点，即人是世界的中心，是最高的存在，其他物种从属于人。同时，学界有观点认为非人类中心主义倡导保护自然，是关于价值论

---

① Ten Have H., Patrao Neves M. D. C. Anthropocentrism. See *Biocentrism, Ecocentrism, Zoocentrism*, 2021.

② Barber, Katherine, ed. *The Canadian Oxford Dictionary*. Toronto: Oxford University Press, 1998.

③ Clough, D. *On Animals: Systematic Theology,* Volume One. T & T Clark, 2011.

④ Hayward, T. Anthropocentrism: A Misunderstood Problem. *Environmental Values,* 1997, 6 (1); Kidner, D. W. Why “Anthropocentrism” is not Anthropocentric. *Dialectical Anthropology,* 2014, 38 (4).

⑤ Callicott, J. B. Conservation Values and Ethics. In M. J. Groom, G. K. Meffe, and C. R. Carrol(eds.), *Principles of Conservation Biology*. Sunderland: Sinauer.

⑥ Kopnina, H., Washington H., Taylor B., et al. Anthropocentrism: More than Just a Misunderstood Problem. *Journal of Agricultural & Environmental Ethics,* 2018, 31 (1).

⑦ Nolt, J. Anthropocentrism and Egoism. *Environmental Values,* 2013, 22 (4).

的学说。实际上，非人类中心主义并非关于价值论的学说。接下来本文将对主要的非人类中心主义学说进行考察，论证其为何不是价值论意义上的学说。

二、"非人类中心主义"学说对"道德主体"的界定

1. 非人类中心主义学说对道德主体的界定

非人类中心主义学说包括以彼特·辛格为代表的动物解放论、以汤姆·雷根为代表的动物权利论、以阿尔贝特·施韦策和保罗·泰勒为代表的生物中心主义，以及以奥尔多·利奥波德和阿伦·奈斯为代表的生态整体主义。

动物解放论者彼特·辛格主张应该平等地关心所有动物的利益，但并不认为所有动物应该得到相同的待遇。他们认为，根据动物的感觉能力和心理能力的复杂程序不同，决定了不同动物得到不同的待遇。对待有感觉能力和心理能力的实体即动物，人类应该避免它们痛苦，在考虑行为的道德后果时，必须把受此影响的所有有感觉能力和心理能力的客体的利益都同等程度地考虑进去。[①] 在此基础上，动物权利论认为动物和人类一样具有"天赋价值"，必须把动物当作一种目的本身而非工具来对待。动物权利论者汤姆·雷根主张人类应该完全废除服务于科学研究的动物实验，完全取消商业性的动物饲养业，完全禁止服务于商业和娱乐的打猎和捕兽行为。[②] 动物权利论认为，道德主体是一切具有苦乐感觉能力的动物，包括人类。

生物中心主义者阿尔贝特·施韦策倡导敬畏生命，生命之间并无高低贵贱之分。人类作为行为主体必须敬畏生命，若在伦理要求和必然要求发生冲突时，如果选择了必然要求，人类就必须要承担起由于伤害生命而给自己带来的责任。[③] 生物中心主义者保罗·泰勒倡导尊重自然，人是地球生物共同体的普通一员，每个有机个体都是生命的目的中心，都以自己的方式实现自身的"善"。泰勒还提出了四个具体伦理规范原则：（1）不作恶的原则，指的是道德代理人不伤害具有

---

① Singer, P. *Animal liberation*. Palgrave Macmillan, 1973.

② Regan, T. *The Case For Animal Rights*. Springer, 1987.

③ Schweitzer, A., and Brüllman R. *Ehrfurcht vor dem Leben*. Haupt, 1986.

自身“善”的生物；（2）补偿正义的原则，指的是道德代理人若没有履行其伦理规范给生物带来伤害时，要归还生物本身的“善”；（3）忠诚的原则，指的是道德代理人不应背叛生物对其的信任，具体应用为禁止钓鱼和捕猎等活动；（4）不干涉的原则，指的是道德代理人不插手具有自身“善”的生物与其他生物之间的生命活动。[①] 生物中心主义认为生物具有内在价值，这赋予生命与生俱来的权利，道德主体是一切生物，即有生命的物体。

生态整体主义者奥尔多·利奥波德提出了“大地伦理”的思想，将道德权利扩展到动物、植物、土壤、水域和其他自然界的实体，但这是一种整体主义的伦理观，道德实体只是这些自然界实体构成的大地共同体。当一件事情有助于大地共同体的和谐、稳定和美丽时，它就是正确的；反之，就是错误的。人类在大共同体中只扮演着普通公民的角色，意味着人类应尊重他的生物同伴和大地共同体。[②] 另一位生态整体主义者阿伦·奈斯提出了深层生态学，认为生物圈是一切自然存在物相互联系和相互作用的一整个生态系统，人类只是这一生态系统中的一部分，人类的生活质量取决于整个生态系统的完整性。深层生态学主张自我实现原则和生态中心平等主义，自我实现指不断扩大对自然的认同的过程，以承认生命平等和尊重生命为前提。意味着人类对自然界其他部分的伤害实际上是对人类自身的伤害，人类对其他物种和地球的影响应该最小而不是最大。[③] 生态整体主义无所谓主体客体，主体客体就是一个整体，那就是包括人类以及其他所有自然界物质在内的整个生态系统。只能说道德整体或道德实体是包括人类以及其他所有自然界物质在内的整个生态系统。所有的自然存在物都具有其内在价值，都天生赋予权利，并构成整个道德实体。

总之，虽然动物权利论、生物中心主义和生态整体主义都不否认人是思想和行为的主体，但是在关于道德主体或实体上的看法各有不同。动物权利论将道德主体扩展到一切有苦乐感觉能力的动物，生物中心主义将道德主体扩展到一切具

---

① Taylor, P. W. *Respect for Nature: A Theory of Environmental Ethics*. Princeton University Press, 2011.

② Leopold, A. *A Sand County Almanac*. Ballantine, 1970.

③ Naess, A. The Deep Ecological Movement: Some Philosophical Aspects. *Philosophical Inquiry*, 1986, 8 (1/2).

有生命的生物，生态整体主义则更进一步将道德主体（实体）扩展到包括人类以及其他所有自然界物质在内的整个生态系统。

2. 价值论意义上的“人类中心主义”构成条件判定及分析

判定价值论意义上的“人类中心主义”需要满足的条件有两个：第一，价值主体是人；第二，人与自然是一体的并辩证统一于实践。道德判断是价值判断的一种。感性实践的人实际是与自然辩证统一的人，表现为将自然纳入人道德关怀的对象，这里的自然包括各种动物、生物和生态圈层。原来的条件可以分解为①道德主体是人和②将整个自然纳入人道德关怀的对象。要证明是不是价值论意义的学说必须同时满足①和②两个条件。我们分析发现强人类中心主义认为道德主体是人，满足条件①。强人类中心主义不将非自然人类存在物纳入人道德关怀的对象，没有看到人与自然的统一，不满足条件②，所以强人类中心主义并非价值论意义上的学说。非人类中心主义学说中，动物解放论者和动物权利论者认为道德主体不仅仅是人，它们强调保护一切有感觉能力的动物，并把一切有感觉能力的动物纳入人道德关怀的对象，但是除此之外的自然存在物并未纳入人道德关怀的对象。道德主体包括人和一切有感觉能力的动物，但是道德主体只能是人，因此不符合条件①，在阐述道德主体人与动物是一体上是符合条件②，因此动物解放论和动物权利论是不属于价值论意义上的学说。生物中心主义认为道德主体是一切具有生命的生物，包括人，不满足条件①，同时生物中心主义为了强调保护一切具有生命的生物，将一切有生命的生物也纳入人道德关怀的对象，但是不关心其他非生物存在物，不将其他非生物存在物纳入人道德关怀的对象，这一观点也在说明人与其他生物共同构成有生命的生物群，人与其他生物是一体的，构成条件②，所以生物中心主义也不属于价值论意义上的学说。生态整体主义认为道德主体（实体）是包括人类以及其他所有自然界物质在内的整个自然，也包括人，不满足条件①。生态整体主义强调保护整个自然，将整个自然都纳入人道德关怀的对象。人与自然是一体的，满足条件②。所以生态整体主义也不属于价值论意义上的学说。弱人类中心主义认为道德主体仅仅是人，满足条件①；同时弱人类中心主义也强调保护自然，保护自然就是保护人本身，将自然纳入人道德关怀的对象，满足条件②。所以弱人类中心主义是价值论意义上的学说。以上的分析可以得出，满足条件①和②的只有弱人类中心主义。

3. 对非人类中心主义“非人类中心立场”立论基础的驳斥

非人类中心主义为了建立自身的伦理学基础，认为非人类自然存在物具有独立于人的内在价值，非人类自然存在物的内在价值赋予了非人类自然存在物与生俱来的权利，正如“天赋人权”（natural rights）一样。非人类中心主义认为，人类也是动物，没有理由认为单单只有人具有权利，而其他非人类自然存在物就没有，非人类中心主义便以此论证非人类自然存在物也具有天赋权利，从非人类自然存在物的天赋权利推出非人类自然存在物具有内在价值，再从非人类自然存在物具有内在价值推出非人类自然存在物是道德主体。

非人类中心主义的“非人类中心立场”来源于天赋人权思想。天赋人权概念发端于文艺复兴时期，最早由格劳修斯完整加以论述，主张对财产的占有是人的普遍权利，由自然法的理性所派生。[①]之后由霍布斯、洛克、卢梭为代表的思想家们进行论证。天赋人权论的主旨体现在《独立宣言》中，成为奠定西方政治、法律制度基础的重要思想。[②]天赋人权论的主要思想可以表述为：人的理性使人区别于其他物体，并赋予人天赋权利，是普适性的先验性权利，不为种族、文化、制度等意识形态所左右。非人类中心主义者沿袭天赋人权论的道路，类比推出非人类自然存在物也具有天赋权利。动物权利论认为，一切具有苦乐感觉能力的动物应具有天赋权利。生物中心主义认为具有天赋权利的条件是一切具有生命的物质。生态整体主义则认为一切自然存在物都具有天赋权利。但是天赋人权的先验性忽视了实践的重要作用不具有可检验性和可实证性，因而是值得批判的。所以，沿袭天赋人权推理道路的非人类中心主义关于“天赋权利”的推论也是值得批判的。

由天赋权利推出内在价值的逻辑值得怀疑。价值是一个关系范畴，指的是主

① 刘尚：《天赋人权论研究》，《商业文化（下半月）》2012 年第 1 期。

② 胡玉鸿：《天赋人权论自洽性之商榷》，《现代法学》2021 年第 4 期。

客体之间的某种特定的关系质态。① 也就是说，价值只能在人的实践关系中产生，是对于人作为主体的意义关系。内在价值是将价值关系错认为是物体的属性而产生的。当然，价值必须有其物质基础，但这并不等于认为价值只是物质的属性。这可以从对价值的概念界定来考察。人（的实践）的存在是价值的前提，若无人（的实践）存在，则作为人与自然关系质态的价值也不复存在。因此，价值并非物体的某种属性。内在价值的说法本身是错误的。非人类中心主义采用内在价值的概念使其论证基础显得不牢靠。在此基础上，非人类中心主义便从不存在的内在价值推出非人类自然存在物是道德主体也是不能成立的。可见，非人类中心主义整个立论基础都充满着谬误。

4. 生态整体主义与弱人类中心主义关于“自我实现”的比较

正如上文所述，尽管作为非人类中心主义的生态整体主义立论基础并不牢固，而且是值得批判的，但是在关于人与自然的关系上，生态整体主义和弱人类中心主义都有着相同的目标，即实现人与自然的统一。为实现人与自然的统一，生态整体主义和弱人类中心主义都强调“自我实现”，但是二者关于它的定义却截然不同。

生态整体主义者纳斯认为“自我实现”是通过扩展人内心的善，达到与更多自然物的认同（identity）。“自我实现”是从小我（小写的自我）走向大我（大写的自我）的过程，包括三个阶段，从本我（ego）到社会性的自我（self），再到形而上学的自我（Self）。纳斯提出，形而上学的自我又可以用“生态自我”（ecological self）来表征，以强调这种自我必定依赖于整个生态系统。② 多样性、自我决定、无等级社会是“自我实现”的前提和基础。“自然”的“自我实现”的前提是多样性的最大化，即生命的最大化；“人”的“自我实现”的前提是对“自然”的认同，即人通过扩展认同对象实现自我成熟。③

① 李德顺：《价值论：一种主体性的研究（第三版）》，中国人民大学出版社 2013 年，第 70 页。

② Neass, A. Self Realization: An Ecological Approach to Being in the World. In Sessions G. *Deep Ecology For The 21st Century*. Shambhala, 1995.

③ 王秀红、舒红跃：《奈斯“自我实现”理论探析》，《湖北大学学报（哲学社会科学版）》2017 年第 2 期。

弱人类中心主义认为“人”的“自我实现”与“自然”的“自我实现”都是以人的感性实践为基础的。“人”的“自我实现”便是“人”通过人的感性实践上升为自然本质的“人”。“自然”的“自我实现”是“自然”通过人的感性实践从“非人自然”生成为“人工自然”。在人的感性实践中，不断协调人与自然的关系，从而实现人与自然的统一。

弱人类中心主义把人与自然的关系看作以人的感性实践为基础的人与自然的相互作用的过程，是主体客体化与客体主体化达到统一的过程。生态整体主义则将人与自然的关系认为是人对自然的认同过程。生态整体主义认为“认同”源自人先验的道德，先验的道德源自其值得质疑的“天赋权利”。可见，虽然生态整体主义者的目标是实现人与自然的统一，但其并没有从实践出发。而且李德顺教授也指出：“非人类中心主义在价值领域中没有保持人的主体地位，不能抓住问题的实质，在实践中寸步难行”①，“不以人为中心来思考和回答问题是不真诚、不彻底的”②。但是不得不承认，非人类中心主义作为环境伦理学学说，对于我们怎样处理人与自然关系的实践或多或少的起着启发或者参考作用，至少在警醒人类避免走上“强人类中心主义”立场和道路起着重要作用。

结　论

学界错误地将强人类中心主义纳入价值论意义上的人类中心主义分类。实际上，强人类中心主义持近代机械论的世界观，坚持人与自然二分，在实践中造成了严重的生态危机，原因在于并没有认识到价值判断的主体是人与自然辩证统一于感性实践的人。因此，强人类中心主义并不是价值论意义上的人类中心主义。弱人类中心主义认为只有人是道德主体并将非人类自然存在物纳入人道德关怀的对象，认识到了价值判断的主体是与自然统一的感性实践的人，是价值论意义上的人类中心主义。非人类中心主义将道德主体扩展为包括非人类自然存在物，并且包含人，隐含着人与自然是一体的价值理念，但是否认人是唯一的道德主体。

---

① 李德顺：《从“人类中心”到“环境价值”——兼谈一种价值思维的角度和方法》，《哲学研究》1998年第2期。

② 李德顺：《走进哲学——练就发现的眼睛》，中国政法大学出版社2022年，第34页。

因此非人类中心主义并非价值论意义上的学说。

但我们同时发现天赋人权论认为人的理性使人具有先验的天赋权利。非人类中心主义扩展了具有天赋权利的条件，如具有苦乐感觉能力的一切动物，具有生命的生物，以及一切自然存在物等，根据这些分类，非人类自然存在物也可以具有天赋权利。非人类中心主义便从非人类自然存在物的天赋权利推出其具有内在价值，再从其具有内在价值再推出非人类自然存在物是道德主体。但是，忽视了实践的重要作用，具有不可检验性和不能实证，因而是值得批判的。其次，内在价值本身是一个错误的表述，价值只有在实践关系中产生，且价值的主体只能是感性实践的人。内在价值将价值错以为是事物的属性，是值得怀疑的。可见，非人类中心主义的立论推理中充满着谬误，这使得非人类中心主义的立论基础并不牢固。

生态整体主义与弱人类中心主义关于人与自然关系有着相同的目标，即实现人与自然的统一，且都是以“自我实现”为方法。只不过二者的“自我实现”并不相同。生态整体主义的“自我实现”是以人的“认同”为手段，这种“认同”源自先验的道德——善。弱人类中心主义的“自我实现”是以人的“实践”为手段。虽然生态整体主义是由不牢固的立论基础建立的，但是其实现人与自然统一的目标与弱人类中心主义是一致的。

不可否认非人类中心主义对环境保护实践具有启发或参考作用。在实践中，摆脱强人类中心主义的旧观念影响，部分接受非人类中心主义，或者接受弱人类中心主义的立场和观点，这将指引人类在处理人与自然关系问题时走上正确的道路。

【执行编辑：关山彤】

宗教双重价值观研究

——兼论《新教伦理与资本主义精神》的理论局限性

曹晓虎 *

【摘 要】宗教价值观既有超越现实的追求，也有注重现世的一面，这是宗教共有的双重价值观现象。追求理想境界、试图超越现实的局限是宗教的突出特点。因此，宗教大都否定现实世界和人生的终极价值。然而，基督宗教、佛教和道教等都有将终极关怀与现世生活相融合的特点。宗教双重价值观是宗教特殊性的根基，宗教价值观既是决定不同宗教之异同的根本因素，也是宗教现象及其社会效应的底层逻辑。对于宗教价值追求的双向性理解有助于深化对于具体宗教文化现象的解释，宗教价值观的特殊性为我们理解宗教的共性提供了一个重要视角，在宗教共性的视角下，可以避免宗教研究中以偏概全的问题。

【关键词】宗教；价值观；佛教；基督教；道教

价值观念作为人类精神的核心要素，对于人的思想、行为以及对社会文化都产生根本性的影响，是人类精神的基石。宗教价值观念也是宗教的内在核心要素，值得深入研究。

然而，宗教研究有其特殊之处，即宗教与宗教之间，尤其是某些宗教之间的差异非常大，这决定了研究方法的特殊性。现有的从一般原理研究宗教的成果，在研究内容的安排上都不约而同地采取了两种标准并行的方法，即先从一般

* 曹晓虎，南京师范大学哲学系副教授，主要研究方向为中国哲学、宗教学。

意义上论述宗教共性之规律、特点，再对不同宗教进行具体研究。尽管有学者试图将两部分统一在一个逻辑架构之中①，但是仍显勉强，这种编排在方法论上尚未完善。本文对宗教价值观的论述也只能将对宗教一般规律的论述与具体宗教的分析相结合。这种方法对例证的取舍就要兼顾符合宗教一般性的标准和代表不同类型的宗教的典型性标准。限于篇幅，本文以佛教、道教和基督宗教为例，分别代表以众生为本（以人为主）的宗教、以人为本的宗教和以神为本的一神论宗教。

从宗教的共性或一般意义上来看，宗教价值观既有超越现实的追求，也有注重现世的内容。学者在研究某个具体宗教的思想时，可能会发现其价值观的矛盾之处②，其实，这正是宗教共有的双重价值观现象。

一、宗教对现世和人生的负面价值判断

追求理想境界、试图超越现实的局限，是宗教的突出特点。因此，宗教大都否定现实世界和人生的终极价值。佛教修行以解脱为目的，道教希望羽化飞升，有神论宗教追求天国永生。这种否定性的价值观最典型的代表是佛教的"苦感文化"和基督宗教的"罪感文化"。"苦感文化"与佛教空观密切相连，追求解脱；"罪感文化"则建立在人对于神的绝对服从与崇拜的基础之上，祈求救赎。"苦"和"罪"可以看作两种宗教对于现实世界和人生的局限性所做的价值判断。

与上述价值观念相应，宗教一般都主张禁欲和苦行。

1. 佛教的"苦感文化"

佛教将人生的一切现象都视为苦：从人的生命过程看，生、老、病、死都是

---

① 如吕大吉先生的《宗教学通论新编》将宗教之间的差异归于宗教起源和发展不同阶段的表现，从而将不同宗教视为宗教发展特定阶段，按顺序安排在"宗教的起源和发展"这一编，成为全书整体上归纳宗教一般规律的一部分。参见《宗教学通论新编》，中国社会科学出版社 1998 年，第 449—678 页。

② 下文提到杨维中先生的发现即是具体案例。

痛苦的；从来源看，又有来自自身的内苦和来自外界的外苦；从类型上分，人有很多苦恼，比如“十八苦”的分法；最著名的是“八苦”——生苦、老苦、病苦、死苦、爱别离苦、怨憎会苦、求不得苦、五阴盛苦。“苦”的另一个表述是“空”。“空”也是价值判断，不是一无所有，而是指不具有终极价值。原始佛教空观建立在缘起论基础之上，认为一切事物都是因缘和合而成，缘聚则生，缘散则灭，是为“无常”。事物随时都有可能改变或毁灭，不能决定自己的命运，是为“无我”。“无常”“无我”“苦”与“空”相互发明，都是佛教价值观的体现，大乘佛教也有类似观点。《金刚经》云：

> 一切有为法，如梦幻泡影，如露亦如电，应作如是观。（《金刚般若波罗蜜经》）

《维摩经》说：

> 是身无常、无强、无力、无坚，速朽之法，不可信也。为苦、为恼，众病所集。诸仁者！如此身，明智者所不怙。是身如聚沫，不可撮摩；是身如泡，不得久立；是身如炎，从渴爱生；是身如芭蕉，中无有坚；是身如幻，从颠倒起；是身如梦，为虚妄见；是身如影，从业缘现；是身如响，属诸因缘；是身如浮云，须臾变灭；是身如电，念念不住……是身不净，秽恶充满；是身为虚伪，虽假以澡浴衣食必归磨灭。是身为灾，百一病恼；是身如丘井，为老所逼；是身无定，为要当死。是身如毒蛇、如怨贼、如空聚，阴、界、诸入所共合成。（《维摩诘所说经 · 方便品第二》）

“是身如炎，从渴爱生”，在佛教语境下固然具有发生学含义，同时也表达了佛解脱论所主张禁欲和苦行的思想特点，当然，佛教在“中道”思想的指导下，其苦行相对比较温和。

中国佛教也保留了印度佛教的价值观念和解脱修行论，慧远认为“无明为惑网之渊，贪爱为众累之府”，主张“情无所系”。（慧远《明报应论》）

2. 基督宗教的“罪感文化”

相对于佛教，基督宗教重信仰而轻现世的价值倾向更加明显。基督宗教的价值观既有《圣经·旧约》的影响，又体现在《圣经·新约》和后来的神学思想之中。

在《旧约》神创论的视野下，包括人在内的世界万有都是上帝——神创造的，相对于神的全能，人是有局限性的，甚至世界万物都是没有意义的（meaningless）：

> 传道者说，虚空的虚空，虚空的虚空。凡事都是虚空。（*Meaningless, meaningless, everything is meaningless.*）人一切的劳碌，就是他在日光之下的劳碌，有什么益处呢？一代过去，一代又来。地却永远长存。日头出来，日头落下，急归所出之地。风往南刮，又向北转，不住地旋转，而且返回转行原道。江河都往海里流，海却不满。江河从何处流，仍归还何处。万事令人厌烦。（或作万物满有困乏）人不能说尽。眼看，看不饱，耳听，听不足。已有的事，后必再有。已行的事，后必再行。日光之下并无新事。（《旧约·传道书》1：2–9）
>
> 我见日光之下所作的一切事，都是虚空、都是捕风。（《旧约·传道书》1：14）

《新约》对于现世的财富也有类似的价值定位：

> 不要为自己积攒财宝在地上，地上有虫子咬，能锈坏，也有贼挖窟窿来偷。只要积攒财宝在天上，天上没有虫子咬，不能锈坏，也没有贼挖窟窿来偷。（《新约·马太福音》6：19–20）
>
> 一个人不能事奉两个主。不是恶这个爱那个，就是重这个轻那个。你们不能又事奉神，又事奉玛门（玛门是财利的意思）。（《新约·马太福音》6：24）

这种价值局限凸显了信仰对象（上帝、神、主）的崇高和完满。相应的，《旧约》认为因为人间的罪恶，不来现世强过在世间生活：

我又转念，见日光之下所行的一切欺压。看哪，受欺压的流泪，且无人安慰。欺压他们的有势力，也无人安慰他们。因此，我赞叹那早已死的死人，胜过那还活着的活人。并且我以为那未曾生的，就是未见过日光之下恶事的，比这两等人更强。（《旧约 · 传音书》4：1–3）

“苦”是佛教对于现实人生局限性的价值定位，而基督宗教在神创论和救赎论的信仰体系下将“被造”者——人的局限性概括为“罪”。基督宗教认为在人的罪恶中，最重要的是“原罪”，指与生俱来的罪过。《圣经》中并没有“原罪”明确的定义，据称它是公元2世纪的古罗马神学家图尔德良最先提出，并被奥古斯丁加以发挥和充实。在《旧约》中，亚当和夏娃受了蛇的诱惑，吃了禁果。吃禁果固然会造成人伦方面的负面后果，但基督宗教强调违背上帝命令这一行为本身的罪孽，这构成了整个人类的原始罪过。基督宗教认为此罪一直传至所有后代，为此需要基督的救赎。奥古斯丁甚至认为没有人在今生能确实知道自己已经得救，得救是人白白得到上帝的恩典，这种恩典只有上帝所挑选的人才能得到，“受永刑，得永生”的这两种人，上帝早预定了。值得注意的是，奥古斯丁对西方基督宗教神学有着深远的影响。新教思想领袖马丁 · 路德也完全否定人的意志和行为的道德价值，宣称“得救是靠我们自己的能力和办法所不能及的，而是要单单倚靠上帝的作为……当上帝并未临在而且也不在我们里面动工之时，我们所做的每一件事都是邪恶的，同时，我们必然做的是于得救完全无用之事”[①]。

基督宗教受古希腊哲学和犹太教双重影响，在精神与肉体的关系定位上，表现出重精神、轻肉体的价值倾向，这也是基督宗教价值观之重要内容。即使是人有行善的行为，这种人为的善也是微不足道的。因为后天的善恶属于本善和本罪，即人自己的善、恶，它们与上帝的善和原罪是不对等的，人的善不能抵消原

① 马丁 · 路德：《论意志的捆绑》，路德文集中文版编辑委员会，《路德文集》第二卷，上海三联书店2005年，第345页。

罪，人的本罪也可以被神轻易赦免。人的原罪自己是不能消除的，只能依靠基督来救赎。总之，在神创论、救赎论和预定论的信仰体系下，基督宗教对现实世界、人的自然需求，甚至人的行为的负面价值定位是显而易见的，现世和人之善被认为是无意义的，恶却被强调。

3. 道教的出世离尘、坚执苦节

道教是我们中国土生土长的宗教，被认为是最重视现世的宗教之一。但作为宗教形态，道教也有超越的一面，也有自己的信仰体系和终极关怀，希望通过修炼而羽化升仙，超越俗世。明代道教思想家张宇初主张“凡出家之人，上离父母之亲，下弃祖宗之嗣，志在出世离尘”①。

出离尘世就不能贪恋物欲，所以道教也提倡禁欲和苦行。南朝道教思想家陆修静认为“道以斋戒为立德之根本、寻真之门户”，宝贵贞先生以此证明道教对苦节的重视：

> 奉斋持戒，是各种宗教中的普遍现象，其目的就是通过以神灵为理想参照，以自我控制为途径的内在修行，涤除不洁意识，达到从肉体到灵魂的彻底净化。道教以修斋为学道之首，以斋来约束自己的身、口、心三业，为祈禳、拔苦、谢罪之用。特别重视斋戒在信仰生活中的意义，并赋予斋戒以十分独特的伦理价值。道教徒认为在清苦的持斋过程中会产生“冥通”效应，感受到经过精勤修悟之后“遂致感通”的状态，经历了某种与神相通的个人宗教体验。在这种体验中，信仰者获得了某种“与道感通”、得神保佑的神秘感受，于是更加坚执苦节，以期早日得道升仙。②

众所周知，中国传统思想主流并不提倡禁欲与苦节，只是主张合理限制欲望，不被欲望所牵制。孟子主张“养心莫善于寡欲”(《孟子·尽心下》)，道教推崇的《老子》也是主张“少私寡欲”(《老子》十九章)，《周易》更是明言“苦节

① 张宇初：《道门十规》，《道藏》三家本，1988年，第32册，第150页。

② 宝贵贞：《出世与入世之间——论道教伦理之要义》，《中国道教》2003年第3期。

不可贞"(《周易·节卦》)。但是道教作为宗教体系，在价值观念上与世俗观念有所不同，具有宗教的一般特点——主张禁欲和苦行。

二、宗教对现世、人生有不同程度的肯定

宗教价值观既有超越现实的追求，也有注重现世的内容，表现为重视现实利益、肯定生命价值、倚重人的行为。

1. 基督宗教在信仰主义基础上对现世的肯定

在基督宗教那里，自然存在和人的身体相对于神的存在和神的意志是较低级的存在；但另一方面，包括人的身体在内的自然存在作为被造物，体现了神的意志和权能，具有一定的价值，尽管只具有低级价值。奥古斯丁对于自然律和上帝意志的关系之判定，也体现了基督宗教的双重价值观。对于上帝的意志与自然律的关系，奥古斯丁一方面说："上帝统治被造物的方式是让它们以合适的运动发挥作用、进行活动。"然而，另一方面，他又说，上帝创造另外一些自然并不是不可能的，"上帝把他所创造的自然改变为任何他乐意的东西也不是不可能的，他可以散布大量的被称为怪物，异物，奇观，非凡的不可思议的东西……没有规定他的范围的自然律"①。上帝具有绝对、自足之价值，自然事物从上帝那里获得自身之价值。基督宗教在信仰主义的前提下，对现实世界和人的存在之价值也有一定程度的肯定，认为现实事物是神的创造，体现了神的意志和权能，具有相对之价值。这是建立在信仰主义基础上的双重价值观。

基督宗教对现世相对价值的肯定在新教伦理与资本主义精神的契合上得到充分体现。马克斯·韦伯引用本杰明·富兰克林的观点表明资本主义独特的精神追求，即用财富来衡量时间、信用等事物的价值。营利变成人生的目的，而不再是为了满足人的物质生活需求的手段。② 韦伯指出，这种精神所训诲的不单是生活技术，而是一种独特的"伦理"，违反此一伦理，不仅是愚蠢，而且还被视为

① 赵敦华:《基督宗教哲学1500年》，商务印书馆1994年，第158页。

② 马克斯·韦伯:《新教伦理与资本主义精神》，康乐、简惠美译，广西师范大学出版社2010年，第24—29页。

忘失义务。[①] 韦伯对于资本主义道德新发展的把握是极其精准的。但是，他将这种道德发展主要归因于新教伦理，虽然从一定角度反映了资本主义发展的文化生态，但并没有把握住事物的实质。韦伯认为："赋予俗世职业生活以道德意义，事实上正是宗教改革，特别是路德影响深远的一大成就。"[②] 韦伯将新教与资本主义道德发展联系起来的重要论据是入世和禁欲的结合。[③] 这当然反映了资本主义道德发展和宗教文化之间的关联，但韦伯的方法和观点并非没有问题。首先，韦伯虽然试图避免陷入唯心主义的片面性，[④] 但他并未成功做到这一点。新教伦理固然比天主教更具有入世性，但这本身就是适应资本主义发展的结果，而非相反。其次，禁欲既不能解释资本主义的发展，更不是资本主义的专利。再次，仅从宗教学角度看，无论是"赋予俗世职业生活以道德意义"，还是入世和禁欲的结合，都是追求超越和注重现实两种价值观之间的调和，是宗教双重价值观的共性表现，而双重价值观远非新教所独专。韦伯宗教视野的狭隘导致了其方法论的局限，并进而得出错误观点。他在《中国的宗教：儒教和道教》一书中提出，新教伦理是资本主义经济的第一原动力，而中国的儒家伦理不仅不能推动而且阻碍了资本主义经济的产生。这就是后来引起争论的"韦伯命题"。马克斯·韦伯因为这本书而被西方汉学界誉为中国学研究的"伟大的外行"。卫东海的博士论文《明清晋商精神的宗教伦理底蕴》[⑤] 以大量的事实为据，反对韦伯为中国宗教预设的前提，以及以反例把中国宗教（尤其是儒教）说成是阻碍资本主义发展的动因等观点。论文指出韦伯对道教作了不客观的评价，以及对禅宗作为中国佛教一种教派的漠视。这篇博士论文是对马克斯·韦伯误解中国文化之观点的有力批驳，这种驳斥在一般方法论层面上对于批判韦伯关于思想与社会发展之关系的观点也有重要的意义。

2. 佛教解脱修行论以人为核心，注重当下之修行

大乘佛教常常许诺信徒以现实利益，如"所愿不虚，亦于现世得其福报"

① 马克斯·韦伯：《新教伦理与资本主义精神》，康乐、简惠美译，广西师范大学出版社 2010 年，第 27 页。

② 同上，第 55—56 页。

③ 同上，第 71—184 页。

④ 同上，第 184 页。

⑤ 卫东海：《明清晋商精神的宗教伦理底蕴》，中国人民大学博士学位论文，2008 年。

(《妙法莲华经 · 普贤菩萨劝发品》)、“得福甚多”(《别译杂阿含经》卷十三)、“寿终之后生尊贵家”(《佛说无量寿经》卷上)等比比皆是。虽然这只是佛教普度众生的方便说法，但作为佛教终极关怀的解脱论和修行论亦是以人为核心。

佛教终极关怀既是人的完善，其修行亦以人的行为而不是信仰作为依据。杨维中先生精辟地指出，尽管佛教惯于以六道轮回中的所有生命体为对象讨论各种问题，但“人”无疑是其理论最深切的关注点。[①] 这种倾向在大、小乘佛教中都有所体现，而以大乘佛教更为明显。在《佛说无量寿经》中，佛告弥勒：

> 汝等能于此世，端心正意，不作众恶，甚为至德。十方世界，最无伦匹。所以者何？诸佛国土天人之类，自然作善，不大为恶，易可开化。今我于此世间作佛，处于五恶、五痛、五烧之中，为最剧苦。教化群生，令舍五恶，令去五痛，令离五烧，降化其意，令持五善，获其福德，度世长寿泥洹之道。(《佛说无量寿经》卷上)

诸佛国土天人之类，由于条件优越，自然作善，不大为恶，所以易可开化。而“此世”——秽土充满种种苦难，环境恶劣，为最剧苦。在这种环境下，能够端心正意，不作众恶，才为至德。道德的力量与环境的优越程度成反比，在秽土修行的价值更大。该经甚至认为，在秽土修行一日一夜，胜过在净土为善百年：

> (在秽土)为德立善，正心正意，斋戒清净，一日一夜，胜在无量寿国为善百岁。所以者何？彼佛国土无为自然，皆积众善，无毛发之恶。于此修善十日十夜，胜于他方诸佛国中为善千岁。所以者何？他方佛国为善者多，为恶者少，福德自然，无造恶之地，唯此间多恶，无有自然，勤苦求欲，转相欺殆，心劳形困，饮苦食毒，如是恶务，未尝宁息。(《佛说无量寿经》卷下)

作为大乘佛教思想，净土法门立足于当下，肯定了在现实恶劣的环境和不利

---

① 杨维中:《简论佛教的人本化》,《觉群》2004 年，第 26 页。

的条件下，能够努力修行、提升道德修养，更具有伦理价值。因此，佛教认为“人身难得”。在六道（或五趣）之中，天和人同为“善道”，若以报应论为标准，“天”比人殊胜，是更好的果报；但以解脱论为标准，佛教认为“人身难得”，人比恶道更有条件亲近佛法、比天人更强烈地要求解脱。印顺法师对这个问题有很好的阐述。他说，五趣中，平常以天上最好，地狱最苦，这是一般宗教的传统见识。怕堕地狱，求生天国，是他们共同的要求。佛法独到的见地，却以为人间最好。这因为一切有情中，地狱有寒热苦，几乎有苦无乐。畜生有残杀苦，饿鬼有饥渴苦，也是苦多于乐。天上的享受，虽比人类好，但只是庸俗的，自私的；那种物质欲乐，精神定乐的陶醉，结果是堕落，所以人间最好。经中常说“人身难得”。《增含·等见品》说：某“天”五衰相现——将死时，有“天”劝他，你应求生善趣的人间。人间有什么值得诸天崇仰呢？经中接着说：“诸佛世尊皆出人间，非由天而得也。”这即是说诸佛皆在人间成佛，所以人为天的善趣，值得天神的仰慕。[①]“诸佛皆在人间成佛”，“高级”的生命反而仰慕人道。

在大乘佛教般若观照下，“是法平等，无有高下”（《金刚般若波罗蜜经》）。《维摩诘经》提出“不二”法门，认为烦恼即菩提，生死即涅槃，在终极境界下肯定了现实世界和人生的价值。“不二”法门会通出世与入世，齐同善法与恶法：“六十二见及一切烦恼皆是佛种”，“菩萨行于非道，是为通达佛道”（《维摩诘所说经·佛道品第八》）。智顗认为：“一切恶法世间产业，皆与实观不相违背。”（《摩诃止观》卷二）

禅宗作为中国佛教的典型形态，更展现了大乘佛教“当下即是”的价值观。慧能提出“佛法在世间，不离世间觉”的命题，开启了中国佛教的禅宗革命。慧海禅师认为修道用功就是“饥来吃饭，困来即眠”，虽然不同于一般人的吃饭睡觉，但将人日常的生活、行为与佛教终极关怀联系起来，则是不言而喻的。因此，有学者将禅宗看作“人性宗教”[②]，是有道理的。近世高僧太虚法师和印顺法师提出的“人间佛教”“人生佛教”同样体现了大乘佛教重视现实人生的价值

① 《有情——人类为本的佛法》，《印顺集》，中国社会科学出版社 1995 年，第 138 页。

② 陈坚：《作为“人性宗教”的禅宗——从雪峰义存的“俗人”说起》，《禅学研究》第八辑，江苏人民出版社 2009 年，第 5—16 页。

观念。杨维中先生指出："对于世俗世界的矛盾态度，一直是大乘佛教的固有问题。"[①] 如果放在更宽泛的范围内看，其实这是宗教共有的双重价值观现象。

3. 道教的现世主义

道教固然也用超越的信仰给人以精神慰藉和精神寄托，如宣扬"凡出家之人，上离父母之亲，下弃祖宗之嗣，志在出世离尘"，但与其他宗教相比，道教的最大特点是现世性。道教重视自人的生命、注重医学养生、追求健康长寿。道教相信通过自己后天的努力，可以改善现实的身体状况，延年益寿。道教明确肯定现实人生，尤其是人的肉身的价值，追求"长生久视"，主张"性命双修"。

道教是世界上最重视现世生命存在的宗教，在道教看来人的生命是最为可贵的。《度人经》中讲："仙道贵生，无量度人。"《妙真经》云："一切万物，人最为贵。"《太平经》曰："天地之性，万二千物，人命最重。"张三丰曾说："天地之间，至灵、至贵者人也。"在万物之中，人的形体生命是最重要的，从而确立了道教其特有的贵生观。赖永海先生曾比较了道教和佛教在解脱方法和方式的不同，正是以道教的这个特点为例证。其中观点也有助于本文从价值观角度对道教特点的理解：

> 道教的解脱方法主要有两种：一是"羽化"，二是"尸解"。所谓"羽化"，主要指"举形升虚"；所谓"尸解"，则是"先死后蜕"。东晋道士葛洪在其《抱朴子》一书中印《仙经》说："上士举形升虚，谓之天仙，中士游于名山，谓之地仙，下士先死后蜕，谓之尸解。"也就是说，灵魂与肉体一起永生，升天成仙，"身得道，神亦得道；身得仙，神亦得仙"，这是道教的最高境界。[②]

从价值观上看，所有宗教中，最特殊的非道教莫属。道教价值观的特殊性，根本上还是源于中国传统文化，尤其是道家的影响。从文化土壤和社会心理背景

---

① 杨维中：《简论佛教的人本化》，《觉群》2004 年，第 26 页。

② 赖永海：《宗教学概论》（修订版），南京大学出版社 2004 年，第 73—74 页。

上看，在道教产生之前，中国古代思想主流都是现实主义的，这里指立足现实人生和社会，注重现实问题，关怀生命。

老子和庄子的价值观建立在“道论”基础上。《庄子·天地》：“夫道，覆载万物者也。”《老子》三十九章说：“万物得一以生”，“一”就是道。此“生”既有生成的意思，又有生存的含义。“道”是万物的本原和归宿，也是万物的根据和规律。道在价值上是超越的，与大道相比，任何具体事物，不论善恶，其价值皆有相对性。“道”的超越性决定了它自身不可能局限于有限之中，任何具体事物的规定性都不能加之于道。道的超越性并没有否定具体事物的存在价值，相反，具体事物的价值具有内在性。老、庄都珍惜来源于“道”的人的生命之价值。有学者认为生命观是道家文化的核心观念。《老子》贵生而重死，将死亡看作严重的事情，主张“使民重死而远徙”。南怀瑾认为，《庄子》内七篇，“从第一篇《逍遥游》讲如何解脱，到怎么样悟道，怎么样修道，然后到《大宗师》，由得道的完成，既可以出世又可以入世。当然重点偏向于入世，偏向于形而上道，但是它的用，是偏向于入世的。这是中国文化的道家，之所以不同于儒家佛家之处”[①]。道家对于生命和生活的态度，正是道教价值观念的思想基础。老庄的价值观直接影响了道教思想。

结　语

综上所述，宗教都有双重价值观念，既有追求理想境界、试图超越现实局限性的特点，又有适应现实、肯定人生的内容。但不同的宗教对现世的价值的肯定程度是不同的。基督宗教作为有神论宗教，在信仰主义的背景下，更强调现实事物的局限性和人性恶的一面。基督宗教虽然不否定肉体生命的价值，但是，在福音书中，耶稣所宣讲的却是人不能只靠物质性的东西而活，还要靠上帝的话。上帝的话，乃是上帝的灵呼吸的结果。换言之，基督宗教是要把人引向上帝属灵的国度。佛教空观也视肉体为无常之物，不值得留恋，大乘佛教却能适应中国文

① 南怀瑾：《庄子南华》，http://www.quanxue.cn/ct_nanhuaijin/ZhuangZiNH111.html。参照引文其他版本，引文中“当然重点偏向于入世”中的“入”为错字，应改为“当然重点偏向于出世”。

化，并在中国生根、发展，最终成为中国文化的重要内容，均得益于其注重当下、肯定人性的价值观念。而道教却希望以各种修炼、丹药等手段达到长生不死、羽化升仙的目的，表明其更注重现实、热爱生命，从价值观上不仅肯定了现实生命和肉体，还希望将生命永远保持下去。正如一些学者指出的，道教是以现世性为内在规定性的宗教。中国佛教和道教体现了中国文化现实主义、热爱生活的特点。

宗教双重价值观是宗教特殊性的根基。宗教价值观既是决定不同宗教之异同的根本因素，也是宗教现象及其社会效应的底层逻辑。宗教价值观的特殊性为我们理解宗教的共性提供了一个重要视角，在宗教共性的视角下，可以避免宗教研究中以偏概全的问题。马克思 · 韦伯理解宗教问题的思想方法及其结论的局限性值得反思。

【执行编辑：夏晨朗】

价值实践问题研究

Research on Value Practice

习近平关于人民健康重要论述的马克思主义人学意蕴*

王金伟**

【摘　要】习近平总书记关于人民健康重要论述是马克思主义中国化的最新理论成果之一，其本身具有丰富的马克思主义人学意蕴。面对跌宕反复的世纪疫情，深入挖掘习近平总书记关于人民健康重要论述中所蕴含的“人民至上、生命至上”价值理念，对于理解当前我国采取的健康政策具有很强的指引价值。习近平总书记关于人民健康重要论述立足中国，坚持“以人民为中心”的指导思想，从理论与实践的结合出发，全面诠释中国共产党的初心和使命。习近平总书记关于人民健康重要论述从构建人类命运共同体高度和“人的全面发展”的马克思主义人学基点出发，生动展现了中国特色社会主义制度的强大优势，也成为推动马克思主义人学新发展的显著标志。

【关键词】习近平；人民健康重要论述；马克思主义人学

习近平总书记关于人民健康的重要论述（以下简称“重要论述”）凸显了中国共产党始终坚持和遵循“以人民为中心”、人民健康和人类命运共同体等重要理念，为马克思主义人学发展提供了最新理论成果。特别在应对世纪疫情中，深入挖掘“重要论述”所蕴含的丰富的马克思主义人学意蕴，并将其应用于疫情

---

* 本文系上海市哲学社会科学规划课题“‘规范性力量’视角下新时代中国共产党形象的国际传播研究”（课题批准号2020BKS006）、2022年度上海大学课程思政教育教学改革研究项目“‘大思政’观视域下高中与高校思政课一体化建设研究”（项目编号：N. 59-E304-22-102）的阶段性成果。

** 王金伟，上海大学助理研究员，主要研究方向为思想政治教育、价值论。

防控的伟大斗争实践中，具有不可替代的现实价值。“健康”是一个内容丰富、意蕴深广的概念，世界卫生组织（WHO）对“健康”的定义是：“健康不仅为疾病或羸弱之消除，而系体格，精神与社会之完全健康状态。”（“Health is a state of complete physical, mental and social well-being and not merely the absence of disease or infirmity.”）[①]“健康”是具有生命的个体，所具有的身体、心理与社会方面全面健康的状态，而不仅仅是没有疾病或虚弱。这是世界卫生组织（WHO）对“健康”全面客观的描述，这一描述对我国采用健康政策具有很强的指导价值。

一、“重要论述”集中体现了坚持“以人民为中心”的马克思主义人学立场

1. 关于人民健康“重要论述”是马克思主义人学的出发点

人是“现实的历史的人”[②]，这是马克思主义人学的历史与逻辑的起点。“现实的历史的人”必须是具有生命的个体存在，这也是人类社会发展的首要前提。作为生命个体的存在内含了作为健康个体的意蕴，生命健康是健康个体存在的基础，也为马克思主义人学发展奠定了生物学意义上的前提。唯物史观始终以“现实的人”作为分析社会历史现象的基本前提，并将其与“抽象的人”对立起来。“重要论述”正是以“现实的人”作为存在论前提，形成的马克思主义中国化的最新理论成果。

马克思恩格斯明确指出，“全部人类历史的第一个前提无疑是有生命的个人的存在”[③]，而“有生命的个人”始终是以人的健康作为基本保障的。在这里，对人的健康的理解可以从两个方面剖析：从人的属性讲，它不仅指的是个人的健康，更指的是社会或类层面的人民的健康；从健康属性讲，它不仅包括人与自然

---

① 本定义的文献资料出处为：1946年6月19日至7月22日在纽约召开的国际卫生会议通过、61个国家代表于1946年7月22日签署（《世界卫生组织正式记录》第2号第100页）并于1948年4月7日生效的世界卫生组织《组织法》的序言。自1948年以来，该定义未有修订。https://www.who.int/zh/about/frequently-asked-questions。

② 《马克思恩格斯文集》第一卷，人民出版社2009年，第528页。

③ 马克思、恩格斯：《德意志意识形态（节选本）》，人民出版社2018年，第11页。

关系层面的健康，而且包括人与社会关系层面的健康。从这两个方面出发，“重要论述”对马克思“现实的人”的思想做出了进一步的挖掘与发展。

“重要论述”集中反映了马克思主义人学所关注的人的生存和发展问题。马克思恩格斯针对唯物史观的现实前提时明确指出，我们“第一个需要确认的事实就是这些个人的肉体组织以及由此产生的个人对其他自然的关系”[①]。人的肉体组织的存在是人成为人的第一前提，也是人发展的前提性条件。马克思恩格斯对人的全面本质也有深刻认识：“人以一种全面的方式，就是说，作为一个完整的人，占有自己的全面的本质。”[②]作为完整的人，身心健康是第一位的，如果要全面占有自己本质就必须具备健全的肉体和健康心灵。习近平总书记指出“健康是促进人的全面发展的必然要求”[③]，实现每个人的全面发展是马克思主义人学的最终目标和价值旨归，这是马克思主义人学发展的出发点。

马克思主义人学认为，历史活动的主体包括三类主体：个人主体、群体主体和人类主体，个人主体是基石、群体主体是现实形态、人类主体是最高形态。人类社会得以发展的基石就是具有生命的个人主体的存在；人类社会的发展和现实形态是民族或国家的存在，这是群体主体的主要形式；人类社会发展的最高形态就是实现共产主义社会，在此历史进程中，也会呈现不同的阶段，现阶段我国提出的构建“人类命运共同体”理念就是在实现人类主体的过渡形式。

与马克思主义人学历史活动主体相对应的健康形态，也存在三类健康形态：个人健康、群体健康、人类健康。当前，人类社会主要以国家形式存在和发展，除了关注个人健康外，必须关注群体主体的健康状况。在这里，群体主体也可用一国的“人民”来指代，因此，保障人民健康也成为马克思主义人学必须关注的领域。在社会历史过程中只有人民群众才能发挥主体的能动作用，也是社会物质生产和精神创造的真正发动者、组织者和承担者。因此，关注人民健康是马克思主义人学的应有之义。

马克思主义作为我国坚持人民立场的根本出发点，在现实生活中也在不断推

① 马克思、恩格斯：《德意志意识形态（节选本）》，人民出版社 2018 年，第 11 页。

② 《马克思恩格斯文集》第一卷，人民出版社 2009 年，第 189 页。

③ 习近平：《习近平谈治国理政》第二卷，外文出版社 2017 年，第 370 页。

动和实现人民利益最大化。“我们要始终把人民立场作为根本政治立场，把人民利益摆在至高无上的地位，不断把为人民造福事业推向前进。”① 人民立场、人民利益在现实生活中会转化为不同的表现形态，人民健康就是衡量坚持人民立场最重要的指标之一。习近平总书记指出：“人民健康是社会文明进步的基础，是民族昌盛和国家富强的重要标志，也是广大人民群众的共同追求。”② 人民健康充分展现出中国共产党的人民立场，更全面表征了马克思主义人学在当代中国的发展状况。“重要论述”反映了我国十分关注人民健康的现实诉求，关注人民健康也成为秉承马克思主义立场和发展马克思主义人学的出发点。

2. 树立“大卫生、大健康”观念是中国马克思主义人学的现实观照

我国卫生事业起步于新中国成立之初，经过多轮机构改革，已经形成了“卫生和健康”的统一大系统。中国卫生和健康事业也进入快速发展的重要时期。经济状况直接关乎健康事业的发展，从我国卫生和健康事业的发展进程来看，中国健康事业是伴随着经济社会的发展而不断提升的。当经济社会发展水平处于普遍较低阶段时，“治病救人，救死扶伤”“消除疾病”是卫生事业的首要任务；当经济社会发展水平处于较高阶段时，不仅要“消除疾病”，更需要有保持“身心健康”的预防性措施。此时，“健康”也就成为卫生事业的核心观念，因此树立“大卫生、大健康”观念是由经济社会发展状况决定的。

习近平总书记指出，“把以治病为中心转变为以人民健康为中心”③，这是时代发展进步的显著标志。将健康作为“广大人民群众的共同追求”④，在社会发展、时代变化与人民需要的转换中面临着一系列契机与挑战：一方面，物质发展、技术升级以及制度变革推动了我国的医疗卫生事业高速发展，它不仅显著提升了人民的健康水平，而且彰显了我国国家制度与国家治理体系“不断保障和改

① 习近平：《习近平谈治国理政》第二卷，外文出版社 2017 年，第 52 页。

② 《习近平论卫生和健康工作（2020 年）》（VW001. 040. 20200922. 001），学习强国，https://www.xuexi.cn/lgpage/detail/index.html?id=5769406058224620650&item_id=5769406058224620650。

③ 习近平：《习近平谈治国理政》第二卷，外文出版社 2017 年，第 372 页。

④ 习近平：《习近平谈治国理政》第二卷，外文出版社 2017 年，第 370 页。

善民生、增进人民福祉”[①]的显著优势；另一方面，健康供需不均衡、重大疾病风险、老龄化、生态环境恶化、政策衔接滞后等问题，依然是摆在我国卫生与健康事业面前的突出矛盾。

习近平总书记强调“把人民健康放在优先发展的战略地位”，并指出“要倡导健康文明的生活方式，树立大卫生、大健康的观念”，[②]只有这样，才能让广大人民群众真正拥有健康获得感。人民是推动“大卫生、大健康”实现的主体力量，人民的参与是健康目标实现的根本保证。因此，“要从人民伟大实践中汲取智慧和力量，办好顺民意、解民忧、惠民生的实事”[③]，只有这样才能真正实现人民健康的总体目标。

“重要论述”是对马克思关于“现实的人”的人学思想的贯彻，奠定了党和国家对新型冠状病毒感染防治的基本立足点。一方面，疫情防治不能停留于“抽象的人”的层面或单纯的个人治病层面进行考量，而应在抵制唯心史观与直观唯物主义的基础上，把人民健康放在优先发展的战略地位。在我国，人民是主体，而“中国共产党是人民主体的核心”[④]。为此，既要引导人民自觉地投身于健康文明生活方式的培养中来，又要“把党的政治优势、组织优势、密切联系群众优势转化为疫情防控的强大政治优势”[⑤]，真正在疫情防控中实现“大卫生、大健康”的理念与行动。另一方面，“疫情防控要坚持全国一盘棋”[⑥]，实现防治工作的全方位、全生命周期。从全方位层面讲，“疫情防控不只是医药卫生问题……各项工作都要为打赢疫情防控阻击战提供支持”[⑦]。“大卫生、大健康”，即在强化公共卫生整体实力与提升疾病防控能力的基础上推进健康中国建设，真正实现“全国卫生”与“全民健康”。

树立“大卫生、大健康”观念需要特别关注“全方位、全周期”健康。从全

---

① 《中共中央关于坚持和完善中国特色社会主义制度　推进国家治理体系和治理能力现代化若干重大问题的决定》，人民出版社 2019 年，第 4 页。

② 习近平:《习近平谈治国理政》第二卷，外文出版社 2017 年，第 372 页。

③ 习近平:《习近平谈治国理政》第一卷，外文出版社 2018 年，第 16 页。

④ 陈新汉:《核心价值体系论导论》，上海大学出版社 2016 年，第 247 页。

⑤ 《关于加强党的领导、为打赢疫情防控阻击战提供坚强政治保证的通知》,《人民日报》2020 年 1 月 29 日。

⑥⑦ 《中共中央政治局常务委员会召开会议　研究加强新型冠状病毒感染的肺炎疫情防控工作　中共中央总书记习近平主持会议》,《人民日报》2020 年 2 月 4 日。

生命周期的层面讲，党和国家的防治工作要做到“同时间赛跑、与病魔较量”①，强化疫情防治的科研攻关力度与疾病治疗效度，在最大程度上减轻疫情播散度，实现对疫情的及时追踪、分析以及有效整治。习近平总书记在看望参加全国政协十三届四次会议的医药卫生界教育界委员时指出：“要把保障人民健康放在优先发展的战略位置，坚持基本医疗卫生事业的公益性，聚焦影响人民健康的重大疾病和主要问题，加快实施健康中国行动，织牢国家公共卫生防护网，推动公立医院高质量发展，为人民提供全方位全周期健康服务。”②从人与自然关系层面讲，唯物史观始终强调人与自然的相互依存关系与和谐共生诉求，自然环境从根本上会影响人的生存与健康。

3. 坚持“人民至上、生命至上”是当代中国马克思主义人学的落脚点

党的十九大报告明确指出：“中国共产党人的初心和使命，就是为中国人民谋幸福，为中华民族谋复兴。”③新中国成立七十多年来，无论是面对汹涌的洪水、惨烈的地震，还是肆虐的疫情，中国共产党始终坚持把“人民生命安全和身体健康”放在最高的地位。这既源于执政党高度的政治自觉，也是中国共产党人矢志不渝的使命和担当。坚持“人民至上、生命至上”作为我国抗疫斗争的核心理念，更是马克思主义人学在当代中国的生动诠释。中国共产党团结带领中国人民进行奋斗，“让人民过上好日子是我们共产党人的初心、宗旨”④。习近平总书记在十九届中央政治局第三十七次集体学习时指出：“我们坚持人民至上、生命至上，有力应对新冠肺炎疫情，最大限度保护了人民生命安全和身体健康。”⑤“人民至上、生命至上”的抗疫理念也是对我们党执政为民理念的生动注解。

---

① 《中共中央政治局常务委员会召开会议　研究加强新型冠状病毒感染的肺炎疫情防控工作　中共中央总书记习近平主持会议》，《人民日报》2020年2月4日。

② 《习近平论卫生和健康工作（2021年）》（VW001.040.20210306.001），学习强国，https://www.xuexi.cn/lgpage/detail/index.html?id=15397237492069028875&item_id=15397237492069028875。

③ 习近平：《决胜全面建成小康社会　夺取新时代中国特色社会主义伟大胜利——在中国共产党第十九次全国代表大会上的报告》，人民出版社2017年，第1页。

④ 《习近平关于“不忘初心、牢记使命”论述摘编》，中央文献出版社、党建读物出版社2019年，第15页。

⑤ 《习近平论卫生和健康工作（2022年）》（VW001.040.20220225.001），学习强国，https://www.xuexi.cn/lgpage/detail/index.html?id=4542047577399252303&item_id=4542047577399252303。

习近平总书记强调："坚持把人民生命安全和身体健康放在第一位。"① 这是坚持"人民至上、生命至上"的最直接的表达。当人民生命和健康遭受危险时，中国共产党的坚定选择充分展现了马克思主义政党的优秀品格。始终坚持"以人民为中心"的指导思想的具体呈现形态就是"人民至上、生命至上"。"人民至上、生命至上"理念不仅贯穿抗疫的全过程，更凸显于人民大健康事业之中。

习近平总书记强调要加快形成绿色生活与生产转型，推动建立全方位人民健康的体制机制，创造适合人类生存、保障人类全生命周期健康的生态环境。② 这是"人民至上、生命至上"在人民大健康中的全面呈现。最广大人民群众的健康不仅关涉国家的稳定与繁荣，而且关涉人类社会对"物的依赖性"程度。"重要论述"提出要建立以基层建设为主、中西医并重施行、医疗服务共享的一体化服务机制，关注幼、少、老、妇，包括流动人口等群体的健康服务等，这更是对"人民至上、生命至上"理念在现实生活中的实施提供了重要指导。

二、"重要论述"从理论与实践结合中反映了中国共产党的初心和使命

1．"重要论述"是马克思主义中国化的最新理论成果之一

"重要论述"是习近平新时代中国特色社会主义思想的重要内容，也是马克思主义的人民立场的时代呈现。"重要论述"集中反映了党领导人民进行社会主义现代化建设的波澜壮阔进程。习近平总书记指出："人民健康是社会主义现代化的重要标志。"③ 人民健康是关乎社会主义事业发展的根本性问题，必须依据马克思主义的根本观点，从人类社会历史发展全过程进行综合性考察。

从马克思主义的视野来看，"人的本质是为了满足某种需要而在一定的社会

① 《习近平论卫生和健康工作（2020 年）》(VW001.040.20200602.002)，学习强国，https://www.xuexi.cn/lgpage/detail/index.html?id=5769406058224620650&item_id=5769406058224620650。

② 中共中央宣传部：《习近平新时代中国特色社会主义思想学习纲要》，学习出版社、人民出版社 2019 年，第 172 页。

③ 《习近平论卫生和健康工作（2021 年）》(VW001.040.20210325.001)，学习强国，https://www.xuexi.cn/lgpage/detail/index.html?id=15397237492069028875&item_id=15397237492069028875。

关系中进行自由自觉的活动”①，也就是说，人的本质总是通过实践活动、社会关系以及人的需要表现出来。其中，自由自觉的实践活动不仅使人的生命得以生产与再生产，而且通过物质活动、精神活动等形式使人体的健康得以保障；人类为了生存和健康必须结成一定社会关系，进而进行生产、交往、分工等活动。在阶级社会中，社会关系主要以阶级关系的形式表现出来；人的需要是人的全部生命活动的根本动因，它在个人需要社会化与社会需要个人化的辩证运动中得以彰显。

“重要论述”从以上三个方面丰富了马克思主义人的本质论的基本内涵，并对确立人民健康有着积极的现实价值。“重要论述”是从中国基本国情出发，按照马克思主义的基本观点，在符合时代特征的前提下关于“人民健康”的重要论述。这一“重要论述”也成为习近平新时代中国特色社会主义思想的重要内容之一，为中国特色社会主义的健康发展提供了先导性指引。

2. 最新理论成果集中反映和呈现党的初心和使命

习近平总书记指出：“历史反复证明，人民群众是历史发展和社会进步的主体力量。”②“坚持人民主体地位，充分调动人民积极性，始终是我们党立于不败之地的强大根基。”③人民群众的参与是打赢疫情战争的根本，也是决定人民健康目标实现的基础力量。社会实践主体是人民群众，社会实践的方向是马克思主义指引下的中国特色社会主义发展方向。因此，在涉及人民群众健康层面梳理时，必须将“人民”作为落实党的初心和使命的根本出发点。

“健康是人民追求美好生活的逻辑起点……把人民健康贯穿发展的始终，彰显党的初心与使命，推动人民健康治理体系和治理能力现代化。”④紧紧依靠党的领导与广大人民群众的力量、依靠我国集中力量办大事的制度优势，构筑起稳固的人民健康防线。通过疫情大考对最广大人民群众的能力、社会关系以及自由个性等方面全面发展情况做出全面考量的基础上，深入推进国家疫情防治的现代化与社会精神文明建设，进而为人的全面发展提供经济基础、政治保障与精神引

① 杨金海：《人的存在论》，中华书局 2009 年，第 178 页。

②③ 习近平：《习近平谈治国理政》第一卷，外文出版社 2018 年，第 27 页。

④ 林依彬：《先导、归因与动能：习近平关于人民健康重要论述的三重意蕴》，《实事求是》2022 年第 1 期。

领。着力破除疫情防治中存在的各类异化现象，坚决抵制各类谣言、意识形态冲击以及各类反动社会思潮的涌动，坚决破除疫情防治工作的各类作风问题。围绕疫情防治强化国际合作，在信息共享的基础上加强国内与世界卫生组织的沟通交流，在践行人类命运共同体理念中，坚守党的初心和使命。在第七十六届联合国大会一般性辩论上，习近平总书记指出："我们要坚持人民至上、生命至上，呵护每个人的生命、价值、尊严。"[①] 这是关于党的初心和使命的最强声音，"呵护"每个人的生命、价值、尊严，就是践行人民健康的生动宣告。

3. 新时代社会实践引导和践行党的初心和使命

从实践层面来看，"重要论述"主要集中于新时代党和国家、广大卫生与健康工作者以及最广大人民群众等群体层面。对于党和国家而言，习近平总书记强调："在推进健康中国建设的过程中，我们要坚持中国特色卫生与健康发展道路，把握好一些重大问题。"[②] 具体来讲，党和国家为了推进健康中国建设和保障人民健康，要坚持创新健康工作理念、夯实健康工作顶层设计、完善健康工作总体部署、健全健康服务监督机制等。习近平总书记指明了推进健康中国建设的工作精神与工作宗旨，它彰显了在社会实践层面"自由的有意识的活动恰恰就是人的类特性"[③]。

从社会关系层面来看，"重要论述"涉及新时代生产关系（经济关系）、政治关系、文化关系、法律关系、伦理关系等社会关系，它们从不同维度、不同层面体现和反映着人的本质。习近平总书记从社会关系维度提出了"强化提高人民健康水平的制度保障"[④] 的要求，习近平总书记围绕人民群众的医药供给、服务、保障等提出了深化医疗卫生体制改革的要求，它旨在从经济关系层面确保人民健康；针对传染病、人口质量等问题，提出建立卫生防疫机制、医疗救助机制以及生育优化机制等，它旨在从伦理与法律关系层面确保人民健康。

---

① 习近平：《习近平重要讲话单行本》（2021 年合订本），人民出版社 2022 年，第 112 页。

② 习近平：《习近平谈治国理政》第二卷，外文出版社 2017 年，第 371 页。

③ 《马克思恩格斯文集》第一卷，人民出版社 2009 年，第 162 页。

④ 《中共中央关于坚持和完善中国特色社会主义制度 推进国家治理体系和治理能力现代化若干重大问题的决定》，人民出版社 2019 年，第 27 页。

从人的需要层面来看，进入新时代以来，人民对于健康的需要并不仅仅停留于治病的层面，而呈现出多方面、多层次与多样化的特点。习近平总书记指出："没有全民健康，就没有全面小康。"① 全民健康是实现全面小康的基础，而全面健康同时以社会生产力的发展为前提。在新时代中国特色社会主义建设中，"更加突出的问题是发展不平衡不充分"②。为了真正实现全民健康，满足人民的高层次健康需要，习近平总书记提出"坚持基本医疗卫生事业的公益性""提高医疗卫生服务质量和水平""坚持正确处理政府与市场关系"③ 等中国特色卫生与健康的工作主张。

"重要论述"从实践活动、社会关系、人的需要三者相统一中确立人民健康的重要内容，更集中体现了疫情防控的核心方案。一是要将"重要论述"融入疫情防控工作之中，依靠最广大人民群众，将广大党员干部和卫生与健康工作者的工作积极性调动起来，发扬奉献精神。二是要坚持全国一盘棋，统筹好疫情防控相关的各类社会关系，将疫情防控工作同坚持经济生产与生活的平稳有序结合起来。三是要以此次疫情的防控为入口，统筹城乡居民的各类健康需要。

三、"重要论述"是马克思主义人学关于"人的全面发展"的最新理论成果

1."重要论述"为马克思主义人学发展提供了精神引领

中国共产党作为马克思主义政党，始终坚持将促进人的全面发展作为根本指针。习近平总书记强调："增进人民福祉、促进人的全面发展是我们党立党为公、执政为民的本质要求。"④ 马克思主义人学最根本的观点就是实现"人的解放"，也可以说马克思主义是关于"人的解放"的学说。"人的解放"是目标，促进"人

① 习近平：《习近平谈治国理政》第二卷，外文出版社 2017 年，第 370 页。

② 习近平：《决胜全面建成小康社会　夺取新时代中国特色社会主义伟大胜利——在中国共产党第十九次全国代表大会上的报告》，人民出版社 2017 年，第 11 页。

③ 习近平：《习近平谈治国理政》第二卷，外文出版社 2017 年，第 371 页。

④《中共中央关于坚持和完善中国特色社会主义制度　推进国家治理体系和治理能力现代化若干重大问题的决定》，人民出版社 2019 年，第 25 页。

的全面发展”是过程，“身体解放和思想解放”是手段。在实现“人的解放”中，不同历史阶段无产阶级采取的方式不同。现阶段以“人类命运共同体”理念来推动“人的全面发展”，实现“人的解放”的目标，其中健康作为“人的解放”的基础，必须引起高度关注。

马克思通过对其所处时代的异化状况的考察，剖析了人异化发展的根源，指出了人自由全面发展的目标，丰富了人全面发展的基本内涵，指明了人的发展同人类社会发展的辩证关系。具体来讲，分工与私有制的出现造成了人的发展异化并在资本主义社会达到顶峰。针对人的发展异化境况，应该通过无产阶级革命建立，取代资产阶级旧社会的联合体，在这一联合体里，“每个人的自由发展是一切人的自由发展的条件”①，面对人们正处于以物的依赖性为基础的社会客观现实，马克思认为应该在这一社会形式中“形成普遍的社会物质变换、全面的关系、多方面的需要以及全面的能力的体系”②，进而向“自由人的联合体”过渡。“重要论述”继承和发展了马克思主义关于人的发展论，并为此次疫情防控指明了攻防主线，也提供了精神引领。

习近平总书记指出：“健康是促进人的全面发展的必然要求，是经济社会发展的基础条件。”③ 中国共产党作为“两个先锋队”自成立以来就始终把人民健康同人民解放事业结合在一起，并在保障人民健康的基础上促进人的自由全面发展。具体来讲，可以从人的劳动能力的全面发展、人的社会关系的全面发展以及人的自由个性的全面发展等层面作出诠释。从人的劳动能力的全面发展看，党和国家依托强大的制度优势与技术优势，在推动劳动人民体力解放的同时积极实现其智力解放，在为老、幼、妇、残提供健康服务的同时以制度建设的形式使其得以根本保障。从人的社会关系的全面发展看，党和国家不仅从根本上破除了资本主义制度的束缚，改变了“人剥削人和人压迫人”、以追求剩余价值为目的而无视人的健康的私有制在中国的历史，而且在发展公有制经济的基础上始终坚持以人民的健康为中心，在构筑中华民族命运共同体的同时，也致力于人类命运共

① 《马克思恩格斯选集》第一卷，人民出版社 2012 年，第 422 页。

② 《马克思恩格斯全集》第三十卷，人民出版社 1995 年，第 107 页。

③ 习近平：《习近平谈治国理政》第二卷，外文出版社 2017 年，第 370 页。

同体的建设。从人的自由个性的全面发展看，党和国家始终强调人民群众的终身学习的重要性，在疫情防控条件下，储备防疫相关知识也成为战胜疫情的关键因素。

2. “重要论述”为新时代“人的全面发展”提供了正确方向

马克思主义关于“人的全面发展”根本上是指人的劳动能力的全面充分的发展，也是指人的智力和体力的全面发展。“健康是促进人的全面发展的必然要求，是经济社会发展的基础条件。”①健康的生命个体最基本的基础性条件就是具有健康的智力水平和健全的身体，这是为人的全面发展最基本的前提。“人的全面发展，是指‘每个人’，即‘社会的每一个成员’的发展，包括人的体力、智力、个性和交往能力的发展。这种发展可以从全面发展、自由发展和充分发展三个方面来衡量。”②中国特色社会主义新时代，在党领导人民进行社会主义现代化建设进程中，为人的自由全面发展提供了更为广阔的空间。

“重要论述”对人民健康的关注充分表明，新时代“人的全面发展”具有坚实的思想基础。“要把人民健康放在优先发展的战略地位，以普及健康生活、优化健康服务、完善健康保障、建设健康环境、发展健康产业为重点……为实现‘两个一百年’奋斗目标、实现中华民族伟大复兴的中国梦打下坚实健康基础。”③人民健康事业的发展是全面贯彻习近平新时代中国特色社会主义思想的具体体现，也是对马克思主义人学思想的创新发展。“重要论述”从国家发展和人类进步高度出发，阐明了人民健康所发挥的重大作用。

特别是面对汹涌的疫情影响，中国共产党始终坚持人民立场和人民理念。2022年6月28日，习近平总书记在湖北武汉考察时的讲话指出：“我们坚持人民至上、生命至上，坚持外防输入、内防反弹，坚持动态清零，因时因势不断调整防控措施，最大程度保护了人民生命安全和身体健康。”④关于人民健康的深刻

---

① 《中共中央、国务院印发〈“健康中国2030”规划纲要〉》，《人民日报》2016年10月26日。

② 张步仁、马杏苗：《马克思主义人学研究》，黑龙江人民出版社2005年，第5页。

③ 习近平：《习近平谈治国理政》第二卷，外文出版社2017年，第370页。

④ 《习近平论卫生和健康工作（2022年）》（VW001.040.20220628.005），学习强国，https://www.xuexi.cn/lgpage/detail/index.html?id=4542047577399252303&item_id=4542047577399252303。

认识集中体现在了疫情防控工作中，也为“人的全面发展”提供了正确的方向。

3. “重要论述”高度契合了人类命运共同体理念

人类命运共同体内容十分丰富，健康是人类命运共同体建设的核心内容之一。2019 年 6 月 11 日，习近平总书记向博鳌亚洲论坛全球健康论坛大会的贺信中指出：“人人享有健康是全人类共同愿景，也是共建人类命运共同体的重要组成部分。”[①] 人人享有健康是构建人类命运共同体的基石，只有健康生命的存在才能推动人类社会的发展。因此，“重要论述”涉及人类健康的内容，对于构建人类命运共同体具有重大的理论意义。

“重要论述”中强调，“疫情再次证明，我们生活在一个地球村，各国休戚相关、命运与共”[②]，“要坚持人民至上、生命至上，积极开展疫苗研发、生产、分配国际合作，加强全球公共卫生治理，共筑多重抗疫防线，推动建设人类卫生健康共同体”[③]。人类命运共同体是马克思“世界历史”范畴在当代的新发展，这与“世界历史”概念具有高度一致性，人类社会进入“世界历史”进程与进入“地球村”的现实之间的时空距离在大为缩短。因为，人作为“类”的存在，必须共同面对相同的危险和困难，共同应对各种风险和挑战。习近平总书记在博鳌亚洲论坛 2022 年年会的主旨演讲指出：“我们要共同守护人类生命健康。人民生命安全和身体健康是人类发展进步的前提。”[④] 这也是我国关于人民健康论述与人类命运共同体高度契合的表现。

“重要论述”始终以实现的人的全面发展作为根本旨归，在实现这一旨归的道路上曲折性依然存在。从我国人民健康所处的现实背景看，“由于工业化、城

---

① 《习近平论卫生和健康工作（2019 年）》（VW001.040.20190611.001），学习强国，https://www.xuexi.cn/lgpage/detail/index.html?id=16807918475185576341&item_id=16807918475185576341。

② 《习近平论卫生和健康工作（2021 年）》（VW001.040.20210716.001），学习强国，https://www.xuexi.cn/lgpage/detail/index.html?id=15397237492069028875&item_id=153972374920690288753972374920690288 75&item_id=15397237492069028875。

③ 《习近平论卫生和健康工作（2022 年）》（VW001.040.20220518.001），学习强国，https://www.xuexi.cn/lgpage/detail/index.html?id=4542047577399252303&item_id=4542047577399252303。

④ 《习近平论卫生和健康工作（2022 年）》（VW001.040.20220421.001），学习强国，https://www.xuexi.cn/lgpage/detail/index.html?id=4542047577399252303&item_id=4542047577399252303。

镇化、人口老龄化，由于疾病谱、生态环境、生活方式不断变化，我国仍然面临多重疾病威胁并存、多种健康影响因素交织的复杂局面”①。新时代破解人民健康工作的难题必须依赖在大力发展生产力与优化生产关系基础上实施健康中国战略。从我国人民健康的实践来看，尽管我国已经开辟出了适合本国国情的卫生与健康发展道路，但是在这一道路中依然部分存在着理念陈旧、技术失调、保障不足等工作实施难题，存在着主观主义、形式主义、官僚主义、本位主义等工作作风问题。这些难题和问题直接影响着新时代人民健康工作的顺利开展，并制约着社会经济发展与社会的和谐稳定。为此，我国始终秉持人道主义精神与负责任大国态度积极履行国际义务，努力融入全球健康治理的工作中去。

“重要论述”将马克思主义人学思想同人类健康命运共同体理念深度融合，在实践中不断丰富、创新与发展，它从根本上确立了人民健康的主题主线——“人的自由全面发展”。保障人民健康和生命安全是由中国共产党的性质和宗旨决定的，更体现了马克思主义人学思想在中国的实践与发展。在关于人民健康与人类健康事业的关系问题上，习近平总书记深刻指出：“中国愿同国际社会一道，密切公共卫生领域交流合作，携手应对全球性威胁和挑战，推动共建人类卫生健康共同体，为维护各国人民健康作出更大贡献。”②这是马克思主义关于“群体主体”与“人类主体”概念在人类命运共同体视域下的新发展。“重要论述”中关于人类健康的思想，为推动马克思主义中国化时代化发挥了积极作用。

【执行编辑：赵　柯】

① 习近平：《习近平谈治国理政》第二卷，外文出版社2017年，第371页。

② 《习近平论卫生和健康工作（2022年）》（VW001.040.20220425.002），学习强国，https://www.xuexi.cn/lgpage/detail/index.html?id=4542047577399252303&item_id=4542047577399252303。

论习近平关于中国特色社会主义民主政治重要论述的价值之维*

金莉黎**

【摘　要】中国特色社会主义民主政治理论是一套以中国自身的历史文化传统和建构逻辑为本位而形成的自洽的民主理论，它是独立自主探寻适合中国国情的政治发展道路产物，其背后始终彰显着一套逻辑完整、一以贯之的价值理念。探究习近平总书记关于中国特色社会主义民主政治重要论述可知，深受中国传统政治文化影响的中国特色社会主义民主政治，基于民族国家的主权独立性，使得现代中国的“天下为公”思想呈现出立于本国、延伸世界的“天下为公”政治关怀。以根本政治制度和基本政治制度为支撑，秉承兼容并蓄原则的新型政党制度、秉承寻求社会意愿最大公约数要旨的协商民主分别体现了合作协商的制度精髓。把对民族的责任、人民的责任、党的责任有机统一于实现国家富强、民族振兴、人民幸福的历史使命之中，内蕴着负责担当的政治思想。

【关键词】中国特色社会主义民主政治；天下为公；合作协商；负责担当

一、以中国自身的历史文化传统和建构逻辑为本位的价值理念

在西方民主大行其道、似乎统治着世界民主话语权的当下，如何理解中国特

* 本文系国家社会科学基金重点项目“新时代用社会主义价值观凝心聚力研究”（20AKS015）和上海市哲学社会科学规划一般课题“智能时代文明交流互鉴与人类共同价值研究”（2019BKS006）的阶段性成果。

** 金莉黎，复旦大学马克思主义学院博士研究生，主要研究方向为价值论。

色社会主义民主？习近平总书记在庆祝中国人民政治协商会议成立六十五周年的大会上引用清代魏源《默觚下·治篇》中的一句话："履不必同，期于适足；治不必同，期于利民。"① 说的是鞋子不必相同，期待的是它能合脚；治理的方法不必相同，期待的是它能有利于人民。这个比喻强调的是要找到一条适合自己的道路。中国特色社会主义民主的生命力，就在于它是在中国社会土壤中生长起来，是适合中国国情、具有鲜明中国特色并经过历史和实践检验的民主理论。

如何以中国自身的历史文化传统和建构逻辑为本位来形成一套自洽的民主理论，而不是笼罩在西方社会科学千百年建构起来的理论框架下，试图从外来的概念和那一套适合西方社会的成熟理论中寻找所谓的正当性和解释力？这两个方法论有着本质性的差别。前者是独立自主地探寻适合自己的政治发展道路，后者依附既有理论和西方道路的成果，亦步亦趋，并以此为准绳时时不忘衡量自己。独立自主地探寻适合自己的政治发展道路，避免了言必称希腊、苏格拉底等的学术研究现状，避免了反映在人民大众潜在意识里的"外国的月亮总比中国圆"、外国的制度总比中国好等观念。这套自洽的民主理论就是中国特色社会主义民主政治理论。

从民主政治研究本身来说，人们习惯于从民主政治的制度设计、内容解释、历史演进等方面着力研究，很少去探究民主政治运行背后的价值逻辑。事实上，外化的民主政治背后始终彰显着一套逻辑完整、一以贯之的价值理念。可以从三个方面对习近平总书记关于中国特色社会主义民主政治的重要论述上升到价值论高度进行把握：第一，呈现出立于本国、延伸世界的"天下为公"政治关怀；第二，以根本政治制度和基本政治制度为支撑的合作协商精神；第三，把对民族的责任、人民的责任、党的责任有机统一的负责担当思想。

二、立于本国、延伸世界的"天下为公"政治关怀

"天下为公"出自《礼记》，在《礼记·礼运》开篇就讲道："大道之行也，

① 《十八大以来重要文献选编》（中），中央文献出版社2016年，第68—69页。

天下为公，选贤与能，讲信修睦。故人不独亲其亲，不独子其子，使老有所终，壮有所用，幼有所长，矜寡孤独废疾者，皆有所养；男有分，女有归；货恶其弃于地也，不必藏于己；力恶其不出于身也，不必为己。是故谋闭而不兴，盗窃乱贼而不作，故外户而不闭，是谓大同。”这里的“天下为公”和“大同”皆指一种理想的社会制度，路不拾遗、夜不闭户等展现了天下为人民所公有的社会治理之像，寄托儒家对终极理想社会的价值愿景。

接下来就论及“小康”社会的图景：“今大道既隐，天下为家，各亲其亲，各子其子，货力为己，大人世及以为礼，城郭沟池以为固，礼仪以为纪，以正君臣，以笃父子，以睦兄弟，以和夫妇，以设制度，以立田里，以贤勇知，以功为己，故谋用是作，而兵由此起。禹、汤、文、武、成王、周公由此其选也。此六君子者，未有不谨于礼者也，以著其义，以考其信，著有过，刑仁讲让，示民有常。如有不由此者，在埶者去，众以为殃。是为小康。”（《礼记·礼运》）作为终极理想社会价值愿景的“大同社会”既然无法实现，那么次一级公共社会之状的“小康社会”可被用来指向“天下为公”理想社会的初级阶段。自此关于“天下为公”的政治理想探讨络绎不绝。

从春秋战国到明清时期，关于“天下为公”的政治思想内涵经历诸多嬗变，各个朝代对于公和私的争论、立君为公的演绎呈现巨大差异，但其要旨得以保留、延续至今。现代中国寻求“天下为公”的价值理路并非一帆风顺。经历过“文革”时期扭曲的为公实践探索，因其脱离客观物质生产水平而使得实践失败，为公思想遭到质疑，人们重新反思社会为公的意蕴；经历过西方冲击而形成的后发外源性的现代化，在20世纪八九十年代，资本运作之下为私得到了巨大发展空间，同时资本也在腐蚀着部分人的道德、观念、信仰，为公是否还有可能？新时代，为何中国共产党人仍然推崇“天下为公”的政治关怀？

这与我们的传统政治文化基础息息相关。中国自古以来就有对“天下为公”深沉的理想追求。孔子的天下为公大同社会、孟子的民本主义国家观、唐代贞观君臣论政的“君，舟也；民，水也。水能载舟，亦能覆舟”（吴兢《贞观政要·卷一·论政体》）、宋代士人的“先天下之忧而忧，后天下之乐而乐”（范仲淹《岳阳楼记》）、清朝思想家立君为民说的“盖天下之治乱，不在一姓之兴亡，而在万民之忧乐”(黄宗羲《明夷待访录·原臣》)等思想承载了公共权力遵循公共利益运作的价值诉求，承载了为君为官为百姓分忧解难的职责义务，承载了朝代兴衰的政治认同价值规律。正因为中国传统政治中始终彰显天下为公的价值诉求，才有了这份诉求的源远流长。个人以怀公心、行公事来留名，政府以立君为公来长久执政，社会以推崇公的思想来实现价值认同与和谐睦邻，从而在历史绵延中形成国家独特的政治文化，形成民族独特的政治基因，形成人民独特的政治选择。可见，传统政治文化中的“天下为公”思想是内在的、本质的、持续的价值诉求。

“天下为公”的政治关怀在中国社会几千年的发展中经历了复杂的嬗变，如何把握今日中国“天下为公”的政治关怀?这关涉天下为公的政治理想之要旨能否得到传承，能否在中国社会土壤继续延续下去，也关涉这一种政治理想在今日中国的展开形式。1648年威斯特伐利亚体系的建构对后世产生深远影响，直接影响到近代民族国家的形成。基于民族国家的主权独立性，使得现代中国的天下为公思想呈现出立于本国、延伸世界的价值理路。在为本国人民谋福利、促民生的同时，也试图让世界人民搭上中国发展的顺风车，造福世界人民，“中国的发展离不开世界，世界的繁荣也需要中国”[①]，其内在逻辑是贯通起来的。

第一，“天下为公”政治关怀有在国内的价值理路。这首先体现为权力为公，从民主本身的内涵出发可知，国家权力作为公共权力，不是某个个人或某个团体的私人权力，因此要防止公权力的私化，同时更要彰显公权力对人民福祉和公共利益普遍负责的价值准则。其次体现为公道政府。这关乎政权合法性的来源问题。在2015年9月9日举行的一场以“2015中国共产党与世界对话会”为主题的会议中，王岐山答记者提问时指出:“中国共产党的合法性源自于历史，是人心向背决定的，是人民的选择。”[②]历史合法性的定论核心是中国政府不代表哪一个党、哪一个派、哪一个组织或哪一部分人，它代表的是绝大多数人民大众，是

① 习近平:《习近平谈治国理政》，外文出版社2014年，第60页。

② 《王岐山首次论述中国共产党的合法性:是人民的选择》，共产党员网，https://news.12371.cn/2015/09/14/ARTI1442176750815270.shtml?from=groupmessage&isappinstalled=0。

绝大多数人的选择选择了中国共产党作为执政党，从而组建了中央人民政府行使公道政府的权力，因而是绝大多数人利益的集中体现。习近平总书记在“不忘初心、牢记使命”主题教育工作会议上指出：“每个共产党员都要弄明白，党除了人民利益之外没有自己的特殊利益，党的一切工作都是为了实现好、维护好、发展好最广大人民根本利益。”①这也充分体现了传统政治思想中“政之所兴，在顺民心；政之所废，在逆民心”(《管子·牧民》)、“得天下有道，得其民，斯得天下矣。得其民有道，得其心，斯得民矣。得其心有道，所欲与之聚之，所恶勿施，尔也”(《孟子·离娄上》)的“天下为公”思想。

第二，“天下为公”政治关怀在国外的价值理路。人类命运共同体的思想便是“天下为公”政治关怀在国外的很好展示。全球一体化打破了各个民族之间的隔阂，民族国家的历史渐进演变成世界历史。正如马克思在《共产党宣言》中说道：“不断扩大产品销路的需要，驱使资产阶级奔走于全球各地。它必须到处落户，到处开发，到处建立联系。资产阶级，由于开拓了世界市场，使一切国家的生产和消费都成为世界性的了。使反动派大为惋惜的是，资产阶级挖掉了工业脚下的民族基础。古老的民族工业被消灭了，并且每天都还在被消灭。”②全球一体化的当下，世界面临百年未有之大变局，伴随着经济全球化、政治多极化、文化多样化、社会信息化，国与国的交往变得深度融合、紧密关联，“一荣俱荣，一损俱损”的世界格局下，各国同时也面临着诸多共同挑战。网络安全、环境问题、资源稀缺、跨国犯罪、枪支管控、恐怖主义等世界性问题层出不穷，对国际秩序和人类生存提出严峻挑战。人类命运共同体的思想应运而生并广泛获得国际认可，它旨在解决人类社会面临的共同性世界难题，“秉持共商共建共享的全球治理观，倡导国际关系民主化”，“推动建设相互尊重、公平正义、合作共赢的新型国际关系”，寻求人类共同利益的最大公约数，“建设持久和平、普遍安全、共同繁荣、开放包容、清洁美丽的世界”。③

① 习近平：《在“不忘初心、牢记使命”主题教育工作会议上的讲话》，《求是》2019 年第 13 期。

② 《马克思恩格斯选集》第一卷，人民出版社 2012 年，第 404 页。

③ 《十九大以来重要文献选编》(上)，中央文献出版社 2019 年，第 42、41 页。

三、以根本政治制度和基本政治制度为支撑的合作协商精神

民主作为一种人类文明进步的政治制度，自新文化运动民主口号传入中国以来，成为中国人民奋力追求的理想目标。新中国成立已有70多年，人民民主已经成为社会主义的生命。在当代中国，人民民主的政治制度包括根本政治制度和基本政治制度。人民代表大会制度是我国人民民主政权的组织形式，是将马克思主义的国家学说与我国的基本国情有机结合，按照民主集中制的组织原则，同我国工人阶级领导的、以工农联盟为基础的人民民主专政的社会主义国家性质相适应的根本政治制度。中国共产党领导的多党合作和政治协商制度、民族区域自治制度、基层群众自治制度三项制度组成我国的基本政治制度。各个政治制度之间不是割裂开来、各行其是的，而是相互之间充满合作协商的精神。

第一，具有中国特色的新型政党制度秉承兼容并蓄的原则体现了合作协商的制度精髓。作为一项基本政治制度，中国共产党领导的多党合作和政治协商制度是马克思主义政党理论与中国具体实际相结合的产物，这种新型的政党制度是中国政治制度的一大特色和优势。这一制度的主要内容包括：作为执政党的中国共产党是中国特色社会主义事业的坚强领导核心，正如习近平总书记所言“党政军民学，东西南北中，党是领导一切的”①；作为参政党的民革、民盟、民建等民主党派，与中国共产党长期共存、互相监督、肝胆相照、荣辱与共，保持相互之间长期合作的关系；作为爱国统一战线组织的人民政协，对国家大政方针和人民群众关心的重要问题进行政治协商，并通过建议和批评等方式发挥民主监督、参政议政的作用。

合作共赢是我国新型政党制度的基本属性。社会主义社会不存在阶级对立，全体人民的根本利益是一致的，这就构成了政党合作的坚实基础，使多党合作具有可能性。同时，社会主义社会各个阶层人民群众的具体利益又存在差别，需要政党来反映各种不同的利益诉求，这种差异性和多样性又使多党合作具有必要性。社会主义社会各个政党之间的关系，不是资本主义社会那种对立制衡或者权

① 习近平:《习近平谈治国理政》第三卷，外文出版社2020年，第16页。

力竞争的关系，而是彼此之间友好合作、民主监督的关系。在社会主义中国，政党监督是秉持相互合作、真诚友善、积极建设的政党间的民主监督，监督的目的不是出于本党的一己私利或权力斗争的需要，而是为了充分满足和实现人民群众的根本利益。这也就从根本上避免出现像西方资本主义政党为了本党需要而相互拆台相互掣肘的消极现象，从而保障人民群众的集体意志不受多党轮流执政的困扰。所以有学者指出西方政党制度是“一届隔着一届干”“一届对着一届干”，而中国的新型政党制度则很好实现了“一届接着一届干”[①]的高效民主。只有各个政党团结一致、群策群力，才能真正实现合作共赢的目的，才能真正保证全国人民的共同利益。

第二，协商民主秉承寻求社会意愿最大公约数的要旨体现了合作协商的制度精髓。它是中国特色社会主义民主政治的特有形式和独特优势。习近平总书记指出：“在中国社会主义制度下，有事好商量、众人的事情由众人商量，找到全社会意愿和要求的最大公约数，是人民民主的真谛。”[②]协商民主就是要通过广泛、充分、深入、持续地商量、沟通、协调、理解，找到全社会意愿和要求的最大公约数，准确把握人民大众的需求，尽可能反映大多数人的意志，真正体现人民民主的精髓。

协商民主具有深厚的历史文化渊源。在我国传统社会政治理念中，和而不同、求同存异、兼收并蓄、海纳百川、集思广益等价值理念为协商民主注入优秀文化基因。“和而不同”意为和睦相处但不苟同，体现了合群睦众的思想，但又不为同而失去原则随意附和。“求同存异”意为找到相互之间的共同点，同时保留各方的不同意见，体现了尊重差异性但不放弃寻求共识的可能性。“兼收并蓄”意为把不同性质的东西涵括在一起，体现了兼容并包的思想，允许差别存在。“海纳百川”指的是大海容纳了千百条江河之水，体现了宽容大度、胸怀宽广的思想，无论差异有多大，皆可化为一体、达成共识。“集思广益”意为采集群众的智慧、广

---

① 苏长和：《民主的希望和未来在中国——谈谈中国式民主与美国式民主》（上），《人民日报（海外版）》2014 年 9 月 5 日。

② 习近平：《在中央政协工作会议暨庆祝中国人民政治协商会议成立 70 周年大会上的讲话》，人民出版社 2019 年，第 7 页。

泛吸收有益的意见建议，体现了尊重群众、听取群意、博采众长的思想。

协商民主具有丰富的实践探索经验。习近平总书记指出："协商民主深深嵌入了中国社会主义民主政治全过程。"[①]1949 年，中国人民政治协商会议第一届全体会议召开，标志着爱国统一战线和全国人民大团结在组织上得以形成，标志着中国共产党领导的多党合作和政治协商制度正式确立起来。人民政协作为协商民主的专门协商机构，长期行使政治协商、民主监督、参政议政的具体工作。1954 年，全国人民代表大会召开后，人民政协作为多党合作和政治协商机构、作为统一战线组织继续发挥重要作用。改革开放以后，第二代中央领导集体明确提出新时期人民政协的性质和任务，确立中国共产党同各民主党派长期共存、互相监督、肝胆相照、荣辱与共的方针，推动人民政协性质和作用载入宪法；第三代中央领导集体将中国共产党领导的多党合作和政治协商制度确立为中国的基本政治制度，通过修改宪法明确这一制度将长期存在和发展；第四代中央领导集体颁发《关于加强人民政协工作的意见》等文件，为新世纪新阶段人民政协事业发展提供了理论基础、政策依据、制度保障。诚如习近平总书记对社会主义协商民主的总结，他认为社会主义协商民主"源自中华民族长期形成的天下为公、兼容并蓄、求同存异等优秀传统政治文化，源自近代以后中国政治发展的现实进程，源自中国共产党领导人民进行革命、建设、改革的长期实践，源自新中国成立后各党派、各团体、各民族、各阶层、各界人士在政治制度上共同实现的伟大创造，源自改革开放以来中国在政治体制上的不断创新"[②]。

协商民主以我国根本政治制度和基本政治制度为支撑，形成了国家层面的政治协商、国家与社会之间的社会协商、社会层面的公民协商等中国特色协商民主体系。协商民主作为人民民主的重要形式，保证了人民不仅在选举时享有管理国家事务的权利，也保证了人民在重大决策前和决策实施过程中同时享有民主监督、民主参与、民主议政的权利，它丰富了民主形式，与选举民主一道构成中国特色社会主义民主政治的制度特点和优势。两种民主形式相互补充、相得益彰。另外，协商民主的这种协商精神不仅呼唤国内民主的实现，也在处理国际问题中

① 习近平:《习近平谈治国理政》第二卷，外文出版社 2017 年，第 294 页。

② 《十八大以来重要文献选编》(中)，中央文献出版社 2016 年，第 74 页。

得到彰显。习近平总书记在金砖国家领导人第十一次会晤中的讲话指出："没有哪个国家天生独领风骚，也没有哪种模式注定高人一等。全球化时代，不应该是一部分人反对另一部分人，而应该是所有人造福所有人。要弘扬多边主义，其核心要义是，国际上的事应该由大家商量着办，不能由一国或少数几个国家说了算。"[①]中国共产党正在把商量、沟通、协调、理解的协商智慧传播给世界人民，这是社会主义协商民主贡献给世界政治制度的中国方案。

四、对民族的责任、人民的责任、党的责任有机统一的担当思想

民主由"民"和"主"两个部分组成。作为国家权力的终极来源，回答的是"为谁做主"的问题；而要解决权力的委托行使，回答的则是"如何做主"的问题。"每一个企图取代旧统治阶级的新阶级，为了达到自己的目的不得不把自己的利益说成是社会全体成员的共同利益，就是说，这在观念上的表达就是：赋予自己的思想以普遍性的形式，把它们描绘成唯一合乎理性的、有普遍意义的思想。"[②]绝大多数的政治共同体至少已经在形式上达成"为谁做主"的共识，即使是作为意识形态论战出场的"人民至上性"。因而，民主政治建设的关键和重点在于如何做主，如何行使权力委托任务。这就涉及责任这一重要价值理念。

责任的基本要求是人们做好自己分内的事，如果没有做好就必须承担相应的后果和强制性义务。于个人而言，责任既是一种权利，也是一种义务，每个人的履职尽责是推动社会进步、维护社会和谐的基本价值诉求。习近平治国理政思想中关于责任的一系列重要论述，不仅凸显了履职尽责的基本价值诉求，也彰显了作为先进的新型政党所具有的勇于担当、不负人民的崇高政治思想。

第一，对民族的责任。中华民族在人类历史上曾经光辉灿烂，五千多年的中华文明积淀着无数仁人志士深厚的价值追求，滋养着世世代代中华儿女广袤的精神家园，传承着中国人民独特的文化基因，从而形成了区别于其他民族的中国标识，为世界文明和人类历史做出了不可磨灭的卓越贡献。然而近代以来，中华民

① 《习近平：国际上的事应该由大家商量着办》，《人民日报（海外版）》2019年11月15日。

② 《马克思恩格斯选集》第一卷，人民出版社2012年，第180页。

族陷于水深火热之中，国家危在旦夕，人民生灵涂炭。中国共产党把马克思主义基本原理同中国具体实际相结合，解决中国革命、建设、改革时期的重大现实问题，带领中华民族从民族危亡走向民族独立，从贫困落后的旧中国走向富强繁荣的新中国。“只有创造过辉煌的民族，才懂得复兴的意义；只有历经过苦难的民族，才对复兴有深切的渴望。”① 实现中华民族的伟大复兴梦这是由中华民族自身的发展历程所决定，中国共产党人自觉地承担起这一民族复兴的重大责任和历史使命。

第二，对人民的责任。人民群众是历史的创造者，依靠辛勤的劳动、奋斗的精神、实践的智慧众志成城，开创了中华民族千年华夏史，书写了近代中国反压迫斗争史，创造了改革开放奇迹史，开启了新时代新型文明史。从蒸汽革命、电气革命到信息革命，再到如今的人工智能，随着社会样态的不断进步，人民生活的时代早已从吃饱穿暖的短缺经济时代演变到物质生产资料、生活必需品大量剩余的过剩经济时代，这就为美好生活的需要腾出了巨大的空间。“人民对美好生活的向往，就是我们的奋斗目标。”② 习近平同志在就任中央委员会总书记的第一刻就宣告了以人民为中心、对人民负责的政治思想。“健全幼有所育、学有所教、劳有所得、病有所医、老有所养、住有所居、弱有所扶等方面国家基本公共服务制度体系，尽力而为，量力而行，注重加强普惠性、基础性、兜底性民生建设，保障群众基本生活。创新公共服务提供方式，鼓励支持社会力量兴办公益事业，满足人民多层次多样化需求，使改革发展成果更多更公平惠及全体人民”③，人民对教育、就业、医疗、养老、住房、社会保障等方面更深层次更持续更全面的期待成为中国共产党执政为民的本质属性，意在把不断增进人民福祉、不断促进人的自由全面发展作为共产党人肩负的重大使命和责任。2019 年 3 月 22 日，习近平总书记在罗马会见意大利众议长菲科时，面对菲科的提问“您当选中国国家主席的时候，是一种什么样的心情”时，习近平总书记回应说：“这么大一个国家，责任非常重、工作非常艰巨。我将无我，不负人民。我愿意做到一个‘无

① 《习近平新时代中国特色社会主义思想三十讲》，学习出版社 2018 年，第 32 页。

② 习近平:《习近平谈治国理政》，外文出版社 2014 年，第 4 页。

③ 《十九大以来重要文献选编》(中)，中央文献出版社 2021 年，第 285 页。

我’的状态，为中国的发展奉献自己。”①以奉献发展中国、以无我成就人民，高度的责任感驱使中国共产党人在行使人民赋予的委托权力时始终坚守人民第一性和对人民负责的坚定信念，生动表达了中国共产党人的责任意识和担当精神。

第三，对党的责任。中国共产党是以马克思主义为指导思想的无产阶级政党，是中国唯一的执政党，是世界第一大党。中国共产党团结带领全国各族人民完成了国家独立、民族解放、人民富裕的时代任务。进入新时代，中国共产党肩负中华民族伟大复兴的中国梦和社会主义现代化强国建设的历史性重责。但是，长期以来党内存在的诸多问题也在不断显现，“四风”问题、贪污腐败问题、脱离群众问题等越来越成为群众反映强烈的突出问题，成为影响党的先进性、弱化党的纯洁性的负面因素。新时代党的建设面临长期执政考验、改革开放考验、市场经济考验、外部环境考验等“四大考验”，面临精神懈怠的危险、能力不足的危险、脱离群众的危险、消极腐败的危险等“四大危险”，面临塔西佗陷阱、修昔底德陷阱、中等收入陷阱等“三大陷阱定律”。从严治党，势在必行。2014 年 10 月 8 日，习近平总书记在党的群众路线教育实践活动总结大会讲话中首次提出“全面推进从严治党”。2014 年 12 月，习近平总书记在江苏调研时提出将全面从严治党作为“四个全面”战略布局的重要组成部分。2016 年 10 月，中国共产党第十八届中央委员会第六次全体会议对全面从严治党重大问题进行专题研究。2019 年 1 月，习近平总书记在十九届中央纪委二次全会上提出“全面从严治党是一场自我革命”②。2022 年 10 月，习近平总书记在党的二十大报告中提出“自我革命”是党“跳出治乱兴衰历史周期率的第二个答案”③这一重要命题。“有权必有责，用权受监督，失职要问责，违法要追究”④、“忠诚坚定、担当尽责、遵纪守法、清正廉洁，确保党和人民赋予的权力不被滥用、惩恶扬善的利剑永不蒙

① 《习近平的情怀：我将无我 不负人民》，共产党员网，https://www.12371.cn/2019/03/27/ARTI1553672855583578.shtml。

② 《十九大以来重要文献选编》（上），中央文献出版社 2019 年，第 191 页。

③ 习近平：《高举中国特色社会主义伟大旗帜 为全面建设社会主义现代化国家而团结奋斗——在中国共产党第二十次全国代表大会上的报告》，人民出版社 2022 年，第 14 页。

④ 《十八大以来重要文献选编》（上），中央文献出版社 2014 年，第 92 页。

尘”[①]、“把负责、守责、尽责体现在每个党组织、每个岗位上”[②]等一系列重要论述，体现了中国共产党人对党高度的责任意识和担当精神。

关于责任的一系列重要论述把中国共产党人的责任定位在对民族的责任、对人民的责任、对党的责任上，并把对民族的责任、人民的责任、党的责任有机统一于实现国家富强、民族振兴、人民幸福的历史使命之中，既坚定回应了国家权力的终极来源问题，也充分体现了行使委托权力的负责担当精神。

【执行编辑：赵　柯】

① 《十九大以来重要文献选编》（上），中央文献出版社2019年，第200页。

② 《十九大以来重要文献选编》（中），中央文献出版社2021年，第384页。

中国社会史论战视域下侯外庐马克思主义史学的理论意蕴及时代价值*

周　鑫　扈晓冰**

【摘　要】在社会史论战中，马克思主义学者侧重于论证“中国社会应与他国无异”，寻找中国历史与世界历史的共同点，以马克思主义社会经济形态理论作为唯物史观的核心内容。社会史论战对侯外庐的学术交游和研究著述都产生了比较深远的影响。侯外庐的学术成果主要体现在中国社会史和思想史的研究上，这些成就最突出的特点是：结合中国的历史实际，把马克思的历史唯物主义理论和方法创造性地运用于中国社会史和思想史的研究，从而形成了独具特色的学术体系。特别是侯外庐的社会史与思想史并行研究的治史方法和“实事求是”“独立自得”的治学精神成为后学者的典范。侯外庐运用马克思主义唯物史观拓展了中国思想史研究的新领域，这些都奠定了侯外庐在中国马克思主义史学史上的特殊地位。

【关键词】侯外庐；中国思想通史；独立自主；马克思主义史学

20世纪30年代，思想学术界充斥着机械仿效西方文化的偏向，越来越多的学者逐渐意识到这一点。吕振羽批评其为“文化贩运主义”，即指“五四”后中国理论界对西方思想的照抄照搬和对资产阶级学派的盲目模仿。更为严重的是，这个囫囵吞枣不接地气的学术问题，在引进马克思主义学术的初期及其传播发展

* 本文系2023年河北省教育厅河北省高等学校人文社会科学研究项目“侯外庐与中国马克思主义史学发展研究（1919—1949）(项目编号：SZ2023097）”阶段性成果。

** 周鑫，廊坊师范学院副教授，重庆大学博士后，主要研究方向为马克思主义史学理论；扈晓冰，南开大学博士研究生，主要研究方向为中国史学史。

的过程中，在某些方面也同样存在。贺麟批评指出，“九一八”前后的马克思主义理论，没有全面且正确认识到共性与个性之间的内在关系以及每个民族所具有的与众不同的传统文化渊源，在唯物史观的建设等领域“忽略了民族性和民族精神”[①]。不可否认的是，在“师夷长技以制夷”的初期，一定的模仿甚至是照抄照搬是允许的，一定程度上也可以说，这是引进、学习外来文化的必经阶段。但关键是，文化引进来了之后，如何处理其与本土文化之间的关系，以及能否实现、在多大程度上实现外来文化的中国化，是个亟须探究的问题。几乎与此同时，中国思想学术界在探究中国将往何处去的过程中，对迫在眉睫的诸多问题产生争鸣，企图从本民族发展的历史中寻找答案，兴起了关于中国社会性质问题和中国社会史问题的论战。

一、中国社会史论战的时代背景及现实诉求

大革命失败以后，国内局势发生变化，革命渐入低谷。为了继续探索中国革命的道路和努力的方向，马克思主义者所面临的迫切任务就是，弄清中国现在是一个什么性质的社会，中国将向何处去。为此，思想界、学术界、理论界都展开了广泛而深入的大讨论。据侯外庐概述，此次讨论的核心问题是“中国社会已经走上了一个什么阶段”“中国将向何处去”？有基于此，只有反观中国几千年的历史，才有可能对这样一个涉及政治、经济、文化等基本国情的问题做出合乎实际情况的回答。于是问题又从现实转向历史，争论的主题也随之发生了变化，由社会性质论战转变为社会史论战。翦伯赞指出，当时有些人“以为对于中国革命的方向，有重新加以估定之必要。而对于这一革命方向之新估定，又必须依据于中国历史发展的倾向，与中国现阶段的社会性之正确的认识”[②]。结合当时的社会情况及现实诉求，亟须对社会性质和社会史定调，为中国未来的发展与走向提供参考与指引。“过去我们做了什么，现在应该做些什么。”[③]诸如此类的问题，在中国

---

① 贺麟:《当代中国哲学》，胜利出版公司 1945 年，第 79 页。

② 翦伯赞:《历史哲学教程》，新中国书局 1949 年，第 52 页。

③ 《何干之文集》第一卷，北京出版社 1993 年，第 264 页。

学术理论界和思想界愈争愈烈，一时间引发社会强烈关注。1931 年 5 月王礼锡主编的《读书杂志》开辟“中国社会史论战”专栏，开展全面论战。此次大规模的论战持续时间之长、参与人数之广、焦点问题之多，在中国近现代史上都是比较少见的。

这些论战是在特定的背景下展开的，不仅具有思想论战的意义，而且有学术之争的内涵，对中国马克思主义学术的发展有着重要的影响。就史学而言，这两次论战因为关涉中国历史发展的阶段及当时中国社会性质的问题，对中国马克思主义史学的发展产生了深远的影响。参加社会史论战的既有马克思主义学者，也有新生命派，还有托派。侯外庐在《三十年代社会史论战对我的影响》一文中说：“参加这场论战的人也是多而杂的。当时苏联、日本的学术界都对中国社会史问题展开过热烈的讨论，其中一些有代表性的观点对中国理论界产生过影响。”“这场论战既有马克思主义史学队伍内部不同学术观点的争论，又有马克思主义与反马克思主义、革命与反革命营垒之间的思想政治斗争。总的说来，它反映了当时思想理论战线上的复杂斗争形势。”① 论战的核心是马克思主义理论是否能指导中国的实践及其实现方式，而要回答这个问题，就必须对当时的社会定性，确定中国社会发展到什么阶段，那么就要反观中国的历史，所以前期论争的议题是中国有没有奴隶制等问题。论战中，马克思主义学者逐渐占据上风，郭沫若凭借自己多年对西周时代的研究及多方论证，第一个肯定中国奴隶社会的存在，并在此基础上进一步深挖材料，理出了中国古代社会发展的初步系统。另外，吕振羽也积极参加论战，他结合自己的研究成果，运用马克思主义理论系统论证了中国存在原始社会，在当时引起了不小的轰动。就在这个时候，侯外庐的著作《中国古代社会与老子》出版发行，书中所言的古代社会是指奴隶制社会，他以历史唯物主义理论为指导，发轫了他的历史研究工作。侯外庐运用唯物史观的基本原理，联系中国历史的发展规律，在社会史和思想史领域提出一系列值得深思的观点与看法。之后，侯外庐便成了在中国史学界尤其是思想史领域中著名的马克思主义学者，其独特的研究思路与治史方法与其他马克思主义学者判然有别。

---

① 陈引驰：《学问之道》，浙江大学出版社 2008 年，第 237 页。

二、中国社会史论战对侯外庐学术思想的影响

中国社会史问题论战的范围很广，几乎涉及中国所经历的奴隶社会、封建社会等各个阶段的方方面面，但主要围绕“亚细亚生产方式”“中国历史上是否经过奴隶制社会”“中国封建社会的性质及特征”三个问题展开争论。虽然侯外庐未直接参与中国社会史论战，但论战对侯外庐的史学研究影响较深，尤其关于亚细亚生产方式问题的探讨，散见于其撰写的《中国古典社会史论》一书中，之后的《中国古代思想学说史》等论著对这一问题也有所提及。此外，作为引发社会史论战的导火索并在社会史论战背景下成为学术界辩难对象的郭沫若《中国古代社会研究》，也对侯外庐的学术研究给予深刻启迪。

（1）关于亚细亚生产方式问题，中国马克思主义史学家有自己的看法。马克思在研究生产方式时曾言：“大体说来，亚细亚的、古代的、封建的和现代资产阶级的生产方式可以看作是经济的社会形态演进的几个时代。”[①] 对于这段论述，当时的史学界存在着不同的看法。郭沫若在《〈诗〉〈书〉时代的社会变革与其思想上的反映》一文中，认为马克思所讲的亚细亚生产方式，不是杜畏之、王宜昌、何干之等人理解的那样，而是指原始共产主义社会，他指出：“这儿所说的‘亚细亚的’，是指古代的原始公社社会，‘古典的’是指希腊、罗马的奴隶制，‘封建的’是指欧洲中世纪经济上的行邦制，政治表现上的封建诸侯，‘近世资产阶级的’那不用说就是现在的资本制度了。”[②] 吕振羽认为马克思讲的亚细亚生产方式是“亚细亚国家之封建主义的一点特色”，后来又认为亚细亚生产方式是“一种初期国家的奴隶制”。[③] 由此可见，中国马克思主义史学家虽然在亚细亚生产方式所对应的历史发展阶段上存在分歧，但都认为在历史发展的阶段上存在着这样一种社会历史形态。

作为一个谨慎的旁观者，侯外庐以翻译《资本论》为契机，默默地做理论准备。他认为要想客观辨明中国古代社会性质，科学解读马克思关于生产力与生产

① 《马克思恩格斯选集》第二卷，人民出版社 1995 年，第 33 页。

② 郭沫若：《中国古代社会研究（外二种）》，河北教育出版社 2004 年，第 118—119 页。

③ 翦伯赞：《殷代奴隶制度研究之批判》，《劳动季刊》1935 年第 6 期。

关系原理，首先得搞清楚的就是亚细亚生产方式问题。侯外庐总结了中国社会史问题论战的经验教训，指出通过这次论战暴露了中国马克思主义理论研究方面的很多问题，但“问题的本质在于没有找到研究中国古代的科学路径”①。侯外庐把寻找这条“科学路径”的工作，一直贯穿于他治史历程尤其是社会史研究道路的始终，结合中国古代社会的研究现状以及当时的社会发展情况，他把马克思这一理论“延长”到对于中国古代社会以及中国古代文明起源路径的研究。

（2）关于中国历史上有无奴隶制社会问题，是中国社会史问题讨论的一个焦点。这个问题争论的实质是马克思关于社会历史的观点是否具有普遍性。中国马克思主义史学家承认中国存在着奴隶社会的事实，基本弄清了20世纪二三十年代中国社会的性质及其在整个历史发展进程中所处的阶段，肯定马克思主义理论适应于中国的实际情况。在中国马克思主义史学家群体中，郭沫若的研究成果具有重大影响，证实了中国有奴隶制社会的存在，他在《中国古代社会研究》一书中认为商代是原始共产制的氏族社会，西周是奴隶社会。当然，郭沫若关于中国奴隶社会的下限有过不同的观点。他起初认为，奴隶社会与封建社会的交替是在公元前770年左右，也就是在西周与东周之交。后来，郭沫若认为奴隶社会与封建社会交替是在秦汉之际，也就是在公元前206年左右。再后来，郭沫若认为奴隶社会与封建社会交替是在春秋战国时期，即公元前475年左右。郭沫若的研究工作，虽然也有些缺点，但“打破了一二千年来官学对中国古代史的‘湮没’、‘改造’和‘曲解’，确是一桩破天荒的工作”②。吕振羽也认为中国存在着奴隶社会，他说：“奴隶制度是社会发展过程中一个必然的阶段；若没有这一特定阶段的存在，则后来的文明时代便不能想象。”③但吕振羽不认为商代是原始共产主义社会，而认为商代已经进入奴隶社会，主张西周封建说。吕振羽在《殷代奴隶制度研究》文章中，以政治、农工商以及社会生活等史料作为立论的根据，对殷代社会展开全面的研究，指出殷代奴隶的生活状况以及阶级地位。在奴隶的使用范围上，他结合当时社会的生产力发展水平及政治、文化状况，通过进一步的研究

① 侯外庐：《韧的追求》，三联书店1985年，第223页。

② 《何干之文集》第一卷，北京出版社1993年，第313页。

③ 吕振羽：《中国经济之史的发展阶段》，《文史》1934年第1期。

与论证后指出，“不仅在普遍的生产领域和杂役中使用，而且用以参加战争和公务”。翦伯赞赞同殷代奴隶制的观点和西周封建论。中国马克思主义史学家虽然在中国奴隶社会的起始问题上有着很大的分歧，但都认为中国存在奴隶社会，虽然其社会发展水平及政治、经济、文化等方面表现形式略有不同，但都肯定中国历史与世界上其他国家一样都经历过奴隶制的阶段。侯外庐受郭沫若《中国古代社会研究》的影响很大，认为郭沫若对于中国古代社会的研究很有价值，尤其是他在掌握大量史料的基础上，运用历史唯物主义观点和方法，第一次提出并且论证了中国古代同样存在奴隶制社会，从而证明了马克思主义关于人类社会史一般规律的普遍意义。

（3）关于秦汉以后中国社会性质问题，中国马克思主义史学家批判了那种认为秦汉以后是“商业资本主义”“前资本主义”的说法。中国马克思主义学者承认封建社会在中国存在的事实，并就中国封建社会的一些特征进行分析。何兆武在《释“国民”和“国民阶级”——兼忆侯外庐先生》一文中说：“作为他的助手，我曾多次协助他翻阅马克思、恩格斯的原文，反复推敲，以求明确各词的原文原意之所在。”[①] 比如，对于“封建”一词的概念解析，侯外庐认为：“封建”误译导致“语乱天下”。他在《中国思想通史》中指出古代中国的“封建”是指古代城市国家，西欧的“feudalism”则是立足自然经济、以农村为出发点的所有制形式，故以“封建”译“feudalism”，二者相混，是“语乱天下”。[②] 在论战之中，中国马克思主义史学家虽然在中国封建社会起始年代的问题上有着分歧，但都肯定奴隶社会之后到鸦片战争这一阶段是中国封建社会，坚持了马克思主义关于人类历史发展阶段的理论，推动了唯物史观方法论在中国的运用与传播，深化了中国马克思主义史学家对中国古代社会研究领域的挖掘。

如果说中国社会性质问题的论战对马克思主义史学发展的影响是推动了中国近代史研究的发展，那么，中国社会史问题论战在史学领域则主要是推动了以马克思主义为指导的中国古代史研究的进步和繁荣。中国社会史问题论战促进了马克思主义史学队伍的形成，一批年轻的马克思主义者投入史学研究之中，出现了

① 何兆武：《历史理性批判论集》，清华大学出版社 2001 年，第 776 页。

② 侯外庐：《中国思想通史》第二卷，三联书店 1950 年，第 374 页。

一批以郭沫若、吕振羽、翦伯赞、侯外庐等为代表的马克思主义史学大家。史学成果颇丰，代表性论著有郭沫若的《中国古代社会研究》，该书是最早运用唯物史观深入研究中国历史的专著；此外吕振羽的《史前期中国社会研究》及《殷周时期的中国社会》在当时也产生较大影响。中国社会史问题论战还开拓了马克思主义史学家的研究视野，研究领域扩大到原始社会史、商周史、经济史、史学理论和史学史等领域，迎来了中国马克思主义史学发展的黄金时期。

三、郭沫若《中国古代社会研究》对侯外庐学术研究的启发

在现实诉求下，关于中国古代社会性质与社会史的大论战空前激活了中国学术界。许多学者之间的观点与想法在论战中交汇，思想在碰撞中得以升华，郭沫若的新著《中国古代社会研究》给侯外庐深刻的影响，促使其将研究与翻译《资本论》的心得运用于对中国古代史的探索，使侯外庐“产生了一种愿望，想要研究和翻译中国历史各经济发展阶段与政治思想、学术思想的关系”[①]。黄宣民说：“《资本论》这部伟大著作推动侯外庐从法学走向经济学，又推动他深入史学，但是，直接促使他从经济学转向史学的还有另一部名著，那就是郭沫若的《中国古代社会研究》。”[②]郭沫若的诸多观点和论点对侯外庐的史学研究深有启发，《中国古代社会研究》中有专门针对胡适、梁启超等资产阶级学者的论述，书中说：“胡适的《中国哲学史大纲》，在中国的新学界上也支配了几年，但那对于中国古代的实际情形，几曾摸着了一些边际？社会的来源既未认清，思想的发生自无从说起。所以我们对于他所‘整理’过的一些过程，全部都有重新‘批判’的必要。”[③]那段时间，一些非马克思主义学者也都打着辩证唯物主义和历史唯物主义的旗号著书立说，企图混淆视听，诸如李季等人运用所谓的唯物史观方法论写出《胡适中国哲学史大纲批判》等书。可见，《中国古代社会研究》是启发侯外庐研究中国思想史的一个重要因素。

---

① 侯外庐：《我对中国古代社会的研究——回忆录之七》，《中国哲学》1983年第9期。

② 中国社会科学院科研局：《中国社会科学院学术大师治学录》，中国社会科学出版社1999年，第318页。

③ 郭沫若：《郭沫若全集》第一卷，人民出版社1982年，第7页。

郭沫若的学术思想和研究成果对侯外庐的影响非常深刻，不但在研究方法、研究思路以及逻辑架构等方面给予侯外庐以启示，而且他在古文献、古文字和考古学方面的渊博知识，地上文献与地下出土文物相互印证的创新理念，以及对古史研究中疑难问题的大胆论断，也都开阔了侯外庐的眼界。“如果说，大革命时期，李大钊同志曾经是指引我学习马克思主义理论的老师，那么，从三十年代初开始，我已经把郭沫若同志看作是指引我学习和研究中国历史的老师。”① 侯外庐在《不同凡响的襟怀器度——作为学者的郭沫若》一文中说：“我要特别提到的是，在这场论战中，以郭沫若为代表的中国马克思主义者的一个重大功绩，就是他们在批判形形色色的唯心主义史学的同时，开创了以马克思主义为指导的中国新史学。”② 由此掀开了中国马克思主义史学发展史上的新篇章，对现当代的史学研究仍有重要的影响。

总之，针对社会史论战中争论最激烈的几个问题，侯外庐都做出了自己的独立思考和解答。这些问题包括：一是亚细亚生产方式问题，以及中国历史是否经过奴隶制阶段；二是何谓封建社会，以及中国封建社会的历史断限和特征问题；三是所谓商业资本主义社会的问题。最终则需要在这些问题讨论的基础上，从历史回到现实，解决近代中国是不是半殖民地半封建社会的问题。侯外庐经过研究，对以上问题做出了如下回答：首先，亚细亚生产方式与“古典的古代”同属于一个社会阶段，都是奴隶制社会，但走着不同的发展路径；其次，中国封建社会确立于秦汉之际，从秦始皇统一六国，最终经过汉武帝的法典化，封建社会才最终确立，判断封建社会确立的标准是法典化；再次，明末清初中国产生了资本主义的萌芽等；最后，侯外庐则论证了中国当时处在半殖半封社会的现状，以及需要展开新民主革命的必要性。这是他把马克思主义理论运用于中国历史研究，并经过独立思考而得出的结论。在当时的社会环境下，马克思主义理论在中国大地上曲折发展，为中国将往何处去指明了道路，对中国的历史研究向纵深拓展以及中国史学理论建设做出了巨大的贡献。在与非马克思主义史学的论战与角

---

① 侯外庐：《韧的追求》，三联书店 1985 年，第 224 页。

② 侯外庐：《不同凡响的襟怀器度——作为学者的郭沫若》，见陈瀨渝、房向东编，《评说郭沫若》，大众文艺出版社 2001 年，第 369 页。

逐中，马克思主义史学队伍不断壮大，随着对马列原著的解读不断深化，史学论著的质量和数量都有了明显的提升。侯外庐以其两部论著——《社会史导论》和《中国古代社会与老子》，为中国马克思主义历史学的发展铺下了不可缺少的坚实路石。

【执行编辑：赵　柯】

《论持久战》的战略思维价值论

侯恩旭*

【摘　要】《论持久战》的战略思维价值主要有三个方面：首先体现在科学运用分析与综合、判断与预见、归纳与演绎等思维路径和思维方法做出正确的战略判断和决策，符合真理原则；其次体现在发扬革命乐观主义精神力量，汇聚中华儿女为正义而战、为民族存亡而战的团结伟力，符合价值原则；最后，在战争与政治、战争与和平、战略与战术、渐进与跃变、量变与质变、现象与本质等丰富的辩证法思想中彰显出深厚的理论价值与实践指导价值。

【关键词】《论持久战》；战略思维；价值

《论持久战》是毛泽东1938年5月26日至6月3日在延安抗日战争研究会的讲演。毛泽东高瞻远瞩，运筹帷幄，纵横捭阖，深刻指出“敌强我弱、敌退步我进步、敌小我大、敌寡助我多助”等局势特点，并合理划分防御、相持、反攻三个阶段，科学阐明和预见了中国抗日战争的历史进程和胜利前景，解决了当时许多人没有解决的疑虑。这篇中外著名的军事理论著作，洋洋洒洒5万多字，出神入化地运用辩证唯物主义和历史唯物主义的分析方法，其充满智慧的战略思维逻辑架构符合真理原则与价值原则的统一，蕴含着丰富的辩证法，具有深厚的理论价值和实践价值。

* 侯恩旭，国防大学政治学院马克思主义哲学专业硕士研究生，研究方向为中国马克思主义哲学。

一、符合真理原则——正确的思维路径和思考方法

毛泽东根据实事求是原则，运用科学的逻辑思维方法，提出“持久战”的光辉思想。他把产生轻敌倾向的“速胜论”与产生妥协倾向的“亡国论”看作“毫无根据、似是而非的空谈”，因为“他们看问题的方法都是主观的和片面的，一句话，非科学的”。[①] 那么，换言之，正确的、科学的看问题的方法，就应该是客观的、全面的，一句话，实事求是的。“实践、认识、再实践、再认识，这种形式，循环往复以至无穷”[②]，是认识的辩证发展过程，《论持久战》的战略思维价值正体现于这个真理认识形成的动态过程中，其中包含着全局思维、系统思维、历史思维、辩证思维等有机结合的逻辑思维方法。

1. 分析与综合

毛泽东历来强调从全局出发考虑问题，把革命看作一盘棋，围绕既定的战略目标，把握住战略枢纽，将整体局势分解开来看，进行运筹和部署，再系统整合为有机统一的整体。

在论及“问题的根据”时，毛泽东分别将中日战争双方互相反对的许多特点罗列出来：日本方面，它是强的帝国主义国家，它的战争是退步的和野蛮的，国度较小，人力、军力、财力、物力不足以支撑长期战争，失道寡助；中国方面，我们是一个半殖民地半封建国家，抗战是进步的、正义的，中国地大、物博、人多、兵多，能够支撑长期的战争，得道多助。除此之外，根据抗战以来十个月的战事分析，毛泽东还指出日军有五大错误：逐渐增加兵力、没有主攻方向、没有战略协同、失去战略时机、包围多歼灭少。他用发展的眼光看待我方的优点和进步性：有了已经觉悟或正在觉悟的广大人民，有了共产党，有了政治上进步的军队即共产党领导的中国红军，有了数十年革命的传统经验。

为避免一叶障目，不见泰山，看问题主观、片面，毛泽东善于运用这种“解剖麻雀”式的思维方法将斗争局势条分缕析，但他绝不仅仅停留于简单列举，而

---

① 毛泽东：《毛泽东选集》第二卷，人民出版社 1991 年，第 442、441 页。

② 毛泽东：《毛泽东选集》第一卷，人民出版社 1991 年，第 296 页。

是通过类比、对比、梳理、综合等方式将各要素有机整合，通盘考虑，最终形成关于整体和全局最本质的认识，适时做出战略定论，进一步调动各方力量，广泛动员广大群众系统贯彻落实各类战略方针决策。

2．判断与预见

相比较普通人而言，革命领袖最突出的能力与贡献在于“客观事变的发展还没有完全暴露其固有的性质，还没有将其面貌鲜明地摆在人们之前”就能准确预判“整个的趋势和前途”，并果断决定“自己的整套的方针和做法”。[①]毛泽东强调“着眼其特点和着眼其发展”[②]，在动态的时空背景中发现敌我发展趋势和优劣对比的可能变化，把握“特殊规律”作用时间的临界点，从失败中看到转机，从胜利中看到危险，从而发挥高度的主观能动性，科学预见，趋利避害。如果没有科学的思维方法作支撑，这是不容易办到的。简言之，缺乏战略思维就极易成为“政治上军事上的近视眼”。[③]

毛泽东统揽国际国内大局，提出“中日战争不是任何别的战争，乃是半殖民地半封建的中国和帝国主义的日本之间在二十世纪三十年代进行的一个决死的战争”[④]这一完全符合事实的战略定论，并判断“这次战争是在第一次世界大战所已开始的世界资本主义总危机发展的基础上发生的，由于这种总危机，逼使各资本主义国家走入新的战争”，预判“目前的战争发展到世界大战之间，是不会间断的”，即根据当时国际社会战争形势，科学前瞻世界战争趋向和中国革命的胜利前景：“意大利同阿比西尼亚打了之后，接着意大利同西班牙打，德国也搭了股份，接着日本又同中国打。还要接着谁呢？无疑地要接着希特勒同各大国打”，“占着五万万以上人口的中日两国之间的战争，在这个战争中将占着重要的地位，中华民族的解放将从这个战争中得来”。[⑤]

---

① 毛泽东：《毛泽东选集》第二卷，人民出版社 1991 年，第 440 页。

② 毛泽东：《毛泽东选集》第一卷，人民出版社 1991 年，第 173 页。

③ 毛泽东：《毛泽东选集》第二卷，人民出版社 1991 年，第 442 页。

④ 毛泽东：《毛泽东选集》第二卷，人民出版社 1991 年，第 447 页。

⑤ 毛泽东：《毛泽东选集》第二卷，人民出版社 1991 年，第 475 页。

3. 归纳与演绎

战略思维作为一种重要的人类认识方式，遵循马克思主义认识论一般规律，在实践的基础上将纷繁复杂的感性材料作去粗取精、去伪存真、由此及彼、由表及里的加工处理，能动地上升为理性认识，从理性抽象上升到理性具体，进而回到实践，贯通“从生动的直观到抽象的思维，并从抽象的思维到实践”①这一认识真理、认识客观实在的辩证途径。

毛泽东作为战略家，博古通今，善于从古今中外历史成败得失中揭示规律。历史上，他特别注意和强调中国古代战争中那些以弱胜强的战例和农民战争的成败规律，晋楚城濮之战、楚汉成皋之战、韩信破赵之战、新汉昆阳之战、袁曹官渡之战、吴魏赤壁之战、吴蜀夷陵之战等，拿破仑以少胜多的战例，以及苏联内战中苏俄红军局部优势、局部主动转化为全局优势、全局主动的战例等都是战争辩证法的规律性体现。毛泽东从中归纳总结出此类战争的一般规律，认识到主观指导的正确性是使处于劣势和被动地位的弱军转成优势和主动的基本前提。国际上，与抗战相关联的战例中，毛泽东非常关注意大利入侵阿比西尼亚的战争和西班牙内战。他把阿比西尼亚落得亡国结局的原因归纳为国家弱小、政治落后、孤立和领导者犯错，认为中国的客观情形与之迥异，不可同日而语，可于普遍规律中借鉴经验教训，但不可教条主义胡乱套用。

毛泽东从实际出发，把马克思主义哲学的基本理论同中国的特殊国情巧妙地结合起来，创作《论持久战》并将之作为中国共产党领导抗日战争的纲领性文献，为马克思主义中国化进程做出了巨大贡献。在战争指挥艺术上，毛泽东按照战略思维逻辑理路将一般战争规律灵活运用于具体战争，甚至在每一场特殊的战役战斗中铺陈演绎。例如，一般情况下，游击战只作为辅助性作战方式，而大量运用阵地战、运动战等正规作战方式，而我们中国的特殊国情决定了游击战具有特殊重要的战略作用。在抗日战争的三个阶段中，运动战、阵地战、游击战是相互作用、相互配合的，且不同阶段的运用重点不同。

① 列宁:《列宁全集》第五十五卷，人民出版社 2017 年，第 142 页。

二、符合价值原则——革命乐观主义精神力量

《论持久战》战略思维价值不仅体现在科学意识方面，也体现在价值意识方面，特别是建立在一定知识基础上的具有相当理性色彩的革命乐观主义精神力量的激励。从价值哲学的角度认识《论持久战》战略思维价值，首先必须完成价值主体的确认，明确主体在逻辑展开过程中所处的地位与发挥的作用。在毛泽东的战略考量中，抗日战争的价值主体可以涵盖全国党派、全国人民、全国军队以及国际方面从社会主义国家到各国爱好正义的人民，甚至于敌国国内某些反战的人民和前线反战的士兵。共同的价值目标就是努力团结一切力量，战胜万恶的日寇。

1. 评判战争正义问题

哲学概念的“价值”，首先指人们所希冀和追求的“好”生活，表征着人的存在的目的性，[①]价值理论意味着对心理—情感主义视角、认识论主义视角和语言学视角的一种辩证否定和辩证整合。价值评价是主体对客体可能具有的价值和实践改造客体后的意义、成果等进行的评价，即对事物价值的评价，有别于真理认识中对事物事实的评价，其前提是价值事实和人们的价值观。战争正义问题历来是价值评价的重要主题之一，早在中国古代孟子就有义战与不义之战的区分；18 世纪英国思想家亚当 · 斯密在《道德情操论》中讲“正义是人类文明的地基”；马克思、恩格斯坚持“自卫的战争正义观”；罗尔斯在《万民法》中提出“各自由民族的自由与独立应得到其他民族的尊重”“各自由民族有自卫的权利，没有除自卫以外的其他理由发动战争的权利”，在其《正义论》中探讨了开战正义和战时正义，并补充了战后正义；迈克尔 · 沃尔泽则在《正义与非正义战争》中明确“遵守普遍认可的规则”的战争才是正义战争。

《论持久战》依据社会历史的客观发展和进步趋向考察评价战争性质：“历史上的战争分为两类，一类是正义的，一类是非正义的。一切进步的战争都是正义的，一切阻碍进步的战争都是非正义的。”日本的侵华战争是阻碍进步的非正义战争，

① 张曙光:《关于价值概念的理解》,《光明日报》2010 年 6 月 22 日。

中国的抗日战争是反侵略的民族革命战争，是为争取永久和平和永久光明的新中国和新世界的正义之战。毛泽东归结说，战争“不但是军力和经济力的对比，而且是人力和人心的对比”①。从战争事实对人之意义来看，这里依据的就是德与力的价值评价尺度。其中，军力、经济力或人力的对比，属于力的冲突；而人心的对比，源于德的相竞。从价值哲学角度切入做出正义战争的价值评判是《论持久战》的战略思维价值在军事伦理文化视域下的生动体现。

2. 明确抗战目的与使命

一个军事指挥员，他的一切军事理论知识、他全部的指挥经验、他当时掌握的各种军事情报，包括对敌方的力量、布防情况、指挥员性格特征的了解等，对我方的各种情况，对地理、天文情况的了解，都是他进行评判的基础材料和工具。无论这些信息是否充分、是否可靠，他在当下必须做出决断，决定采取什么方案、向哪一个方向进攻或突围。他的各种评价都是为着这个决断来服务的，是为了做出这个选择而服务的。在这里，一切抽象的议论、一切含糊的意见、一切不明确的模棱两可的见解，都无济于事，而且会影响事情的决断。毛泽东战略思维的浪漫色彩，正体现在他一以贯之的革命乐观主义精神上。在统揽全局做出“我们的战争是神圣的、正义的，是进步的、求和平的”②的价值评价基础上，毛泽东指出抗日战争的政治目的是“驱逐日本帝国主义、建立自由平等的新中国”③，并坚信中华民族终将战胜一切苦难迎来新生，极大地鼓舞了中国人民实现此最终目的的志气、勇气。欲达此目的，每一名中华儿女都将自觉承担此神圣使命。战争是流血的政治，是要付出代价的，无数热血儿女仍然选择前赴后继，坚定认同共同的价值目标，各自发挥“自觉的能动性”，正是基于抗日战争有利于己、有利于后代、有利于整个中华民族的价值评价。这种全民族统一的价值追求于无形之中凝聚起举国同心、同仇敌忾、守护家园的磅礴力量，使日寇深陷于灭顶之灾的汪洋大海。

---

① 毛泽东:《毛泽东选集》第二卷，人民出版社 1991 年，第 469 页。

② 毛泽东:《毛泽东选集》第二卷，人民出版社 1991 年，第 476 页。

③ 毛泽东:《毛泽东选集》第二卷，人民出版社 1991 年，第 479 页。

3. 闪烁耀眼的辩证思维光芒

《论持久战》的战略思维价值体现在真理认识与价值观念的辩证统一中，也蕴含了丰富的唯物辩证法思想。毛泽东洞察分析战争与政治、战争与和平、战略与战术、量变与质变、现象与本质等对立统一规律，深刻揭示革命战争必然趋势，总结提炼政治、军事、外交、文化等方面工作的客观规律，对于我们今天从容应对时代变局、解决实际矛盾问题仍具有重大指导价值。

（1）把握战争与政治的辩证法。毛泽东在《论持久战》中专门探讨了战争与政治的关系问题，指出“政治是不流血的战争，战争是流血的政治”“战争是政治的继续”。[①]但战争也有特殊性，并不等于一般的政治，“战争无非是政治交往用另一种手段的继续”[②]。“政治发展到一定的阶段，再也不能照旧前进，于是爆发了战争，用以扫除政治道路上的障碍”[③]，这句话表明毛泽东从战争产生的政治根源出发，科学阐明了抗日战争的胜利离不开战争的政治目的，有赖于坚持和巩固抗日民族统一战线，有赖于坚持人民战争原则，有赖于经常的、深入的、普遍的政治动员和文化宣传，有赖于及时且灵活的政治外交策略。人民军队自成立96年来，对于这一点认识非常深刻，信念特别坚定，始终奉行军事服从政治、战略服从政略，毫不动摇坚持党对军队的绝对领导，坚决抵制“军队非党化、非政治化”和“军队国家化”等错误论调，始终保持人民军队性质宗旨本色，不断从胜利走向新的胜利。

（2）把握战争与和平的辩证法。克劳塞维茨说：“你想和平吗？那么你就准备战争吧！”战争与和平是一对相反相成、对立统一的范畴，一方的存在依存于另一方，并在一定条件下向对方转化。在《论持久战》中，毛泽东分析中国的抗日战争带着为永久和平而战的性质，将会出现伟大的革命战争，用以反对一切反革命战争。军队是要打仗的，正义战争的最终目的是和平。正如今天习近平总书记强调：“能战方能止战，准备打才可能不必打，越不能打越可能挨打，这就是战争与和平的辩证法。”[④]我们坚决反对战争，但是也不惧怕战争，我们用最大的智

---

① 毛泽东：《毛泽东选集》第二卷，人民出版社1991年，第480、479页。

② 列宁：《列宁全集》第六十卷，人民出版社2017年，第102页。

③ 毛泽东：《毛泽东选集》第二卷，人民出版社1991年，第479页。

④ 《习近平强军思想学习纲要》，解放军出版社2019年，第86页。

慧争取和平，但绝不会为了一时安宁而拿核心利益交易妥协。当今世界，和平与发展的时代主题没有变，中国正处在由大向强、将强未强的历史关口，我们比历史上任何时期都更有信心、有能力实现中华民族伟大复兴的目标，在战争与和平问题上，新时代人民军队宁可备而不战，绝不无备而战，有力维护国家发展重要战略机遇期的和平稳定环境。

（3）把握战略与战术的辩证法。战略上藐视敌人，战术上重视敌人。“持久战”本身就是战略与战术完美结合与辩证统一的智慧结晶。战略上，科学回答抗日战争的前途与命运，加强宣传解释工作，进行“普遍和深入的政治动员”，坚持巩固和扩大抗日民族统一战线，激发全国上下团结抗日的热情动力；战术上，可以“利用地广和兵多两个长处，不作死守的阵地战，采取灵活的运动战”，变内线作战为外线作战，集中强势兵力，几路打一路，变兵弱为兵强，速战速决，形成“外线的速决的进攻战”。[①] 同时，根据不同作战阶段的形势特点，适时调整战争形式：第一阶段主要采取运动战，以游击战和阵地战为辅；第二阶段主要是游击战，以运动战为辅；第三阶段主要采取运动战，并把阵地战提到重要地位。如果说具体的战术应用是手段，是方法，那么战略就起着定大局、把方向的作用，二者相辅相成，不可偏废一方。

（4）把握渐进与跃变的辩证法。毛泽东纵观事物发展全过程，依据量变与质变规律，准确把握抗日战争发展的进程与阶段及其变化转换，明确提出抗战的“三阶段”说：第一阶段是敌之战略进攻、我之战略防御的时期，这个时期敌是优势，我是劣势，各自都有两种不同的变化趋势；第二阶段是敌之战略保守、我之准备反攻的时期，也将是中国最痛苦的过渡时期，将出现经济困难和汉奸捣乱，但敌我力量对比将发生巨大的相反的变化，这一阶段的主要任务是改造军队、动员全民、艰苦奋战、准备反攻等；第三个阶段是我之战略反攻、敌之战略退却的时期。毛泽东这一分阶段的战略指导不是机械决定论的，而是科学分析和预见中日战争客观的、历史的、具体的动态发展趋势，正因为“客观现实的行程将是异常丰富和曲折变化的”[②]，所以毛泽东认为只能描画一个轮廓，不能制造一

---

① 毛泽东：《毛泽东选集》第二卷，人民出版社 1991 年，第 480、485、486 页。

② 毛泽东：《毛泽东选集》第二卷，人民出版社 1991 年，第 462 页。

本“流年”。

依据量变与质变统一的辩证法原则规律，中国立足基本国情和现实基础，坚持“三步走”发展战略分阶段分步骤推进中国特色社会主义伟大事业。新时代新征程上，党中央审时度势，团结带领中国人民在实现第一个百年奋斗目标的基础上，向着第二个百年奋斗目标踔厉奋发，力求到新中国成立一百年时基本实现现代化，建成社会主义现代化强国，实现中华民族伟大复兴的光荣梦想。强国必须强军，新时代人民军队同样也将坚持“三步走”战略，朝着到21世纪中叶全面建成世界一流军队的强军目标昂首阔步走下去。

（5）把握现象与本质的辩证法。《论持久战》的战略思维价值还体现在透过现象看本质的能力方面，就是层层剖析，逐步深入，找到问题深层根源、根本矛盾，从而辨析事物发展的规律与必然。彼时的中日战争呈现了许多令人眼花缭乱的表面现象，而毛泽东认为，中日之间的较量，不仅仅是军事上的较量、现代化上的较量、国与国之间的较量，更是政治上的较量、意志上的较量、全球战略的较量。他曾一针见血地指出战争的根本目的是消灭敌人，保存自己，并认为“武器是战争的重要的因素，但不是决定的因素，决定的因素是人不是物”①，进而强调民心向背才是决定战争胜负的关键性因素。这样，毛泽东便准确抓住了决定战争胜败的最本质的力量主体，“战争的伟力之最深厚的根源，存在于民众之中”“兵民是胜利之本”。② 长远来看，世界人民谋求和平与发展的正义力量与霸权主义、强权政治之间的“持久战”仍将持续进行。

《论持久战》中战略思维的当代价值，体现于百年未有之大变局和中国特色社会主义发展战略全局大视野中，全球化进程的复杂性和不确定性日益凸显，各种传统安全与非传统安全威胁交织并存，呈现“军事、政治、经济、文化各方面犬牙交错”的新型国际格局。探究并运用“持久战”的战略思维价值，对于解决当前迫切的实际问题尤为必要。

【执行编辑：夏晨朗】

① 毛泽东：《毛泽东选集》第二卷，人民出版社1991年，第469页。

② 毛泽东：《毛泽东选集》第二卷，人民出版社1991年，第511、477页。

智能时代社会公正问题的三维探赜*

伏志强　陈华杰**

【摘　要】社会公正作为现代社会的价值理念，是引领人类社会发展与进步的灯塔，表达了人类社会向"好"向"善"的价值诉求。随着互联网、大数据、人工智能等高新技术不断发展，传统社会公正问题在智能时代面临资源分配数据化、生产生活智能化、社会交往虚拟化等革命性转向。我们必须立足马克思主义社会公正理论逻辑，正确认识和把握智能时代社会公正的价值意蕴，探求智能时代维护和促进社会公正的实践指向，进而为建设更加公平正义的中国式现代化国家奠定基础。

【关键词】智能时代；社会公正；数据；算法；虚拟空间

社会公正是马克思主义关于人的自由全面发展的理想社会设想，在不同社会历史形态或同一社会制度不同的发展阶段，其内容也不尽相同。我国已经迈入全面建设社会主义现代化国家新征程，党的二十大报告明确指出，全体人民共同富裕是中国式现代化的重要特征之一。智能时代的到来赋予了马克思主义社会公正理论新的内涵和外延。但同时，数据资源、智能技术、虚拟现实等因素对实现社会公正提出了新的机遇与挑战。如何紧扣智能时代的发展脉搏，以智能化方式"将公共资源分配给真正需要它们的人，以保障所有社会成员的基本需要得到满

* 本文系杭州市哲学社会科学规划课题"人工智能视域下人的自由全面发展问题研究"（Z22JC062）阶段性研究成果。

** 伏志强，杭州职业技术学院马克思主义学院讲师；陈华杰，中共杭州市委党校特色研究团队紧密层成员，高级讲师。

足”[①]，这既是维护社会公正的价值原则，也是实现共同富裕的基本要求。

一、马克思主义社会公正的理论逻辑

社会公正既是人类社会发展必须遵循的价值取向，也是一个复杂的学术概念。说其复杂，是因为人们对社会公正概念的内涵和外延在历经千百年来的争论中未有统一定论。但是，公正概念内含的道德的“善”始终如一。

1. 公正相关概念辨析

在对“公正”定义之前，首先需要厘清平等、公平、公正、正义等相关概念。参考第7版《现代汉语词典》对平等、公平、正义、公正的解释，我们对其作如下定义：“平等”泛指“地位相等”，表达的是一种“权利对等”关系，如男女的权利平等。一方面指人格权、生存权、劳动权等人天生具有的“完全平等”的权利；另一方面指在政治、经济、文化、法律等方面享有的民主、自由和隐私权、教育权等人后天具有的“基本权利”。“公平”指“处理各种事情合情合理”，不偏袒、不偏颇。“公平”表达的是一种“利益均衡”关系，即人们在现实生活中对处理与自身相关的事宜方面是否合理，是否能做到不偏不倚的价值评价，如机会公平、教育公平等。“正义”即“公正的、有利于人民的道理”，表达的是一种“价值诉求”关系。“公正”指“公平正直，没有偏私”，是人们行为规范的“道德准则”，表达的是一种“行为准则”，即对利益关系中的权利与义务是否对等进行的评价结果，也体现了人们在交往过程中的行为规范所必须遵循的价值原则。正如哈耶克所说，“只有人的行为才可以被叫作公正的或不公正的”[②]。

关于平等、公平、正义、公正几个概念之间的关系，大部分学者都是从体现最高价值“正义”的角度进行辨析的。比如，有学者认为，正义关乎“人的价

① 李石:《分配公正研究的知识谱系》,《中国人民大学学报》2022年第2期。

② F. A. Hayek. *Law, Legislation and Liberty*, Volume 2, China Social Sciences Publishing Hourse, 1999, p.31.

值、尊严以及人的发展的根本问题"[①]，体现了人们对自身价值和本质的肯定。有学者对正义、公正、公平三个概念从价值理念、制度设计以及日常生活三个层面进行了辨析，认为正义是意识层面的抽象理念，需要国家制度以公正、公平的形式表现出来。"正义"与"公正"相比，正义是最高价值层面的理念和观念，表达的是一种应然状态，而公正则是对应然状态在社会实践活动中的践行，表达的是一种实然状态，即通过政府相关部门进行具体的制度设计和安排，最后朝着正义目标的实现过程，也就是说公正具有社会现实性。

"公平"与"公正"相比，公平更多地表现为人们的日常生活中共同遵守的统一标准与规则，而公正则代表了国家制度层面的价值取向或国家意志，具有阶级性特征，有制度和法律法规的保障。可以看出，"正义"作为价值理念的立意要高于"公正"和"公平"。"公正的范围只是道德的一部分而不是全部。"[②]当然，除了正义、公正、公平三个概念之外，"平等"的概念也非常重要，因为平等涉及人天生具有的平等权利以及由此而来的发展机会的平等。但是，平等的概念一般与自由、民主等词语连起来使用，表达的是一种价值理想。这种理想在实际生活当中应该设置上限，同时具有某种底线，因而平等需要通过公正来进行制衡，从而让平等更具有合理性。

总之，虽然正义、公平、公正、平等这几个词语之间有严格的区别，各自有不同的含义，但是，这几个词都能表达我们每个人以及不同社会形态对美好社会制度的理想追求。同时，公正概念跟其他几个相关概念相比具有显著的行为实践性，因此我们认为公正的社会应该是社会秩序合理有序、公平正义、每个人都能自由全面发展的社会，这正是马克思主义社会公正理论的主要内容。

2. 东西方文化中的社会公正

社会公正既是某个社会阶段、某个国家机器在运行过程中进行制度设计的重要依据，也是人们在社会实践活动中必须遵守的道德规范。无论是在东方社会还是在西方社会，人们对社会公正的追求都从未停止，而且源远流长。"故上者，

① 胡海波：《正义的追寻——人类发展的理想境界》，东北师范大学出版社 1997 年，第 24—25 页。

② Willian K. Frankena. Ethics. *Pretice Hall*. Inc. Englewood Cliff, 1973, p.46.

下之本也。……上公正，则下易直矣。”(《荀子·正论》) 这是中国古代最早描述“公正”的文献。其意思是，作为君主，若是无私、不偏袒，那么天下的臣子也就坦荡正直了。可以看出，人们对社会公正理想的追求无不以君王的“大道之行也，天下为公”(《礼记·礼运》) 和老百姓的“行不由径，非公正不发愤”(《史记·伯夷列传》) 为憧憬和选择。几千年来，无论是儒家的“义利之辨”、墨家的“博爱”，还是程朱理学的“天理人欲”等，每一个思想家的理论范畴中几乎都在追寻实现社会公正理想的制度手段，其目的无外乎“修身、齐家、治国、平天下”。

在西方，古埃及人在农业生产劳动中就有信奉的公正之神。古希腊神话传说中的社会公正之神宙斯，守护着民间的分配正义和统治者内部的伦理规范。古希腊社会公正理论的主要代表人物是梭伦、柏拉图、亚里士多德等人，他们认为在西方农业社会的发展中，形成了“城邦公民各守其序，社会取中庸之道”[①] 的社会公正观。后来，随着从农业社会向工业社会的转变，出现了霍布斯的“守约”、斯宾诺莎思想方面的“自由”和行动方面的“守法”、休谟的“利己”、卢梭的“人民主权，社会契约”、康德的“善良意志”、穆勒的“个人权利”等表达资产阶级追求平等、自由、功利的社会公正观念。

一般情况下，社会公正的核心要义在于权利与义务关系的对等。那么社会公正中的权利和义务如何界定？我们“能够”拥有什么权利？我们“应该”拥有什么权利？这是我们必须厘清的问题。依据第 7 版《现代汉语词典》，“权利”是指“公民或法人依法行使的权力和享受的利益”，“义务”是指“公民或法人按法律规定应尽的责任”。权利有形式与实质、法律与道德之分，是个非常复杂的概念，必须经过严谨细致地区分才能使我们认清社会公正范畴所蕴含的、每个人应该享有的权利属性。

在西方的文化传统中，绝大多数权利跟权力拥有者追求的自由分不开。也就是说，拥有某一项权力能够让一个人或者一个群体在这项权利上享有自由。比如某个人已经取得了某种岗位赋予的权力，那么就有了相应的权利，即此人就会拥

① 叶志华:《社会公正论》，中山大学博士论文，2000 年，第 16 页。

有以特定方式进行自由活动的权利。当然，如果这项权利成为一种不需要承担义务的特权，那就需要考虑实施这种行为的自由裁量权的限度和阀域了。从这个意义上说，我们所看到的西方政治运动中对自由、民主的追求过程中出现的某些非法的、过激的行为，可以说是在形式上过于自由地追求权利，而没有承担相应的义务。一般情况下，西方文明比较注重个人利益，甚至个人利益高于集体利益，即使是集体利益也是党派纷争所形成的个人团体利益。因此，这种追求自由权利的结果表现在民主方式上就是终极的“选票”，这进而使整个社会呈现割裂状态。

通过以上分析可以看出，在中国传统社会公正理论中，人们更加注重国家、社会层面的公平、正义等价值，而在西方则更多的是追求个人层面的自由、民主等价值。西方社会公正思想更多地倾向于人性本身的推演，忽视了社会公正的社会性本质，相对缺乏公正的社会实践考察。人们对社会公正的追求更多的是寻找一种普遍认可的、共同遵守的规约，然后上升为国家制度来保证每个社会成员能够得其应得、各得其所。因此，人们对社会公正的价值追求首先需要制度的科学性、有效性来保障和推动，这样才能脱离空洞的思辨，进而在社会实践活动中维护和促进社会公正。

3. 马克思主义社会公正理论与西方社会公正主要思潮的区别

在当今世界，无论是发达国家还是落后国家，地区差异、贫富差距、资源分配等不公正问题普遍存在，并且呈现进一步拉大的趋势。有学者从学理的角度对西方社会的主要思潮进行了研究，结果表明：“当今世界思潮的一个新的趋势是开始强调公平正义，开始以公平正义来挑战自由平等，因为自由平等在没有约束的情况下，带来的就是不公平、不正义。”[①]

关于社会公正，西方主要的社会思潮有功利主义、社群主义和自由主义三大派别。其中，功利主义认为，利益、功利、福利是人生的第一追求，奉行“最大多数人的最大幸福”原则，且以此为基础的幸福“便是用以判断人类一切行为的标准了”[②]。可以说功利主义既是衡量普通公民行为道德的标准，也是评价政府施

① 王业：《公平正义渐成为国际社会新思潮》，《人民论坛》2012 年第 1 期（下）。

② 周辅成：《西方伦理学名著选辑》（下卷），商务印书馆 1987 年，第 267 页。

政决策优劣的重要尺度。从人性的角度看，功利主义所追求的利益符合人们对社会公正价值目标的追求，因为利益是满足人的生存与发展所需的应然性需求。但是，从马克思主义社会公正的角度看，功利主义最大的问题在于“利益”“幸福”等在不同个体之间的分配和量化问题，很可能会造成不同程度的不平等、不公平。公正作为价值关系，不应该只从公正概念本身或者人的精神因素出发，而是应该从社会实践、物质关系出发，以特定的生产方式、社会秩序、社会制度为基础进行思考和实践。比如电车难题案例中，依据功利主义原则，应该是用 1 个人的牺牲换取 5 个人的生存。这种以数量大小来权衡或决定人生命价值的方式显然是有失公允的。

马克思主义社会公正思想与西方社会公正主要思潮的理论基础都是对资本主义制度背景下出现的社会不公正问题进行深刻反思的结果，但是二者具有本质的区别。在西方社会公正主要思潮中，无论是功利主义、自由主义还是社群主义，他们都是在设计一种合理的制度并试图通过政府的施策来实现和保障自身理论的有效性。但是，功利主义、自由主义和社群主义等理论终究没有摆脱历史唯物主义决定论。因为社会公正作为一种上层建筑，其决定性因素不是理论设想或是政治建构，而是物质资料生产方式。马克思对功利主义等西方社会公正思潮进行了彻底的批判，揭穿了资本主义标榜的公平、公正的虚伪性，揭示了人类社会公正的价值根源在于物质生活关系。

当然，我们也应该看到以罗尔斯为代表的新自由主义紧跟资本主义社会发展的步伐，在全球化背景下建立了一种多元主义的社会公正理论，将资本主义社会公正思潮从引领人们对政治自由、民主、平等的追求，转向了对经济、政治、社会、文化、生态等方面的公平、平等、正义，并将人们对社会公正这一价值追求推向了社会制度设计的高度，尤其是在尊重人的权利、维护人的基本权益、注重个人技能与素质的基础上形成了自由、平等的观念。这无疑是人类社会历史进程中的一个巨大进步。同时，这也是我们在智能时代培育和践行社会主义公正价值观，维护和促进智能时代马克思主义社会公正方面需要学习和借鉴的地方。

基于以上的分析，同时依据马克思主义伦理学对公正的定义，我们将智能时代马克思主义社会公正的内涵概括为：在人生存所需的基本权利平等、人发展难免存在的适当差异的基础上，按照最大公约对每个社会成员不偏不倚、公平公正地对待。当然，这个“最大公约”必须涵盖向“善”的道德和法律体系，也就是应该具有中国特色，即以儒家为代表的中华优秀传统文化中孕育的社会公正思想为基础，以社会主义制度所需要的道德规范为支撑，形成符合我国社会主义现代化建设需要的社会公正原则。

二、智能时代社会公正的价值意蕴

智能技术的迅速发展一方面会极大地提高劳动生产率，增加社会总财富，这为马克思所描述的社会公正的实现奠定了物质条件；另一方面，原有社会生产资料将面临数据化等趋向，生产关系、交往形式等将出现虚拟与现实交互的情景。此时，我们既不能摆脱马克思主义社会公正理论的指导，也不能停留在传统社会公正理论的具体论述中，而是要重新梳理智能时代马克思主义社会公正的内涵和外延，正确把握其价值向度，并结合实践思考智能时代背景下如何在制度的设计和执行中体现公正的原则，以便维护和促进智能时代社会公正。

1. 智能时代的含义

按照马克思以生产力发展水平为标准对社会形态的划分，我们可以将这种已经到来或者即将到来的、相对于传统的农业社会和工业社会而言的、以人工智能科技发展为划时代标志的新的社会形态称为智能时代。有学者将智能时代定义为：“智能技术、智能机器不断发展和应用，将使其在人类社会中的地位和作用从外在工具上升为内在主体（类主体、拟主体），从而彻底改变人类社会与人本身的时代。”① 笔者非常赞成这个“智能时代”的含义，因为该定义与“人工智能”的定义有异曲同工之妙。二者都将“人工智能”这种传统社会看来只具有工具性价值的科技手段，看成是智能时代具有巨大潜力甚至是具有跟人的智力一样媲美的“类主体”或“拟主体”。

---

① 常晋芳：《智能时代的人—机—人关系——基于马克思主义哲学的思考》，《东南学术》2019 年第 2 期。

2. 智能技术推动的社会进步需要社会公正为价值指引

追溯社会公正的历史渊源，我们看到，社会公正的内涵在不同的历史阶段都有不同的内容。从本质上讲，社会公正是一种承载着特定历史进程中的人与人之间的社会关系，它不是西方社会公正理论所设想的形式的、空洞的、虚无的理论体系。社会公正的实现不仅应该建立在人与生俱来的平等、公平和公正等基本权利的基础上，而是需要与时俱进地思考如何在新的技术形态背景下，通过制度建设来保障符合全体社会成员的社会实践和利益需求。

智能时代的到来使得大数据、人工智能等高新技术成为社会历史发展的重要动力。此时，传统社会公正理论中的权利、义务及其相互间的关系又有了新的含义。依据马克思主义伦理学，笔者将智能时代马克思主义社会公正的内涵概括为：以互联网、大数据、人工智能等高新技术发展为条件，在数字资源分配、制度设计、算法程序和法律公正等方面公平对待他人，以达成权利、义务的恰当分配，让每个社会成员都能享受到智能社会发展的成果，并以此来激发每个人的创新活力，使社会主义国家的社会秩序更加合理有序、充满活力。

现阶段，我们面临的不仅有传统社会公正问题中的“分配公正”“制度公正”“法律公正”等问题，还要面对智能技术引发的诸如“数字鸿沟”“算法歧视”“社会排斥”等新形式的社会公正问题。人类社会可以利用智能技术创造出更多的物质财富和精神财富，但是新兴技术形态下的社会关系并不会自动屏蔽人们在生产过程中形成的或已有的不公平、不平等、不公正现象，反而有可能会进一步加剧社会公正问题的矛盾。因此，如何在智能时代以马克思主义公正理论为指导，利用智能技术消除不公平、不公正现象，让社会成员共享智能时代社会进步带来的益处，从而为实现共同富裕奠定基础。

3. 智能时代马克思主义社会公正的四重维度

从马克思辩证唯物主义的视角看，公正之“普罗透斯”变幻的脸，其实是不同的时代由于人们所处经济、政治、文化、社会和生态环境等因素不同而决定社会公正的外延不同。传统社会公正的外延大体分为以下几个方面：按社会公正的功能划分，我们可以将社会公正分为经济、政治、文化、社会、生态等方面的公正；依据人们社会实践的领域和社会公正的“行为”属性，从行为本身的性质来看，社会公正可以分为交换公正和赏罚公正；① 从行为的过程和结果来看，社会公正可以分为程序公正和结果公正；从行为的主体分类来看，又可以分为国家公正、社会公正、个体公正。由于在不同的历史时期和社会制度类型中有不同的秩序和模式，所以社会公正的分类结构复杂、名目繁多，难以尽数列举。但是，社会公正的“行为”属性决定了任何类型的公正都是一种向“善”的实践活动。

基于马克思主义实践交往理论，我们在讨论智能时代社会公正的外延时，有必要从社会治理的视角去思考社会公正问题，这样才能凸显“国家治理体系”和“治理能力”的实践价值。“治理”是指统治和管理的过程，其目标是通过政府来引导、调整、平衡社会各方利益，最终达到社会多元主体共同参与社会发展与进步的过程。相对“管理”的单一主体，“治理”更偏向管理者自身利益的单一方法，更能体现“党和政府的领导与多元主体参与公共事务决策的统一，法治与德治的统一，管理和服务的统一，常规管理与非常规管理（应急管理）的统一”②。在智能时代背景下，人们在实践活动中的利益关系，最主要受到数据资源分配、顶层制度设计、智能技术研发应用和人工智能领域的法律法规等四个因素影响。据此，从治理的视域来把握智能时代马克思主义社会公正，具体划分为以下几个方面：

第一，数据资源分配公正。“正义的主要问题是社会的基本结构，更确切地说，是分配基本权利和义务的主要社会制度。”③ 人类在社会实践中形成的经济关系是其他一切社会关系的基础。经济活动中的生产资料及其他社会资源的占有、产品的分配、劳动成果的交换和消费的平等享受等，均包含着人们在经济活动中权利与义务、付出与获得的关系，直接关系利益分配的公正与否。在智能时代，资源的占有正在从“物质”向“数据”的形式转变。④

第二，智能时代制度公正。“制度”一词多用于表示非个人关系角度的人与人

① 狄骥:《宪法论》，钱克新译，商务印书馆 1959 年，第 90 页。

② 周晓菲:《从“管理”到“治理”一字之差，其内涵有何区别》，《光明日报》2013 年 12 月 4 日。

③ Rawls, John. *A Theory of Justice*. Harvard University Press, 1971, p.6.

④ 涂子沛:《数据之巅》，中信出版社 2015 年，第 218 页。

之间的“规范化、定型化了的正式行为方式与交往关系结构”[①]。制度对人们行为的影响表现为国家机构或组织对于个人行为的规范性约束和调节。制度公正范畴包含“制度”本身的公正性和“公正”的制度化两个方面，其目的就是确保对社会成员权利和义务关系的恰当分配。

第三，智能技术发展公正。科学技术活动一直是人类实践活动能力的助推器。科学技术的发展对经济社会的贡献不仅体现在物质方面，更重要的是在提升整个社会成员的文化素质水平方面。我们对大数据、人工智能等高新技术进行公平、合理、负责任、可信任的研发和应用，应该从最大多数人的利益出发，让尽可能多的人受益于智能技术发展带来的恩惠，这才是我们发展人工智能的初心所在。所以，智能技术的发展以及成果的应用必须以人类共同价值为出发点，让智能技术成为人们实现自由而全面发展的重要手段。

第四，人工智能法律公正。人与人之间有序、公平的社会关系需要以制度形式的社会规范来维系。虽然制度的设计与制定在不断维护着社会关系的规范性，但是在利益面前，即使完备的制度也不足以确保利益分配的公平、公正。因此，还需要用法律来规范利益关系中的资源分配、权利与义务关系的协调、弱势群体利益的兜底和保障等。但是，如何利用人工智能等高新技术确保法律公正的实现，如何避免智能算法在立法、执法、司法等法律实践过程中始终贯穿社会公正原则，这都是人工智能法律公正的主要内容。另外，还需要建立健全权利公平、机会平等的保障体系，进一步树立法律至上的权威。

三、智能时代维护和促进社会公正的实践指向

近些年，以数据资源为基础、人工智能为代表的第四次科技革命给当下的经济社会发展带来前所未有的机遇和挑战。以算法为核心技术的智能技术对马克思主义社会公正必然会产生巨大影响。因此，我们必须立足于马克思主义伦理学来分析智能时代影响社会公正的主要因素，抓住科技革命带来的新机遇，正视智能

---

① 高兆明:《制度公正论》，上海文艺出版社 2001 年，第 27 页。

化带来的风险与挑战，从而为智能时代维护和促进社会公正奠定基础。

1. 数据资源占有和分配须“以人民为中心”

“数据”是指以实物、文字、图片、音视频等形式记录人类实践活动行为的各种信息载体。在不同的时代，其表现形式不尽相同。当然，我们今天说的“数据”也不仅仅是“数字”形式的资料，还有各种实物遗存、文化记忆、音视频等可以转换成数据化的材料。“智能时代的社会公正问题是一种由‘数字鸿沟’引发的利益关系失调问题。从本质上看，掌握数据意味着可以获得更多关联性利益的机会，在社会竞争中占据优势地位。”[①] 从数据资源占有和使用的角度分析，政府、企业和个人是数据生产、使用、分配的主体。一方面，数据是重要的生产要素，在国民经济和社会发展中的作用愈加凸显。另一方面，数据的“大”体量远远超出传统方法对数据存储、运算、分配的能力，互联网成了数据获取、存储、运算、使用的有效方式。这就使数据资源成为一种崭新的、重要的社会资源。从数据资源获取的角度，政府会基于公共利益，而市场主体会以经济利益为立脚点，由于立场不同，因而在数据采集标准、存储设备和应用监管等方面存在原则性的差异。比如，某企业很有可能会以经济效益最大化为出发点，在数据的搜集、存贮和使用过程中“捡漏洞”“钻空子”，导致虚假数据、数据滥用等乱象丛生，进而影响数据资源分配的公平正义。以数据为基础的生产、生活，也成了影响经济社会发展、人们价值观念、思维方式的重要因素。现阶段，数据资源的占有和使用越来越多地被政府和大数据企业垄断，大多数民众只能处在“被”数据决策和“被”精准施策的地位。基于此，数据资源作为生产资料，其占有和分配须坚持“以人民为中心”才符合我国的社会主义制度，这样才能凝聚和激发全体人民在中国式现代化建设中的磅礴力量。国家相关部门与时俱进，及时应变，在2020 年 4 月就发布了关于加强数据要素市场化配置的意见，首次将数据作为一种重要的生产要素，与劳动力、土地、资本、技术等传统生产要素相提并论，进一步夯实数据要素在智能时代市场经济体制中的地位和作用，进而为智能时代维

① 赵丽涛：《大数据时代的关系赋权与社会公正》，《探索与争鸣》2018 年第 10 期。

护和促进社会公正奠定基础条件。

2. 智能技术和算法路径遵循科技向“善”

人工智能是人类自主创造活动的产物，是人的本质力量的技术化呈现。人工智能作为智能时代的技术支撑，也是促进社会变革的巨大推动力。但同时，人工智能的发展又诱发了智能时代大量的社会公正问题。例如，涉及人类社会生存与发展以及影响人类文明进步的强人工智能问题。如果真到了强人工智能阶段，超级智能的出现会不会让人类束手无策，是否会威胁人类社会的生存与发展，这些问题都让人忧心忡忡。马克思·韦伯曾经预言，将来的社会是“技术知识的囚室”①。据2014年英国广播公司报道，著名物理学家霍金表示，“人工智能或许不但是人类历史上最大的事件，而且还有可能是最后的事件”②。

相较于以往社会形态，智能技术对于人类社会发展和人类文明进步的影响，将从人类统治向技术统治转变。如果任由智能技术的盲目发展，人类将会失去在这个世界中的主导地位。因为以往人们面对的更多是自然风险，而智能时代的技术风险将是不可预测和不可控制的。从这个意义上讲，人们对社会公正价值的追求将失去存在的理由和基础。因此，无论从人的发展还是技术的本质角度，都应有效规制智能技术的发展方向和应用领域，科技向“善”将是确保人类社会生存与发展这个最重要的公正价值的前提条件。

算法是计算机的程序，也是智能技术的核心要素。算法伦理在智能时代的作用越来越重要，尤其是人工智能产品所承载的“算法道德”，即一种使自主人工智能设备能够学会负责任地行动的算法，将是人类社会发展不可或缺的伦理规范。但是，近些年智能技术发展突飞猛进，相关领域的法律规范一直处于滞后、被动的局面，导致一些与智能技术相关的问题出现时无法可依，仅仅停留在伦理道德的讨论上。造成这些问题的原因，一方面是法律法规的出台没有跟上智能技术发展的速度；另一方面则是作为智能技术的算法存在不可解释性，即“算法黑箱”问题，目前在技术上还没有完全解决。

① 安东尼·吉登斯、斯科特·拉什：《自反性现代化》，赵文书译，商务印书馆2001年，第74页。

② 参见张艳：《人工智能给法律带来四大挑战》，《社会科学报》2016年8月4日。

无论怎样，“公正本身也是一种善”①，公正的“善”的价值观应该成为人类社会所共同遵循的道德准则。智能系统和机器人的研发和应用也应该遵循公正的、“善”的道德规范，这样才能避免由算法导致的年龄歧视、性别歧视、阶层歧视、种族歧视等社会不公正问题。然而，由谁来认定或者决定智能系统和机器人的算法程序遵守公正原则？如果我们给智能系统和机器人嵌入了公正的价值标准，怎么能保证计算机算法或者智能系统自主学习过程严格遵守公正价值观？这些都是影响智能时代马克思主义社会公正的不确定因素，但科技向“善”的路径依赖是智能技术和算法路径无法逾越的实践导向。

3. 智能系统和机器人的发展坚持“以人为本”

马克思认为，人区别于其他动物的本质特征是人有思维、会思考、能制造工具，并且是“一切社会关系的总和”。人类经过40亿年的演化，从爬行到直立行走，从食不果腹到健康饮食，从简单耕作到智能化生产，这一切都得益于人脑的认知和思考功能。但是，智能系统和机器人的迅猛发展将不断挑战“会制造和使用工具”的人的本质特征。

当前，智能系统在认识和实践活动中的应用越来越多，尤其是智能系统在“机器思维”方面取得了长足的进步。“机器能思维”是1950年图灵提出的机器对人的思维的模拟设想。这一问题的提出开启了人们从理论和实践的角度深入研究“机器思维”的大门。人工智能系统强劲的创新能力不断改变着人们对于智能系统和机器人的认识。就人的生物构成而言，人造细胞可以增强人的免疫力，人工智能机器人可以植入人的大脑，并全副武装自己的大脑，拓展人的各项能力。另外，科学家们预测，未来的人类可以通过智能机器人的辅助实现脱离生、老、病、死等自然规律，让人以数字化的形式告别自己的肉体从而实现永生。如果按照有些科学家所预言的，到2050年就会出现超级“人形机器人”，再结合其越来越强的“机器思维”，那么试问人还能否具有自身的本质特征？

“人形”智能机器人的研制是目前人工智能发展的一个重点领域。我们目前

① 程立显：《伦理学与社会公正》，北京大学出版社2002年，第46页。

能够看到的机器人是能简单执行指令的“人形”机器人，比如餐厅、酒店、会场、机场等地方的服务型机器人，生产装配车间的自动化“机器手”等。这些机器人总体的智能化程度还不是很高。我们目前能看到的真正的“人形”智能机器人大部分是在科幻电影的镜头里，但是，近些年随着智能化终端设备、通信技术、智能传感、智能芯片等智能化软硬件的结合，如果再与“机器思维”相结合，“人形”机器人的出现只是时间问题。到那时，我们不禁会问：“人的本质”还是不是“一切社会关系的总和”？如果出现会思维、能思考、有情感的“人形”机器人，我们的社会秩序将面临一种什么样的状况？

从 2017 年沙特授予“人形”机器人索菲亚公民身份到今天形形色色的“人形”机器人，它们的“智”商越来越高。我们可以进一步畅想，假设某人拥有了“人形”机器人，当初的时候只是让它帮自己做点家务，后来时间长了跟主人产生了感情，再进一步，主人觉得机器人各方面都很好，想和它组建家庭，成为合法“夫妻”，这个时候是不是应该举行个仪式，或者寻求政府给予合乎伦理、符合法律的证件。另外，如果所说的“人形”机器人的功能越来越强大，是不是每个人都能承担起这个费用？假如“人形”机器人实现了大量生产，满大街都是机器人，“人机共存”的交往方式将会对现有社会关系产生什么影响？社会阶层是否会分化以及分化后的权利与义务如何分配？……我们此时肯定不能穷尽所有关于智能系统和机器人对于社会的机遇和挑战。但是，无论怎样，智能系统和机器人只是一种机器，尽管这种机器很“聪明”，而人的本体地位是不能被挑战和撼动的。所以，我们在不得不面对智能系统和机器人在将来引发的一系列社会公正问题时，都不能离开“以人为本”这个根本性的原则，如此才能应对智能时代潜在的各种诱发社会公正问题的变量。

4. 通过智能治理完善虚拟与现实相交互的社会公正界域

互联网、大数据、人工智能等高新技术的发展必然会衍生出虚拟交往进而形成虚拟世界。现实世界的人与社会进入虚拟世界之后，会成为虚拟的“人”和虚拟的“社会”，并且虚拟的“人”与“社会”又会形成一种虚拟的关系。例如，模拟仿真、虚拟创构、交互融合关系等。然而，这种虚拟的“社会关系”，反过来又会影响现实中的人与社会。这种现实与虚拟相互交织、互相影响的状况，要求我们从马克思主义社会公正的视角进一步认识和反思我们所面临的处境。

第一，人们通过智能技术、虚拟技术等手段在互联网世界建立起了“虚拟社会”。人们在互联网世界建立的诸如虚拟家庭、虚拟社团、虚拟城市等，这些虚拟的组织构建了虚拟社会的本质、结构、责任和意义，进而改变了传统社会公正问题的研究视域。基于互联网和虚拟交往，现实中的社会关系转移到了虚拟社会，改变了原有社会关系的形态。另外，智能机器人“越来越像人”，功能日益增强，正在走进人们的生活和工作领域，传统的人机关系正在面临冲击。同时，虚拟社会组织化程度的迅速提高，反过来会提高民众的权利意识、民主意识，倒逼现实社会中的组织管理结构从“金字塔”向“扁平化”转变。

第二，虚拟实在是对真实现实的一种延续，虚拟社会隐藏和放大了现实世界中的各种不公正现象。基于虚拟实践的“泛空间化”交往，人们正在展开一种奇特的“数字化生存”。各种智能化软件的普及正在改变着人们的生产和生活，也在改变着社会治理的体系、方式，从而也考验着政府的治理能力。回望在使用这些智能软件之前，人们之间的交流少不了串门、交谈、聚会等面对面的形式，而现在人们可以通过智能软件平台解决很多非必要的出行与交往活动。尤其是2020年初突发的新冠疫情让虚拟交往从一种非必要形式转变为必要的交往形式。这些变化也逐步改变人们之间从“真实”向“虚拟”过渡的交往关系。这种情况下，虚拟社会与现实社会的边界不断模糊不清。

第三，虚拟社会中“人”的身份开始转变为数字化、智能化的形式，使传统的人的权利与义务关系不再清晰，需要重新划定时空界域。人总是以某个身份出现，作为社会关系的总和，人的身份及与之相关的价值观和伦理关系是多方面的。随着互联网、大数据、人工智能的普及和发展，人的身份信息被数据化，数字身份随之而来。大数据改变了以往人的身份的定义，进而改变了我们与传统身份有关的价值观和伦理观，数字身份问题成了智能时代的基本伦理问题之一。例如，雷·库兹韦尔在他的《机器之心》《奇点临近》《人工智能的未来》等著作中，阐述了人工智能的发展对于人类未来的影响。他认为人工智能的发展带给人类社会的特权不仅属于政府组织或精英阶层，而是惠及大多数普通群众的权利。就空间而言，智能技术的迅速发展可以加速现有时间和空间的“二维”空间，向时间、空间、“赛博”的“三维”空间转换。

科学家们的一些观点在目前还有些许争议，甚至有人表示反对。但智能技术毕竟是科学技术发展的一种趋势。例如，克隆技术虽然是有悖于人类伦理道德，目前处于被法律禁止研发的领域。但是，单从技术层面来讲，通过人工智能来延展人类的大脑思维、身体构成以及时空界域等不是没有可能。另外，虚拟社会、网络世界已经对人们的生产、生活产生了很大影响。虚拟社会容易使人网络成“瘾”，形成网络依赖，并引发人的能力和责任的异化。在虚拟社会中的学习、工作、生活和交往也会引发真实的物理和心理伤害，虚拟对象的创构伦理问题成为智能时代社会公正理论的难点问题。对于虚拟社会中人的思想、观念、存在、发展等问题会对传统的社会结构和社会秩序会造成的极大冲击，需要不断完善制度创新，通过智能治理方式明晰和界定虚拟与现实相交互的社会公正场域。

结　语

社会公正是人们千百年来不懈追求的理想社会形态，也是我们每个社会成员为之奋斗的题中应有之义，更是“百年来中国共产党孜孜以求的奋斗目标”①。以互联网、大数据、人工智能等为代表的高新技术给当前经济社会发展带来了巨大的机遇和挑战，其中社会公正问题首当其冲。如何在智能时代更好地维护和促进社会公正，不仅需要我们利用好人工智能技术，进一步调动人们的积极性、创造性，激发整个社会的活力，更需要充分发挥社会主义国家制度的优越性。当然，社会公正的实现是一个历史过程，不可能一蹴而就。我们必须立足马克思主义社会公正理论，把握好人工智能技术发展的方向，抓住智能时代实现社会公正的新机遇，正确认识智能时代影响社会公正的主要因素，为建设更加公正的社会主义现代化国家凝聚更加强大的力量。

---

① 张一:《中国共产党百年来推进社会公正的历史实践及基本经验》,《学校党建与思想教育》2021 年第 15 期。

研究动态

Research Trends

新时代中国价值哲学研究的总结与反思
——“《赵馥洁文集》出版与中国价值哲学研究”学术座谈会综述

山小琪　俞秀玲*

由西北政法大学联合陕西省社会科学联合会、陕西省哲学学会、中国社会科学出版社发起主办，西北政法大学哲学与社会发展学院、西北政法大学文化与价值哲学研究院联合承办的“《赵馥洁文集》出版与中国价值哲学研究”学术座谈会于2022年11月26日在西安隆重召开，会议以线上线下结合的方式举行。本次会议以庆祝西北政法大学资深教授赵馥洁先生三百余万字的总结性著述集成《赵馥洁文集》(八卷9册）出版为契机，以“《赵馥洁文集》出版与中国价值哲学研究”为主题，旨在以新的学术视野对赵馥洁先生的学术生涯及其对中国传统哲学、中国传统哲学价值论研究所做出的学术贡献进行深入研讨和发掘，阐发赵馥洁先生对中国哲学的研究以及中国传统哲学价值论的建构所做出的巨大贡献，探讨中国传统哲学与价值哲学今后的发展路径及其所独具的时代意义。中国政法大学、武汉大学、中山大学、上海大学、山西大学、湖北大学、西安交通大学、陕西师范大学、陕西省社科联、陕西省哲学学会、中国社会科学出版社、《人文杂志》编辑部、《中国社会科学报》西安记者站、西北政法大学等三十多所学校和机构的专家学者及代表八十余人参加了此次座谈会。

一

学术座谈会开幕式由西北政法大学校长范九利主持，西北政法大学党委书记

* 山小琪，西北政法大学哲学与社会发展学院教授，主要研究方向为马克思主义哲学；俞秀玲，西北政法大学哲学与社会发展学院副教授，主要研究方向为中国哲学。

孙国华、陕西省社科联党组书记郭建树、中国社会科学出版社总编辑魏长宝、陕西省哲学学会会长曹飞发表了热情洋溢的致辞。陕西省政协常委、陕西省教育工委原书记董小龙；浙江省人民检察院时任党组书记、检察长，西北政法大学原校长贾宇；西北政法大学原党委书记宋觉；西安市人大常委会副主任、西北政法大学原校长杨宗科等在开幕式发表讲话，对赵馥洁先生六十多年学术生涯和研究成果的总结——《赵馥洁文集》出版表示祝贺，对赵馥洁先生严谨的治学态度、高尚的君子人格给予了高度评价和赞扬。

开幕式上，作为《赵馥洁文集》出版的主要策划人，中国社会科学出版社魏长宝总编辑指出，《赵馥洁文集》收录了赵先生从事学术研究六十多年以来的学术成果，是其学术生涯的一次系统性概括和总结。他强调赵先生建构了中国传统哲学价值论的思想理论体系，填补了中国哲学研究在价值层面的空白，引领和开拓了中国传统哲学价值论研究，同时又以中国哲学的丰富学术思想资源推进中国当代价值哲学的建构，是推动中华优秀传统文化创造性转化和创新性发展的代表性案例，也是加快构建中国自主知识体系的重要探索。赵先生的研究坚持运用马克思主义哲学范式对中国传统思想与文化进行分析，促进了马克思主义中国化与中华优秀传统文化的有机结合，为进一步深入研究提供了有益的借鉴和参照。

二

在座谈会学术研讨阶段，与会专家学者紧紧围绕赵馥洁先生在中国传统哲学与价值哲学方面的学术贡献进行深入探讨和热情交流。

中国价值哲学研究会名誉会长、中国政法大学终身教授李德顺强调，赵馥洁先生的研究凸显中国传统哲学的价值论特质，这是他突出的贡献。李教授指出，《赵馥洁文集》出版意义重大，赵馥洁先生对中国传统哲学的研究并不局限于对中国哲学某一个问题、某一个专题的探索，而是对整个中国哲学理论形象的重新定位。中国传统哲学的基本特点是价值哲学，然而，遗憾的是，中国哲学的主流研究主张价值属性说，而非价值关系说，这便影响到了对中国传统哲学的认识和评价。中国传统哲学从《易经》起，其中均以伦理政治或者伦理道德问题为主线，所关注的重心是人间的吉凶祸福问题，即价值问题；儒、道两家因元理论上的差异，形成了不同的思考脉络和规范体系，从价值哲学的角度看，儒家把价值、善恶等归结为属性，这一界定是一种价值属性说的元理论，基本上属于规范主义的研究，在西方哲学家看来层次是比较低的，并没有形而上那么高大上。赵先生在马克思主义价值理论的基础上，对中国传统哲学中的价值理论进行研究，其研究洋洋大观、别开生面，在国外、国内的中国传统哲学研究中都是少有的一种视角，这为进一步揭示中西方哲学的区别和不同特色做出了杰出贡献。

武汉大学郭齐勇教授肯定了赵馥洁先生的研究是中国传统哲学现代化的典范。他指出，赵馥洁先生的这套文集中西贯通，与之前中国哲学学术界对中国哲学进行混沌整体的研究有所不同：赵先生坚持以中学为体，对中国传统哲学的固有范畴，如义利、德智、公私及理欲等范畴进行现代学术意义上的创造性研究，从而对中国古代伦理进行了创造性转化和创新性发展，是中国哲学的世界化和现代化的典范；同时，赵先生创造性地梳理了中国传统哲学思想的价值思想意蕴，为中国传统哲学的价值论创立做出了卓越贡献，是中国传统哲学现代化、系统化的典范。郭教授还强调，赵先生的古体诗也作得非常好，其《静致斋诗》读起来给人以静谧、优美之感，诗稿中折射出的哲理和做人的高尚品质值得后学学习。由此，郭教授总结说，赵先生是当之无愧的学者典范，是集哲学家和诗人于一身的优秀学人。

上海大学陈新汉教授回忆自己 20 世纪 90 年代拜读赵先生的《中国传统哲学价值论》，并将其中的思想引入自己当时正进行的价值评价论研究中。他指出，价值哲学在中国的研究包括马克思主义价值论、西方哲学价值论和中国哲学价值论三条进路，赵先生的研究起到了中国传统哲学价值论研究的开创者和奠基者的作用，对中国传统哲学价值论从本体论、认识论、人生论等层面做了基础性的研究，构建了中国哲学的价值论思想体系。陈教授还指出，赵先生用价值哲学的相关范畴对中国传统哲学进行的研究对中国哲学在世界哲学价值论领域中占据重要地位做出了很大贡献。后来者一定要沿着赵先生开拓的这一研究路线继续加强中国价值哲学的研究，先生的人格风范值得后学学习。

中山大学李宗桂教授赞扬赵先生是最早对中国传统哲学价值观念及其历史演

变等进行深入研究的学者，他的研究填补了中国传统哲学价值论研究层面的空白；其相关著作都是这方面研究的优秀作品，广受学术界重视和好评。李教授指出，赵先生以中国传统哲学价值论为研究核心，突破了中国传统哲学研究的方法，拓展了中国传统哲学研究对象的范围，对中国哲学的精神进行了深度阐发，揭示了价值论在中国传统哲学中的地位，并剖析了中国传统哲学价值论的结构特征，建构了中国传统哲学价值论的理论体系，树立了马克思主义理论与中华优秀传统文化相结合而进行深入研究的良好范例。

山西大学马俊峰教授认为，赵馥洁先生从价值哲学出发对中国传统哲学进行的研究具有开创之功。他指出，以往对于中国哲学的研究更多的是用西方哲学的框架来整理中国的材料，忽视对中国哲学自身特色的研究；学术界还有一个隐蔽的视角，认为西方哲学更是一种知识论，相比之下，价值论是中国哲学之所长。而赵馥洁先生正是从价值论视角出发对中国传统哲学进行研究，其研究不仅具有开山意义，而且对中国传统哲学价值论研究做出了杰出的贡献。

中国价值哲学研究会会长、上海大学孙伟平教授指出，赵馥洁是中国传统哲学价值论的拓荒者，在中国传统价值哲学研究方面做出了杰出的、开拓性的贡献。一是自觉地运用价值哲学的理论框架和研究方法，对中国传统哲学进行了全新的解读，提出和论证了“中国传统哲学本质上是价值哲学”的观点；二是从价值哲学的角度深入梳理、考察了中国传统价值观的演变历程，将中国传统价值观总结为“以人为本位，以道德为主导，以功利和权力为两翼，以‘自然无为’为补充，以群己和谐、天人和谐为真善美统一的理想境界的价值观念体系”[①]，并系统地总结了其基本特点和发展规律；三是聚焦“必然”原理与“应然”原则相融通，深入探讨了中国哲学中价值论与本体论、认识论、历史观、人生论的融通问题。也正是因为赵先生所做出的这种“融通”，使中国传统哲学的各家各派、各种理论学说所具有的鲜明的人本宗旨和实践品格显而易见。

陕西师范大学刘学智教授提出，早在 1988 年赵馥洁先生便开始从价值论视角研究中国传统哲学，1991 年《中国传统哲学价值论》的出版是他把价值论与

① 赵馥洁:《赵馥洁文集》第一卷《中国传统哲学价值论》，中国社会科学出版社 2022 年，第 12 页。

中国传统哲学结合起来进行深入研究的系统性呈现和总结。赵馥洁先生重要的学术贡献是他研究发现中国古人大多把致思趋向确定在世界对人的意义上，归结在价值理想的追求上，中国传统哲学不仅有价值论的丰富意蕴，更在于它形成了价值论的理论体系，中国哲学的本质特征是价值论。刘教授还强调，从先生的学术生涯及其研究可以看出，一旦确定中国传统哲学价值论这一研究视角和研究方向、问题意识之后，先生秉承咬定青山不放松的精神品格，坚持不懈地展开深入研究，才获得了创新性的研究成果，值得后来者学习借鉴。

陕西师范大学林乐昌教授强调，从这套《赵馥洁文集》可以看到，在长达半个多世纪的学术生涯中，赵先生在多个领域中都取得了令人瞩目的成就，而中国传统哲学价值论则是先生最具原创性的学术成果。《中国传统哲学价值论》《中华智慧的价值意蕴》《价值的历程——中国传统价值观的历史演变》这“价值三书”彰显了赵先生对唯物辩证方法、历史的与逻辑的统一等多种方法的纯熟运用，同时也是赵先生对中国古代哲学史研究在中国传统价值理论的体系建构、传统价值观念的历史梳理及传统价值思维的理论探索方面的重要贡献。

西安交通大学王宏波教授认为，赵先生的研究将马克思主义理论与中国传统哲学相结合，构建了中国传统价值论的思想体系，是将马克思主义与中华优秀传统文化相结合的先行者，其研究具有很强的时代特色。王教授回忆指出，赵先生关于老子“有生于无”的价值形成论思想研究深刻地影响和指引他本人关于工程哲学和社会工程方面的深入研究，为工程哲学提供了中国传统哲学的思想资源。从这一意义上来说，赵先生是一位经师与人师相统一的大先生，其慧光智海光照着、滋润着、启示着一代又一代后学。

陕西师范大学丁为祥教授指出，赵先生开创中国传统哲学价值论并非一蹴而就，而是经过多年坚持不懈广博的学术积累，积累到一定临界点时升华和绽放，创造性地提出了新的理论，并进一步耕耘不辍推进了对中国传统哲学主体价值的深入研究和探讨。赵先生创造性提出的中国传统哲学价值论在中国哲学界继续发挥其引导作用，启迪后学进行进一步研究。

湖北大学江畅教授认为赵先生的学术研究成果及贡献可以用“四性”进行概括。其一是开创性，在中国哲学史研究中第一次使用了“中国传统哲学价值论”

概念，开辟了研究的新领域；其二是奠基性，为中国传统哲学价值论领域的发展奠定了牢固基础；其三是体系性，不仅建构了中国传统哲学价值论的理论体系，还从价值原理、学派取向、范畴系列、价值思维等方面深入阐释；其四是原创性，赵先生所提出的许多原创性学术观点促进并深化了中国哲学的研究。

西北大学张茂泽教授指出，赵馥洁先生在中国传统哲学价值论的肥沃土壤里孜孜不倦几十载，是科学论证、准确定位中国哲学是价值哲学的第一人，其研究极大地推进了陕西哲学社会科学的研究，使得西安成为我国价值哲学研究的重镇；赵先生高屋建瓴、气势恢弘、见识四通八达且圆融无碍，能以深厚宽广的人类文明史眼光，从中西哲学比较、古今哲学贯通、各派交流融汇的宏阔历史视角进行深入研究，其著述之丰满厚重，思想之严厉深邃，文辞之典雅清通，是中国传统价值思想研究的精品；其对传统价值哲学的范畴、命题系统以及总体理论特征、历史进程等方面所进行的辩证分析，推动我国传统价值哲学进入理性分析的视野。总之，赵先生是中国传统哲学价值论领域当之无愧的大家。

西北大学谢阳举教授强调赵馥洁先生在中国哲学价值论领域做出了奠定性、基础性的贡献。赵先生引导我们认识到中华民族创造了系统完善的价值观，这套价值观指引中华民族上下五千年，且为我们后来的研究提供了方向。赵先生不仅具有在深入发掘研究中国传统的价值观层面的卓越贡献，同时，他还内外合一、知行合一，将中华文化的优秀精神完全浸润到其人格中，他是中华优秀传统文化培养出来的典型的中国学者，是我们学习的楷模。

西北大学魏冬教授指出，赵先生不仅是中国传统哲学价值研究的开创者，还要关注到他也是关学现代研究的重要开拓者。魏教授从赵先生对关学谱系建构的三大贡献入手，认为先生不仅对关学的界说进行了理性建构，同时，对关学的文献谱系进行了建构，更对关学的精神谱系进行了建构。赵先生对关学的学术精神从“立心立命”的使命意识、“勇于造道”的创新精神、“崇礼贵德”的学术主旨、“经世致用”的求实作风、“崇尚节操”的人格追求以及“博取兼容”的治学态度等六个方面所做的概括，既是先生对关学精神气象的高度总结，也是其人格情操、人生追求、治学风格等凝聚而成的精神境界。

西北大学陈战峰教授则专门从赵馥洁先生诗歌创作入手进行了探讨。他指出，赵先生勤于耕耘、勇于创新，不仅是国内外著名的价值哲学专家、中国哲学史家，在中国传统哲学价值哲论的学术研究方面有独到的学术见解；同时，先生还在古体诗（尤以七律为长）方面有着长期的独特创作。他认为“哲理”和“诗歌”是先生学术生命的重要组成部分，其诗歌则兼涉情与理，形象地反映了先生的学术研究与心得体会。《文集》第三卷中的《静致斋诗稿》就是先生记游、抒怀、写梦、寄语、忆旧、念新、吊古、赞今等方面的抒写，先生和谐而有趣的“诗世界”中绽放的是一种文学的情怀和诗歌的境界，是展现先生哲思话语的诗性形象表达。

三

会议的闭幕式总结阶段，赵馥洁先生对主办方、承办方为举办座谈会付出的辛劳表示感谢，对各位专家学者、领导及友人应邀参会表示衷心感谢。赵先生情真意切地就自己治学的历程提出四点感想：

其一，用突出主体性的价值哲学为自己构造了一个读书治学的精神家园。赵先生指出，从毕业留校当教师以后，尤其20世纪80年代以来，研究价值哲学，确立了中国传统哲学价值论这个研究领域之后，为自己构筑了一个读书治学的精神家园，并坚守这个阵地，持之以恒，一往情深。而在这个过程中，正是价值哲学这个新的研究领域，使他对哲学问题的研究，特别是对中国传统哲学的研究有了新理论、新思维、新角度和新方法。对他这几方面给予启发的有许多学者，特别是价值哲学研究领域的一些著名学者，读了他们的著述以后，使他的治学观念和方法焕然一新，对此，他表示诚挚的感谢。

其二，在研究中国传统哲学价值论过程中的新发现，使自己感受到“乐在其中”的治学境界。在学术研究的过程中，赵先生深切地体会到“乐在其中”的治学境界，体会到一种发现、探索、解惑、释疑的精神之乐，还有把这些发现与师友分享的友情之乐，这使他能够在中国传统哲学价值论的研究中受到支持和鼓励，从而“乐在其中”。例如，张岱年先生、萧萐父先生、李锦全先生、李德永先生等，他们都对赵先生研究中国传统哲学价值论的这个领域给予了鼓励、支持和肯定。张岱年先生曾当面给赵先生以指导，书出版后还来信鼓励；萧萐父先生与他多次交谈，还给书写了序言；书出版后李锦全先生和李德永先生亲自撰写了书评发表。这些使赵先生受到了鼓舞，也给予他在这个领域里“乐在其中”的体验。

其三，中国传统的人生智慧，磨砺了自己“淡泊名利”的价值态度。赵先生年幼时读诸葛亮《诫子书》，对其中的“非淡泊无以明志，非宁静无以致远”印象极深，难以忘怀。大学毕业从事教育工作以后，为了更自觉地以这两句话为人生处世原则，他把书斋命名为“静致斋”，文集中的《静致斋哲话》《静致斋诗稿》的名称就是这样来的。把淡泊明志、宁静致远作为价值取向，在赵先生的治学过程中起了重要作用，他不断用这两句话提醒自己，才能使自己耐得住寂寞，才能平心静气、专心致志地治学和读书。

其四，哲学的反思性思维特征，使自己增强了“自知之明”的学术自觉。赵先生强调人贵有自知之明，对于治学尤其重要。他总是提醒自己，要对自己的成果、自己的观点、自己的学术见解不断反思，使自己有自知之明的学术自觉。他深感自己在中国传统哲学价值论这个领域的研究是有限的，对有些重要问题没有去拓展、去探究深感遗憾；而且由于自己知识、才能、努力程度的不足，其形成的成果不可避免存在缺陷。正由于有这种研究问题领域的局限性和研究成果存在的缺陷性，赵先生在《文集》的前言中说：“一切都在路上。”思想和学业都还行进在漫漫的长路上！书籍在阅读的路上，文章在撰写的路上，著作在修改的路上，讲义在充实的路上，诗词在推敲的路上。既有的一切，都还没有达到自己所期望的高标准，还未进入自己所追求的高境界，已形成的学术观点和治学成果都还有待于深化、拓展和完善。既然人生和治学永远都处在一个不断追求、不断提升的过程中，赵先生强调自己几十年来所感所思所写而形成的这些著作，只可放在思想认识和学术探索的历史过程中去阅读，只能当作一道在旅途中未臻至境的风景去观赏。他殷切地希望各位专家学者和朋友多多批评指正。

西北政法大学刘进田教授认为赵馥洁先生的总结发言皆为精华，并以“赵公四感”进行高屋建瓴的提炼概括：一是构建精神家园，二是体验“乐在其中”，三是追求淡泊名利，四是保持自知之明。刘教授进一步诠释：精神家园，是有家可归；乐在其中，是自我享受；淡泊名利，是自我解放；自知之明，是自我清醒。一言以蔽之，赵先生以学术方式建构了人生的自我价值。这正是价值哲学的大用和生命魅力！

与会代表一致认为，这是一场高水准的学术座谈会，它进一步深化了我们对赵馥洁先生学术思想体系及贡献的了解，拓展了我们对中国传统哲学价值论更深刻的认识，必将推动中国价值哲学研究的快速发展。与会学者表示将吸收继承赵馥洁先生的真知灼见，大力弘扬其高尚的君子人格精神，为新时代更深入地研究中国传统哲学与价值哲学做出新的努力。

【执行编辑：尹　岩】

图书在版编目（CIP）数据

价值论研究. 2023年. 第一辑 / 孙伟平，陈新汉主编. — 上海：上海教育出版社，2023.5
ISBN 978-7-5720-1918-0

Ⅰ. ①价… Ⅱ. ①孙… ②陈… Ⅲ. ①价值论（哲学）- 研究 Ⅳ. ①B018

中国国家版本馆CIP数据核字(2023)第063404号

责任编辑　储德天
封面设计　郑　艺
责任校对　方文琳

价值论研究（2023年第1辑）
孙伟平　陈新汉　主编

出版发行　上海教育出版社有限公司
官　　网　www.seph.com.cn
地　　址　上海市闵行区号景路159弄C座
邮　　编　201101
印　　刷　上海商务联西印刷有限公司
开　　本　700 × 1000　1/16　印张 17.5
字　　数　274 千字
版　　次　2023年5月第1版
印　　次　2023年5月第1次印刷
书　　号　ISBN 978-7-5720-1918-0/G·1724
定　　价　89.90 元

如发现质量问题，读者可向本社调换　电话：021-64373213